北京影视出版创作基金扶持作品

发展与转型

改革开放40年
中国经济思想变迁

FAZHAN YU ZHUANXING
GAIGE KAIFANG 40 NIAN
ZHONGGUO JINGJI SIXIANG BIANQIAN

赵晓雷 王 昉 著

首都经济贸易大学出版社
Capital University of Economics and Business Press
·北 京·

图书在版编目（CIP）数据

发展与转型：改革开放40年中国经济思想变迁/赵晓雷等著. --北京：首都经济贸易大学出版社，2018.11

ISBN 978-7-5638-2890-6

Ⅰ.①发… Ⅱ.①赵… Ⅲ.①经济思想—研究—中国—现代 Ⅳ.①F12

中国版本图书馆CIP数据核字（2018）第264667号

发展与转型——改革开放40年中国经济思想变迁

赵晓雷 王 昉 著

责任编辑 晓 地
封面设计 风得信·阿东 FondesyDesign
出版发行 首都经济贸易大学出版社
地　　址 北京市朝阳区红庙（邮编100026）
电　　话 （010）65976483 65065761 65071505（传真）
网　　址 http://www.sjmcb.com
E-mail publish@cueb.edu.cn
经　　销 全国新华书店
照　　排 北京砚祥志远激光照排技术有限公司
印　　刷 北京九州迅驰传媒文化有限公司
开　　本 710毫米×1000毫米 1/16
字　　数 283千字
印　　张 16.25
版　　次 2018年11月第1版 2018年11月第1次印刷
书　　号 ISBN 978-7-5638-2890-6/F·1593
定　　价 65.00元

图书印装若有质量问题，本社负责调换

前　言

1978年12月，中国共产党十一届三中全会决定，全党工作的着重点应该从1979年转移到社会主义现代化建设上来。会议指出，现在我国经济管理体制的一个严重缺点是权力过于集中，应该有领导地大胆下放，让地方和工农业企业在国家统一计划的指导下有更多的经营管理自主权；应该着手大力精简各级经济行政机构，把它们的大部分职权转交给企业性的专业公司或联合公司；应该坚决实行按经济规律办事，重视价值规律的作用，注意把思想政治工作和经济手段结合起来，充分调动干部和劳动者的生产积极性；应该在党的一元化领导之下，认真解决党政企不分、以党代政、以政代企的现象，实行分级分工分人负责，加强管理机构和管理人员的权限和责任，减少会议公文，提高工作效率，认真实行考核、奖惩、升降等制度。采取这些措施，才能充分发挥中央部门、地方、企业和劳动者个人四个方面的主动性、积极性、创造性，使社会主义经济的各个部门、各个环节普遍地蓬蓬勃勃地发展起来①。这是自1978年12月13日邓小平在中央工作会议闭幕会上提出要解决经济体制权力过于集中，要在经济计划和财政、外贸等方面给予更多自主权之后，中共中央全会正式提出经济体制改革的决策。中国的改革开放浪潮正是以此为起点，蓬勃发展。

1984年10月，中共十二届三中全会通过了《中共中央关于经济体制改革的决定》，正式开启了以城市为重点的全面经济体

① 参阅《中国共产党第十一届中央委员会第三次全体会议公报》，新华社北京，1978年12月24日。

制改革。经济体制改革目标是发展公有制基础上有计划的商品经济。中共十三届四中全会把建立适应社会主义有计划商品经济发展的、计划经济与市场调节相结合的经济体制和运行机制作为建设有中国特色社会主义经济的一个基本特征。1992 年 10 月，中共十四大正式将经济体制改革的目标设定为建立和完善社会主义市场经济体制。1997 年 9 月，中共十五大对社会主义初级阶段基本路线和纲领的确定，在科学社会主义理论创新层面和中国特色社会主义建设实践层面阐明了社会主义市场经济体制改革的理论价值和实践意义。2002 年 11 月，中共十六大报告提出了完善社会主义市场经济体制的改革目标。2003 年 10 月，中共十六届三中全会通过《中共中央关于完善社会主义市场经济体制若干问题的决定》，明确了完善社会主义市场经济体制的主要任务。2007 年 10 月，中共十七大报告强调，要实现 2020 年全面建设小康社会发展目标，关键要在加快转变经济发展方式、完善社会主义市场经济体制方面取得重大进展。2012 年 11 月，中共十八大提出到 2020 年实现全面建成小康社会和全面深化改革开放的目标。2013 年 11 月，中共十八届三中全会通过了《中共中央关于全面深化改革若干重大问题的决定》，提出全面深化改革的总目标是完善和发展中国特色社会主义制度，推进国家治理体系治理能力现代化。经济体制改革是全面深化改革的重点，核心问题是处理好政府和市场的关系，使市场在资源配置中起决定性作用和更好发挥政府作用。2017 年 10 月，中共十九大报告阐明，中国特色社会主义进入了新时代。新时代中国特色社会主义思想进一步明确全面深化改革总目标是完善和发展中国特色社会主义制度、推进国家治理体系和治理能力现代化。中共十九大还提出了新时代的新发展理念及建设现代化经济体系的框架性任务。2018 年 2 月 28 日，中共十九届三中全会通过《中共中央关于深化党和国家机构改革的决定》，提出在全面深化改革进程中，下决心解决党和国家机构职能体系中存在的障碍和弊端，更好发挥我国社会主义制度优越性。

改革开放40年，是现代中国发展最快、最好的历史阶段。我国的经济实力、科技实力、国防实力、综合国力进入世界前列，推动我国国际地位实现前所未有的提升。改革开放40年，中国特色社会主义进入了新时代。这个新时代，是决胜全面建成小康社会、进而全面建设社会主义现代化强国的时代。改革开放40年，中国的各个方面取得了巨大的发展，社会实践为经济思想理论研究创造了良好环境，也提出了现实课题。改革开放40年，经济思想的发展转型从一个重要方面反映了这个时代的发展进程和发展转型，记录了思想、理论、政策、制度的发展轨迹和发展成就。

感谢杨玲社长亲自策划这部著作，并将本著作成功申报入选2018年度北京影视出版创作基金。感谢责任编辑薛捷老师为本著作的编辑出版所做的精湛工作。

本书导论、第二章、第五章由赵晓雷撰写，第一章、第三章、第四章由王昉撰写，第六章由王昉、冒佩华撰写。

赵晓雷

2018年9月于上海财经大学

目　录

Contents

导论：中国改革开放40年经济思想发展概览

一、20世纪80年代中国经济思想的发展

1978年12月，中共十一届三中全会以后，中国学术思想界呈现蓬勃发展的生机，经济思想也进入了一个全面发展的阶段。从发展特征考察看，这一阶段的经济思想大体上有两条发展线索：一条线索是对马克思主义经济学的学习和研究，并与中国的经济体制改革实践相结合进行理论创新，在基本理论的建设上进一步丰富了马克思主义经济学；另一条线索是对现代西方经济学的引进、研究和应用。后一条发展线索20世纪80年代初才开始呈现，却表现出强劲的发展势头，到80年代末，已与第一条发展线索互相交会、互相融合，初步显示出马克思主义经济学研究与现代西方经济学研究交融会通的趋势。例如，80年代中国经济理论与经济体制改革实践相结合所产生的一系列突破与创新，包括计划经济与市场调节的关系、社会主义商品经济理论、计划经济与市场调节相结合理论以及国有企业改革理论等，都是在马克思主义经济理论的基础上，吸收与借鉴西方市场经济理论中的合理因素而提出和创立的；又如，80年代中国经济体制改革及经济发展过程中所出现的一些经济现象，如财政赤字、通货膨胀、产业结构调整、农业劳动力转移、失业、非国有经济的成长、要素市场尤其是金融证券市场的产生和发育等，这些经济现象由于是发生在中国由计划经济向社会主义有计划商品经济转轨、这个转轨又是处在“社会主义初级阶段”这样一种社会经济环境中，所以无论是传统的社会主义经济理论、经典的马克思主义经济理论，还是西方新古典经济理论，都不可能单独适用，必然要将上述理论相互补充、互相交融，才能对特殊社会环境、特殊经济条件中出现的经济现象做出准确合理的解释；再如，从经济学研究人员的构成看，当时大多数经济学者都在不同程度上兼有马克思主义经济学

的理论基础和西方经济学的基本训练，他们通过对中国经济的分析判断，认识到墨守马克思主义经济学的现成结论不足以解决中国的经济体制改革问题，故必须创新，又认识到仅靠西方经济学亦不能准确地分析和解释中国经济问题，故须对其做科学的分析与借鉴。

另外，这一时期马克思主义经济学与西方经济学这两条发展线索的交融还突出地表现在经济学研究方法的变革上。80年代以前，中国的经济理论研究主要是采用规范研究的方法，侧重于依靠逻辑推理构造抽象的理论和规律，而疏于对现实经济生活的解释和分析。进入80年代，随着西方经济学的引进、新一代经济学者的成长，经济学的实证研究方法逐渐得到推广采用。这种研究方法声称摆脱价值评价，旨在说明现实经济运行"到底是什么样"。但是，由于中国经济学者的思维习惯以及中国经济发展的制度变革特征，真正的实证分析尚不多见，大量的研究仍具有很强的规范经济学色彩。然而实证分析方法逐渐被重视，与规范方法相互交叉、迭代，逐渐融入主流。这方面一个突出的表现就是发展经济学的结构分析和新制度经济学的制度分析在中国的迅速传播和广泛采用。结构分析和制度分析由于其规范与实证相结合的方法论特征，以及符合中国经济制度变革创新的实践需要，因而具有较强的适用性。

这一时期，经济体制改革和发展对经济理论的迫切需求使得经济思想空前活跃，经济研究成果大量涌现，学术观点层出不穷。根据《全国新书目》及《全国经济科学总书目》中所收录的经济学著作目录，1949—1979年的30年间，中国共出版经济学理论著作692部（其中著述469部，翻译223部），而1980—1989年的10年间，中国共出版经济学理论著作4 040部（其中著述3 463部，翻译577部）。至于在80年代出版的经济学期刊和所发表的经济学论文，则更是叠卷浩帙，汗牛充栋。在这一发展阶段，中外经济学术交流也是空前活跃，与发达国家及发展中国家在经济学方面的学术交流全方位展开，有力地促进了中国经济学研究的发展，同时也推动了中国经济思想走向世界。特别地，1987年10月，中共十三大确定了"社会主义有计划商品经济体制"的改革目标，中国经济学界关于社会主义与商品经济、社会主义商品经济中计划调节与市场调节关系的深入探讨，在理论和实践中都具有创新意义。

80年代的马克思主义经济理论研究中，对原理、概念、定义的讨论仍比较多，但与现实经济的联系日益扩展。80年代提出并不断完善的社会主义初级阶段理论，其最重大的意义在于从中国国情出发，对社会主义做了新的认识和研究，不仅为中国社会主义政治经济学的研究和发展奠定了新的理论基础，也为国家制定正确的路线、方针、政策提供了科学依据。从研究方法看，这一时期，规范分析仍是主要的方法，但由于现实经济研究的需要以及西方经济学的影响，注重统计数据乃至实证分析的方法逐渐受到重视。从学术风气上看，空泛、教条、诠释政策的作风有所克服，实事求是、客观的科学态度逐渐得到发扬。中国马克思主义经济理论的研究也因之而更具有真正经济科学的性质。

这一时期马克思主义经济学理论研究的范围比较广泛，大体上可以分为几类。一是对历史上一些老问题的继续和延伸研究，这一类问题主要有：社会主义基本经济规律、国民经济有计划发展规律、按劳分配规律等。二是从新的角度、新的内涵对一些原有的理论和概念做新的研究和表述，这一类问题主要有：社会主义所有制改革、社会主义经济规律体系、社会主义经济中计划与市场的关系、国有企业改革、产业结构和产业政策等。三是对一些新的经济问题、理论问题进行研究，并将其纳入马克思主义经济学体系，这一类问题主要有：社会主义经济周期波动、通货膨胀、经济发展战略、区域经济、知识价值论、股份制经济、企业理论、社会主义商品经济、社会主义市场经济等。

从80年代开始，中国经济学界对社会主义政治经济学体系的研究和修正进入了一个新的探索阶段。80年代初期，中国相继出版了一批社会主义政治经济学方面的论著，但在体系和内容上仍未能摆脱苏联教科书的理论影响和框架束缚。1984年9月，中国社会科学院经济研究所组织召开了“社会主义政治经济学体系讨论会”，探讨建立社会主义政治经济学理论体系的问题。会议认为，从已出版的社会主义政治经济学论著看，在体系、结构、内容上突破了一些传统范式，但在社会主义政治经济学的研究对象的把握、社会主义经济关系的本质认识以及研究方法的变革上仍未有大的创新。80年代中期以后，随着经济改革的深化，不断提出新的思想、新的命题，要求经济学界论证、解释，因而社会主义政治经济学必须将这些重大的新问题纳入自己的体系，以全面反映社会主义经济的实际。比如，社会主义有计划商品经济的命题提出后，理论界普遍认为，必须将社会主义经济是公有制基础上有计划的商品经济这一基本观点贯彻到社会主义生产、分配、交换和消费的全部经济过程的理论分析中，彻底抛弃社会主义产品经济论的观点，使社会主义政治经济学体系能够反映社会主义改革实践以及现阶段的经济特征。又如，社会主义初级阶段的命题表明中国的社会主义是建立在不发达的经济基础之上、是在特定的经济体制下发展的，而经济体制又是随着生产力的发展而变化的。因此，只了解社会主义经济体制的本质而不研究这一经济体制的发展变化，就不能全面深入地把握社会主义经济的时代特征。再如，社会主义经济中存在商品生产和商品交换的理论是社会主义政治经济学体系结构中的一个重大变革，但如果在观念和范式上不做根本的变换，则难以科学地说明这一问题。

综观80年代出版的社会主义政治经济学教科书和论著，一个共同的理论主线是社会主义商品经济理论。要以社会主义商品经济理论为主线构筑社会主义政治经济学体系，就必须在马克思主义基本原理的指导下，结合中国社会主义经济发展的实践，在理论范畴、内容结构、分析方法等方面进行科学的探索、研究和创新。如果最终真能形成这样一种理论体系，即在公有制为主体的基点上提出若干具有公理性质的人性基本假设和人类行为基本假设，在这些假设条件下对社会主义社会的经济活动和人们的经济行为展开实证分析，发展出一整套相应的概念、范畴以及由此构筑理论框架；在这个理论框架中，可以说明公有制经济中人们的利益关系以及为追求利益而生成的行为关系和行为机制，并进而说明这种行为关系和行为机制与资源配置及收入分配的关系，这将是经济学理论的一大创新。

80年代，西方经济学的引入、传播、研究、应用进入了一个大发展阶段。为了大规模地介绍和研究西方经济学，1979年9月中华外国经济学说研究会在北京成立。1980年，在北京大学开办了“国外经济学讲座”，课题有微观经济学、宏观经济学、经济增长论、发展经济学、区域经济学、数理经济学、经济计量学，投入产出分析、经济预测理论和方法等。讲座共约60讲，时间为2年。学员有各大专院校教师、研究机关人员和国家各部委高层干部。讲座结束后，教程集辑出版，同时出版了一批普及性读物。

80年代上半期，西方经济学的引入和研究主要是以古典和新古典经济理论为主，其中最多的是对后凯恩斯主流学派一些重要著作的介绍和研究。如美国经济学家萨缪尔逊的《经济学》是当代后凯恩斯主流学派的代表作，在我国广为流行，大多数大专院校将其作为经济学专业的指定参考书。这一时期，其他一些非主流理论如货币学派、供应学派的著作也有翻译进来，对它们展开研究。但这些学派作为传统经济自由主义的“复兴”，其理论和政策主张对于当时以“有计划的商品经济”为改革目标的中国是不甚适宜的。不少学者认为，这些学派的理论较贫乏，政策较单一，根本无力取代凯恩斯学派。当然也有观点认为，这些理论弥补了凯恩斯理论的不足，有可能纳入西方主流经济学。

80年代下半期，西方经济学的引入和研究转变为以经济增长理论和发展经济学为主，同时对国民经济管理、企业管理理论的介绍和研究亦成为一个重点。经济增长理论和发展经济学以其更适合发展中国家经济现状的理论特点，以及在分析方法上极强的实证性和比较分析的特色，对我国经济学界产生了较广泛的影响。另外，经济增长理论和发展经济学认为，在发展中国家，工业化基本上是由政府启动的，加之经济的市场化、社会化程度低，现代性因素积累缓慢，所以要使经济快速发展，必须经历一个国家干预强化阶段。这一政策主张也符合我国学术界和决策层的偏好。

到了80年代末90年代初，西方经济学引入和研究的特征表现为以介绍和研究西方经济学产权理论及新制度经济学为重点。新制度经济学在西方国家也是从20世纪二三十年代兴起，六七十年代才渐趋成熟，属于经济学前沿学科。我国经济学界对这一理论的研究和运用，不仅在理论和分析方法上有重要的价值，而且缩小了中国经济学研究与世界经济学发展的距离，表明中国在西方经济学的引入、研究、运用方面在原来的基础上迈进了一大步。

二、20世纪90年代中国经济思想的发展

20世纪90年代，中国经济思想的发展线索仍表现为对马克思主义经济学的研究、阐发和某些方面的创新，以及对现代西方经济学的引进、研究和应用，而且这两条发展线索进一步交会、融合，分野虽可辨析，但绝不是泾渭分明。1992年10月，中共十四大确立了中国经济体制改革的目标，是在坚持公有制和按劳分配为主体、其他经济成分和分配方式为补充的基础上，建立和完善社会主义市场经济体制。对社会主义市场经济论题展开研究，进一步说明了马克思主义经济学与西方经济学有效结合的时代要求。

在80年代发展的基础上，90年代的中国经济研究逐渐深化。比如，对马克思主义经济学的研究不仅是对经典著作的解读以及运用标准的马克思主义经济学原理和概念对“苏联范式”进行批判，而主要是力求完整、准确地掌握马克思主义经济学理论体系，并努力将这一开放性理论体系向前推进，使其对现实经济（包括当代资本主义经济和改革中的社会主义经济）有更强的解释力和指导意义，在这一过程中产生了一些理论要素、概念范畴乃至分析方法的创新。又如，对西方经济学的转述和应用也有了更

进一步的发展，对理论的引进不再是零散的，而是整个理论体系、整个学派的引进介绍；对基本理论把握得更准确，对基本分析工具也运用得比较熟练，而且对现代经济学发展的前沿也有一定的介绍和了解；对现代西方经济学的借鉴应用也更理性、更求实效，在中国经济的市场化改革不断深化的态势下，西方经济学对现实经济运行的解释力、预测力等应用价值将愈益明显。再如，90 年代中期，中国的马克思主义经济学与西方经济学的融合也有一番新气象，西方经济学在研究对象、基本假设、理论框架上力求简洁、力求严密的特点以及力图使每一个经济范畴都可做定量分析的研究方法深刻地影响了中国经济学界。另一方面，马克思主义经济学高度的抽象力、强大的逻辑推理以及对社会经济生活中人们之间的经济关系、利益关系的透彻分析又是西方经济学所不及的。从这一层次看，90 年代这两大理论体系的融合就不仅仅是若干范畴、概念上的交叉和吸纳（如在社会主义政治经济学教科书中加进均衡价格、机会成本、效用函数、消费函数、乘数原理、市场均衡等范畴），而是在基本理论框架、分析方法、基本范畴体系方面的互相借鉴、互相交叉和相互融合。当然，马克思主义经济学和西方经济学是两种理论范式，虽然都是研究人类社会经济问题，但由于理论视角不同，其基本范畴体系、理论框架、研究对象、研究方法和基本内容都有很大的差异。这种差异不是同一理论体系中不同流派的差异，而是两种理论体系的差异。从科学发展的角度看，90 年代的中国，这两大理论体系虽然有交会、有融合，但并未整合于同一框架中。

总之，在 90 年代，中国的经济学者以更扎实的专业训练、更冷静的思考、更深入的研究，把中国经济思想推进到一个新的水平。

80 年代末 90 年代初，中国经济进入“治理整顿”时期，经济学界所讨论研究的问题主要是通货膨胀、经济增长速度以及经济体制改革的环境和道路等。1992 年邓小平南方谈话，激发了中国经济思想再度活跃。中国经济思想的发展是与改革开放历程密切相关的。改革开放不仅作为一种制度环境影响经济思想的发展，而且还直接提出问题，以决定经济研究的时代性、致用性。从经济理论看，邓小平南方谈话所释放的思想能量主要集中在两个问题上 ：一是对社会主义本质的科学概括，指出社会主义的本质是解放生产力，发展生产力，消灭剥削，消除两极分化，最终达到共同富裕。二是对社会主义市场经济的论述，认为计划多一点还是市场多一点，不是社会主义与资本主义的本质区别。计划经济不等于社会主义，资本主义也有计划；市场经济不等于资本主义，社会主义也有市场，计划和市场都是经济手段。在整个90年代上半期，中国经济学界主要围绕这两大问题以及由此派生出的其他一些基本理论问题展开了大讨论，做了许多研究工作，获得了一些颇有价值的成果。

这一时期讨论和研究的重要理论问题包括：社会主义本质、生产力标准、所有制及公有制主体地位、私营经济、股份制经济、市场经济的姓“资”姓“社”、国有企业产权改革、经济改革的道路等。这些都不是什么新议题，但由于中国经济理论的发展受较强的意识形态和政治环境的制约，因此在不同的思想政治环境下，这些基本理论问题会反复被提出来讨论。多次的讨论虽然难以使不同或对立的观点趋于一致，甚至会发生意气用事的攻讦，但总是有助于消除观念上、思想上的一些障碍，推动经济理论研究向前发展。

除了上述一些基本理论问题，经济学界还对现实经济运行展开深入研究。90年代上半期，中国经济连续的高增长引起了严重的通货膨胀。1994年6月24日，中共中央、国务院联合发布了《关于当前经济情况和加强宏观调控的意见》，开始对国民经济实施宏观调控。在这一经济背景下，经济学界就通货膨胀、失业、经济增长、泡沫经济、宏观调控手段等论题各抒己见，发表了一系列研究成果。这些成果中有相当一部分具有政策咨询价值，对宏观经济政策的制定和实施发挥了重要作用。

90年代下半期，随着中国经济市场化改革的不断深化，一批中青年经济学者凭借自己的马克思主义经济学知识和西方经济学的训练，对中国经济思想的发展做出思考，从新的角度提出了一些有关经济思想发展的根本性问题，如中国经济学的现代化、中国经济学寻根、经济学的中国学派、中国的过渡经济学等。有论者将构成中国经济思想主流的以马克思主义为指导的社会主义政治经济学看成是“传统经济学”，认为传统经济学在理论上和方法上的缺陷使其丧失了对经济现实的解释能力和预测能力，陷入了严重的危机。传统理论的危机为经济学的现代化提供了一个契机，因此需要对传统理论进行必要的总结和批判，借以开拓自己的发展道路，创造和发展新的理论。也有学者认为，中国经济学是在综合了古典经济学、现代经济学、马克思主义经济学和中国传统经济思想的基础上产生的，中国经济学应当有自己独立的文化价值，有为中国经济服务的“经世致用”价值。在中国市场化改革深化之际，有些经济学者提出了“过渡经济学”的概念。所谓过渡经济学，是指一种研究如何从计划经济向市场经济过渡的经济学理论，可视为制度变迁理论的一个分支。国外一些学者对俄罗斯、东欧国家的社会经济制度变革进行研究，试图归纳出计划经济向市场经济过渡的一般框架。以此为启发，一些中国学者（包括境外的中国学者）也将中国的经济改革过程作为研究对象，探究中国市场化改革的轨迹及特征。由于中国的改革道路与俄罗斯、东欧相比有着鲜明的特色，改革以来持续的经济高速增长又引起了国外经济学家的极大兴趣，因此中国的“过渡经济学”被认为是极有前途的，不少人甚至断言，如能用标准的经济学语言和方法给出一个理论框架，对改革以来的中国经济做深入研究，其成果应该具有世界价值。

90年代中叶以来，经济学界的另一重要景观是对经济学说史研究的重视以及对中国经济思想的文化特质及人文意蕴的回溯。这一现象是与90年代以来中国学术史研究蓬勃兴起的学术思潮相联系的。学术史研究的兴起，不单单是因为“世纪末”的文化反省，更重要的是显示了中国哲学社会科学研究走向成熟的趋势，反映了中国知识分子对学术价值、学术本质的严肃思考和对学术的人文底蕴、文化传统的理性探索。从经济学角度看，一些学者从中国思想文化传统这一背景下考察中国经济理论的思维特质，探究其历史文化传统脉络；有学者从世界经济学说史这一视角审视中西学术文化的历史交融，力图证明中国古代经济思想在世界经济学说史中的应有地位；也有学者致力于纠正经济学的“唯科学主义”（scientism）偏颇，使其归复于古典的“人文学科”（humanities）学术规范，旨在将经济学从经验主义和工具理性形态提升到“意识形态”（ideolgoy）——科学理性逻辑形态，或至少能够涵摄人文学科。学术史研究的张扬也说明中国的学术研究在学术规范、学科分类、知识体系、学术语言、分析方法等学术本质和学术表现方式方面正在逐渐与世界学术研究接轨，表达了进一步加强中外学术交流及世界学术一体化的时代要求。

90年代西方经济学的引入、研究和应用也有一番新的景象。第一，在整个90年代，新制度经济学一直是西方经济学引进、研究中长盛不衰的热点。新制度经济学之所以在我国引起重视，从方法论角度看有其特定原因。西方古典及新古典经济学一般将经济增长看作是资本投入及技术进步的函数。在这类模型中，产权制度、经济制度被视为一种既定因素或外生变量。新制度经济学认为，制度的创新对经济发展有着很大的影响。现代社会依靠产权机制或产权制度，能够提供某种有效的激励或减少浪费的约束，使稀缺资源得到有效配置。这一学说认为，制度变迁（而不是技术变迁）是收入增长的更本质的源泉，并将制度变迁作为一种内生变量引入现代经济学的分析框架。这种理论对于处在制度变革过程中的中国是具有相当启迪意义和应用价值的。第二，90年代中国经济学界非常注重引入西方经济学前沿理论，如内生经济增长理论、信息经济学及激励理论、博弈论、公共选择理论、资源经济学、企业资本结构理论、期权定价理论、资本市场效率理论、拍卖理论，以及新古典经济学、新制度经济学和发展经济学等前沿理论。当然，与国外经济学的发展相比，我国在西方经济学前沿学科的引入、研究方面仍存在较大的差距。与80年代中国经济学界钟情于凯恩斯主流学派的情况不同，90年代以来，现代货币学派、理性预期学派、伦敦学派等新自由主义经济理论引起了中国经济学者的很大兴趣，尤其是哈耶克的经济理论更得到一些中青年经济学者的推崇，引用哈耶克的言论几乎成了一种时髦。这种情况既与80年代以来自由主义经济学（或称保守主义经济学）在西方国家的“复兴”这一背景有联系；另一方面也是中国一些经济学者主张加速市场化改革、减少政府干预经济的思想在理论研究中的反映。新自由主义经济学在中国的走红，暗示着一种观念（倾向）开始产生，即人们怀疑依靠政府的管理和干预能否实现经济现代化，集中决策与民主化进程是否相违背。从中国经济理论发展的角度看，这是一种值得重视的变化。第三，90年代中后期，在西方经济学的应用方面有了很大的进展。许多经济学者运用西方经济学的理论、方法和分析工具研究中国经济，在大部分研究中国经济及中国经济改革的文献中，都体现了这种“西学化”倾向。在一些研究文献中，出现了马克思主义经济学的理论、方法与西方经济学的理论、方法同时使用、相安无事的情况。经济学研究中的这种状况与本文第一部分所分析的马克思主义经济学、西方经济学这两大理论体系在中国融合、会通的发展趋势是相吻合的。

当然，在对西方经济学的态度上，学术界还是有不同看法的。90年代下半期，中国经济学界展开了一场关于西方经济学的大论争。针对一些经济学者对西方经济学“全盘肯定”“全盘照搬”的态度和“西方化”情结，另一些经济学者从捍卫马克思主义经济学的观点和立场出发，运用阶级分析的工具，批判了西方经济学的阶级辩护性以及一些假设、范畴、理论上的缺陷，指出照搬西方经济学不能解决中国经济问题，中国经济学的发展也不能走西方经济学化的道路，还是应当坚持马克思主义，发展社会主义政治经济学。与之对立的观点则认为，传统社会主义政治经济学的理论和方法在解释现实经济运行上苍白无力，所揭示的“规律”与社会经济活动无甚相关性，中国经济学的发展应该从对该体系的修正转向批判与重建。

他们主张运用西方经济学的基本假设、理论框架和研究方法来构建中国经济学，甚至干脆反对“中国经济学”和“西方经济学”的提法。学术界有争论是正常现象，也是学术自由繁荣的表现。

三、21世纪最初10年中国经济思想的发展

21世纪最初10年，中国经济思想的发展呈现出一些新的特点。一是经济理论研究更关注宏观经济运行和调控、区域经济及区域规划、货币政策和收入分配、农业经济与农村建设等中国工业化发展及经济体制改革的热点问题。社会经济的发展对经济思想、经济理论的解释功能、预测功能的发挥提出了更紧迫的要求。二是经济思想界的观念之辩已从概念之争转变到经济政策乃至改革道路之争。随着改革开放的深入，社会阶层分化，收入差距扩大，社会矛盾在一些节点上激化，引起了经济思想界的争论。是坚持改革开放，坚持社会主义市场经济发展以实现共同富裕；还是将社会经济发展过程中产生的一些矛盾归咎于改革开放所构建的生产关系、经济制度，争论双方都试图影响高层决策，影响改革开放的进程。三是对西方经济学的引进和应用更注重前沿理论，如有关“新经济”的理论创新、行为金融学和数理金融学有关理论，现代货币理论模型、现代企业融资理论、金融泡沫理论、新经济地理学及新贸易理论、人力资本与收入分配理论等。这些经济理论既是前沿的，又是比较针对中国经济社会发展的实际需要的，反映出中国引入西方经济学的理论前沿性和政策应用性特征。

从政策角度考察，21世纪初，中国共产党召开第十六次全国代表大会（2002年11月）和第十七次全国代表大会（2007年10月），中共中央、国务院制定了国民经济和社会发展第十个五年计划（2001—2005年）和第十一个五年规划（2006—2010年）。中共十六大把“三个代表”重要思想同马克思列宁主义、毛泽东思想、邓小平理论一道确立为中共必须长期坚持的指导思想，并提出了全面建设小康社会的奋斗目标。中共十六届三中全会（2003年10月）通过的《中共中央关于完善社会主义市场经济体制若干问题的决定》，是指导中国经济体制改革的纲领性文件。中共十六届六中全会（2006年10月）通过了《中共中央关于构建社会主义和谐社会若干重大问题的决定》，对中共十六大、十六届四中全会、十六届五中全会一再提出的构建社会主义和谐社会做了全面、具体的部署。中共十七大全面阐述了科学发展观的科学内涵、精神实质和根本要求，一致同意将科学发展观写入党章，并提出实现全面建设小康社会奋斗目标的新要求。中

共十七大报告强调，要实现2020年全面建设小康社会发展目标，关键要在加快转变经济发展方式、完善社会主义市场经济体制方面取得重大进展。要深化对社会主义市场经济规律的认识，从制度上更好发挥市场在资源配置中的基础性作用，形成有利于科学发展的宏观调控体系。2008年12月18日，中共中央召开了纪念党的十一届三中全会召开30周年大会，大会高度评价了十一届三中全会的重要地位和伟大意义，深刻总结了30年改革开放和社会主义现代化建设取得的伟大成就和经验，明确指出继续推进改革开放事业的前进方向。上述这些指导思想、方针政策不仅为经济思想、经济理论研究提出了新的内容，而且为中国经济思想开拓了新的理论境界。

2008—2009年，世界经济遭遇了进入21世纪以来最严重的金融危机，也是20世纪30年代世界经济大萧条以来最严重的金融、经济危机。这场由美国次贷危机引发的全球性金融危机冲击了自由市场经济制度，也向自由主义经济思想提出了挑战。金融危机发生后，国内外不少论者认为，美国和西方经济制度及发展模式已经过时，有些论者甚至提出资本主义市场经济已面临消亡、中国的经济制度及发展模式可以拯救世界的观点。2008年发生的这场世界金融危机对中国经济思想发展也产生了重要影响，一个核心的问题是中国经济思想界对市场经济学说体系的认知是否发生逆转，中国的改革方向是否会发生变化。如果这次金融危机的性质是市场经济的失败，那么，中国建立社会主义市场经济的改革目标就要做出修正。就2008年、2009年的相关观点做一扫描，大多数论者还是做出了理性的分析，认为不能因市场经济体系出了问题就从根本上怀疑市场经济制度。金融危机、经济危机、经济周期性波动是市场经济运行的常态，在应对这些经济危机中，人类社会可以通过制度设计使市场经济体制更为完善，而不是回到管制经济和计划经济体制。1929年，美国股票市场崩溃引发了20世纪30年代世界经济萧条。美国政府于1933年颁布了《证券法》，1934年颁布了《证券交易法》，设立了拥有很大权力的证监会。1940年颁布了《投资公司法》和《投资顾问法》。这些法律完善了市场经济体制，使美国成为世界上最发达的市场经济国家。1990年，美国经济总量约占全世界的50%，2008年仍占23.1%。所以，市场经济是人类社会迄今为止设计出的最有效率的经济制度，尽管它不是十全十美。中国要让14亿人民过上小康生活，除了发展市场经济，别无他途。

2008年发生的世界金融危机在中国经济思想层面上还引发了另外一个

思考：改革开放以来中国的外向型经济增长模式是否是可持续的。外向型经济依赖于出口，依赖于国际市场（尤其是发达国家的市场），形成了中国生产（所谓的“世界工厂”）、西方国家消费的国际贸易经济关系。金融危机发生后，经济思想研究中许多观点指出，一个高度依赖于外贸而内需不足的经济体，其增长是不可持续的。中国是大国经济，经济可持续增长的基础是内需，所以重要的是扩大内需，建设消费型社会，增长模式转型为内需型经济增长。中国缺失一个消费社会所需要的基本社会制度，诸如社会保障制度、公共医疗卫生保障制度、国民教育制度等，政府应努力增加这些公共品的供给，这也是中国成为一个现代国家的重要制度条件。从金融危机而引发的中国经济增长模式、经济发展目标的讨论，中国经济思想界的思考是深刻的，充分体现了经济学“经世致用”的社会功能。但从经济学实证分析的要求看，中国的经济增长模式根本上由要素禀赋条件、国际分工体系和中国制度条件等因素决定。讨论经济增长模式转型，必须在以上约束条件下构造分析框架，推导出可靠的、有解释力的结论。

1992年10月，中共十四大报告提出经济体制改革的目标是建立和完善社会主义市场经济体制，目的就是要使市场在社会主义国家宏观调控下对资源配置起基础性作用，把资源配置到效益较好的环节中去。2003年10月，中共十六届三中全会通过《中共中央关于完善社会主义市场经济体制若干问题的决定》，提出完善社会主义市场经济体制的目标和任务，要求更大程度地发挥市场在资源配置中的基础性作用。2007年10月，中共十七大报告提出为促进国民经济又好又快发展，要深化对社会主义市场经济规律的认识，从制度上更好发挥市场在资源配置中的基础性作用，形成有利于科学发展的宏观调控体系。随着社会主义市场经济体制改革的推进，资源配置优化研究成为21世纪最初10年中国经济思想研究转型的重要表现。资源配置及效率分析一直是经济学的一个中心论题。经济活动的一般过程就是生产产品和劳务，通过交换以满足人类社会的基本需求和发展需求。经济学实证研究就是要在资源（经济财货）稀缺的假设条件下如何提高资源配置效率，更大程度地满足人类社会的需要。效率分析构成微观经济学的基础，因为有效资源配置的主要思想可以用线性的生产活动分析模型这一最简单的形式来表示。所以，经济效率和资源配置效率是同义词，在研究一个经济体系的效率时，主要关心的是资源在不同生产目的之间是否是最优配置的，以使其最大限度地满足人们的各种需要。中国经济学界将资源配置作为主要研究对象，也必然会引致较多地采用实证研究方法。

21世纪最初10年，建立和完善社会主义市场经济是经济体制改革的主线，也是经济思想研究的主线。由非市场经济到市场经济是一个过程，这一过程就是经济转轨期或经济过渡期。处于转轨或过渡时期的中国经济在制度上有其特征，主要是：计划经济向市场经济过渡的经济基础和经济条件的特征；二元经济结构转换中传统经济与现代经济的消长、协调方式的特征；经济运行中计划调控与市场调节的矛盾、结合、消长方式的特征；体制转换中生产、分配、交换、消费、投资等经济活动的特征；体制转换中政府与市场关系的特征。由这些特征所决定，中国的经济体制在某种意义上存在"双重失效"问题，即市场失效和政府失效。一方面，市场体系不健全、市场机制欠发育，市场还不能全面而有效地调节资源配置和经济运行；另一方面，计划机制的调节效应日渐减弱，但政府在市场经济中的作用还有待转换，政府的社会管理和宏观调控职能还需更有效发挥。这种"双重失效"是经济转轨期所特有的制度性风险。所以，在市场化改革进程中，如何更好地发挥政府作用，既是一个改革任务，也是经济学研究的重要论题。市场经济与政府干预具有相辅相成的关系：一方面，政府干预的经济性、科学性、有效性是市场经济健康运行的重要保证；另一方面，市场体系的健全、市场交易的规范、市场机制的发育又是提高政府干预效率的基础。在社会主义市场经济体制改革中，要发展市场经济，必须减少对经济的行政性干预；但市场经济体制的不健全不得不借助行政手段，从而遏制了市场制度的自然形成和发展。所以，讨论市场经济，应该联系中国的实际，从理论上、制度上、操作上研究不发达市场条件下政府干预的目标、手段和效应，实现市场在资源配置中的基础性、决定性作用和更好发挥政府作用。

21世纪最初10年，对社会主义政治经济学体系的探索也有一定进展。2004年4月，马克思主义理论研究和建设工程启动，并设立了《马克思主义政治经济学概论》教材编写项目，组建了课题组。该教材于2011年在全国高校投入使用。该教材的编写和出版被认为是中国特色政治经济学理论研究和教材建设的基础性工作。

21世纪最初10年，中国经济增长速度较快，2000年到2010年GDP平均增速为10.36%。从政策层面考察，要求在提高质量、优化结构、增进效益的基础上争取更快发展，走一条既有较高速度又有较好效益的国民经济发展路子。但经济快速增长、总需求过热也引起了经济的波动，因此经济周期也成为一个热点研究领域。在经济学中，增长与周期这两个概念是密切相连的。一般观点认为，市场经济都会发生周期性波动。对世界经济的实证研究表明，经济周期的长度大约为8年到10年。尽管“新经济”所带来的劳动生产率提高使得经济得以持续增长，但“新经济”也只能使周期变形，并没有使周期消失。如果由于技术产业周期呈现大起大落状态，以及风险资本的波动性，“新经济”所面临的潜在冲击是很大的。但也有论者认为，引致经济波动的干扰因素主要来源于政府的经济政策，尤其是货币政策。在长期中，由于存在理性预期，货币供给的变化会被预期到，物价水平会发生相应变化，实际的货币供给保持不变，因而政策是无效的。但是在短期中，货币供给变化没有被预期到，则会引起经济波动。特别在价格体系不完善、利率市场化未实现的情况下，货币供给所引起的信息不对称会对经济造成较大冲击。

四、21世纪10年代中国经济思想的发展

2012年11月，中共十八大报告对中国特色社会主义做了完整界定，包括中国特色社会主义道路、中国特色社会主义体系、中国特色社会主义制度，三者统一于中国特色社会主义伟大实践。中共十八大提出，到2020年实现全面建设小康社会和全面深化改革开放的目标。要加快完善社会主义市场经济体制，全面深化经济体制改革。经济体制改革的核心问题是处理好政府和市场的关系，更大程度、更广范围发挥市场在资源配置中的基础性作用，完善开放型经济体系，推动经济更有效率、更加公平、更可持续发展。中共十八大报告第一次将经济体制改革的核心问题表述为“处理好政府和市场的关系”，将更加尊重市场规律和更好发挥政府作用并列，并明确将完善开放型经济体系作为完善社会主义市场经济体制的重要内容，反映了经济体制深化改革及扩大开放与深化改革互动的客观要求。

2013年11月，中共十八届三中全会通过了《中共中央关于全面深化改革若干重大问题的决定》，提出全面深化改革的总目标是完善和发展中国特色社会主义制度，推进国家治理体系和治理能力现代化。经济体制改革是全面深化改革的重点，核心问题是处理好政府和市场的关系，使市场在资源配置中起决定作用和更好发挥政府作用。《决定》将经济体制改革的核心问题表述为使市场在资源配置中起决定作用和更好发挥政府作用，并清晰界定了政府的职责和作用。

2017年10月，中共十九大报告阐明，中国特色社会主义进入了新时代，这是我国发展新的历史方位。我国社会主要矛盾已转化为人民日益增

长的美好生活需要和不平衡、不充分的发展之间的矛盾。新时代中国特色社会主义思想进一步明确了全面深化改革总目标是完善和发展中国特色社会主义制度、推进国家治理体系和治理能力现代化。中共十九大提出贯彻新发展理念，建设现代化经济体系。建设现代化经济体系包括深化供给侧结构性改革、加快建设创新型国家、实施乡村振兴战略、实施区域协调发展战略、加快完善社会主义市场经济体制、推动形成全面开放新格局等6个方面的任务。关于加快完善社会主义市场经济体制，中共十九大报告明确提出：经济体制改革必须以完善产权制度和要素市场化配置为重点，实现产权有效激励、要素自由流动、价格反应灵活、竞争公平有序、企业优胜劣汰。与之相配套的是深化商事制度改革，打破行政性垄断，防止市场垄断，加快要素价格市场化改革，放宽服务业准入限制，完善市场监管体制。

进入21世纪10年代，随着中国改革开放进程特别是完善社会主义市场经济体制改革进程的演进，扩大开放深化改革的社会实践为经济学研究提供了众多现实题材和新的要求，推动了中国经济思想持续繁荣发展。

随着社会主义市场经济体制改革的推进，资源配置优化继续成为10年代中国经济思想研究的主要内容。对于中国经济思想特别是社会主义政治经济学而言，主要研究对象或研究内容转到资源配置是一个重要的转型表现。这不仅显示了中国经济思想研究在改革开放社会实践牵引下更加贴近现实经济运行，还显示了社会主义政治经济学研究方法一定程度的转型。经济学实证研究就是要在资源稀缺的假设条件下，研究如何提高资源配置效率，更大程度满足人类社会的需求。中国经济思想及社会主义政治经济学将资源配置作为主要研究对象，应该是规范研究向实证研究转型趋向的显示。

国有企业改革涉及社会主义市场经济微观主体构造，在10年代仍然是政策研究和理论研究的重点。2014年8月到2018年7月，中共中央、国务院关于国有企业改革的文件有11个，包括：《中央管理企业主要负责人薪酬制度改革方案》（2014年8月18日），《关于在深化国有企业改革中坚持党的领导加强党的建设的若干意见》和《关于加强和改进企业国有资产流失的意见》（2015年6月5日），《中共中央、国务院关于深化国有企业改革的指导意见》（2015年9月13日），《关于国有企业功能界定与分类的指导意见》（2015年10月13日），《国务院国资委以管资本为主推进职能转变方案》（2016年12月5日），《中央企业公司制改制工作实施方案》

（2017年6月26日），《关于改革国有企业工资决定机制的意见》（2018年3月28日），《关于加强国有企业资产负债约束的指导意见》和《中央企业领导人员管理规定》（2018年5月11日），《关于推进国有资本投资、运营公司改革试点的实施意见》（2018年7月30日）。10年代，特别是中共十九大以后，国有企业改革的重点方向是持续进行体制和机制的深化改革，包括以国有资本投资、运营公司为重点的以管资本为主的国有资产管理体制改革，以混合所有制改革为重点的产权结构及产权制度改革，以公司制改革为重点的法人治理结构及经营体制改革。关于国有企业改革，经济学界从不同角度、运用不同方法开展研究，提出了不少观点。如果从市场经济制度框架考察，研究主线基本可以概括为：在大力促进市场建设的基础上，在法律、政策上给出制度变革的保障，使所有制结构、产权结构、企业制度、国有资产管理制度能够进行适时的调整和变革，使之与经济市场化发展程度及资源配置优化的经济运行要求相契合。

中共十八大报告将处理好政府和市场的关系确定为经济体制改革的核心问题，将深化行政审批改革确定为推进政治体制改革的主要任务之一，明确政府职能向社会管理和公共服务转变，体现了加快完善社会主义市场经济体制、更大程度更广范围发挥市场在资源配置中的基础性作用和决定性作用的改革要求。所以，在社会主义市场经济条件下转换政府职能，创新和完善宏观调控也成为10年代经济思想研究的主要论题。中国经济学界一般认为，中国从计划经济向社会主义市场经济转轨过程中，市场体系的发育需要一个较长的历史阶段，价格机制配置资源的微观基础和制度条件有待逐步健全。在这种条件下，为了避免经济社会转型过程中大的震荡，为了保持经济平稳较快增长，为了对经济社会发展实行有利导向，需要政府加强和完善宏观调控，更好发挥政府作用。经济思想界的研讨在方法上大体可分为3类：一类基本上是政策诠释；一类基本上是规范研究；还有一类是就某一论题进行实证研究。研讨的观点有不同甚至有冲突，但都是基于对中国社会主义市场经济体制改革的认识和愿景，具有较强的本土化色彩。研讨中比较一致的观点是，政府职能转变要做到有所为有所不为。有所为是指政府要承担属于自己的职责，比如，增加社会领域的投资、人力资本投资、保障社会公平正义、在提供公共产品与服务方面发挥基础性作用、保障社会公共服务均等化，等等。研究表明，政府公共服务支出占政府总支出的比重每提高1个百分点，居民消费率将提高0．2个百分点。有所不为是指，政府要减少对微观经济活动的干预，特别是在市场准入端放松管制，打破垄断，减少审批，提高事中事后监管能效，提高经济运行效率。

从中共十七大、十八大到十九大，经济发展战略做出重大调整，核心是使中国从高速增长阶段转型为高质量发展阶段，转变发展方式、优化经济结构、转换增长动力。经济发展、经济增长、结构调整、发展转型一直是中国经济学界研讨的热点问题，随着新时代发展战略及新发展理念的提出，10年代对这一论题的研究更趋深化。讨论中的一个重要论题是关于投资与消费关系的研究。在关于中国经济发展转型的讨论中，一种比较普遍的意见认为，经济转型发展的一个重要环节是使经济增长从投资驱动转型为消费拉动。在经济政策上，需要实施相应的杠杆和措施提高居民收入，扩大内需，使中国经济增长从主要依赖投资推动，转为主要靠消费拉动。这种观点在理论上不甚准确。消费很重要，甚至可以认为是经济发展的目的。但消费不是生产函数的变量，不是经济增长要素，经济学理论中没有消费驱动经济增长的概念。决定消费的最重要变量是收入（可支配收入），消费函数表示在每一个收入水平上的消费支出水平；是收入增长（经济增长）决定消费水平，而不是消费水平决定经济增长，决定居民消费水平的是可支配收入水平。可支配收入水平既决定于国民收入分配结构，但更主要的是决定于经济增长。经济学理论阐明，资本积累和投资是经济增长最主要的源泉和动力。在投资效率既定条件下，实物资本投入是收入和社会福利增长的主要因素，假设经济制度效率（资源配置效率）既定，经济增长的决定要素是资本积累（投资）、劳动、技术进步。在一定条件下，这三个要素有一定程度的替代性，但在生产力形成过程中，资本投资起关键作用。无论是劳动生产率提高，还是技术进步，都要靠资本投入的支持。投资决定了经济中物质资本存量增长的速率，从而决定了经济的长期增长和生产率。在经典的生产函数中，只有资本和劳动这两种生产要素。在不发达经济体，由于资本稀缺和劳动力过剩，增量资本/产出比较低；在发达经济体，增量资本/产出比较高。这一规律表明，随着一国经济的发展，在投资效率既定条件下，增量资本/产出比趋于上升。其政策含义在于，要维持持续的经济增长，要使经济从不发达阶段成长到发达阶段，增量资本（投资）需要持续增加。从整体考察，中国仍处于社会主义初级阶段，处于工业化、城市化进程中，在经济发展的这一阶段，资本积累（投资）的增加是必须的。如果不能保持人均投资水平的稳定增长，生产率就会下降，经济就不能持续增长。无论是劳动生产率提高还是技术进步，投资都是基础性的。特别是每年有大量新增劳动力就业，必须要有相应的投资增长为他们提供生产装备和技术手段。中国经济转型发展的关键环节不是降低投资率，而是遵循市场经济规律，更有效地配置和使用资本，提高投资效率，使等量资本推动更多的国民收入增长。党的十九大报告将结构调整和改革精准定义为供给侧结构性改革，并作为贯彻新发展理念、建设现代化经济体系的主线，是适应了中国的发展现状和转型发展要求的。为解决供给和需求失衡的结构性矛盾，只有推进供给侧结构性改革，把发展经济的着力点放在实体经济上，把提高供给体系质量作为主攻方向，显著提升中国经济发展质量，更好地满足人民日益增长的美好生活需要。

10年代，中国社会主义政治经济学建设进入一个新阶段。2015年11月23日，中共中央政治局集体学习会上，习近平指出，要立足我国国情和我国发展实践，揭示新特点新规律，提炼和总结我国经济发展实践的规律性成果，把实践经验上升为系统化的学说，不断开拓当代中国马克思主义政治经济学新境界。2016年5月17日，习近平主持召开哲学社会科学工作座谈会，强调要加快构建中国特色哲学社会科学，按照立足中国、借鉴国外，挖掘历史、把握当代，关怀人类、面向未来的思路，着力构建中国特色哲学社会科学，在指导思想、学科体系、学术体系、话语体系等方面充分体现中国特色、中国风格、中国气派。习近平关于中国马克思主义政治经济学和中国特色哲学社会科学的一系列讲话发表后，经济理论界对中国特色社会主义政治经济学的论题展开了热烈讨论，研究内容涉及中国特色社会主义政治经济学的研究对象、逻辑起点、根本方法、理论属性、指导原则、历史定位、理论来源、实践基础、科学内涵、理论创新方向、体系构建演进等。对文献的观点进行归纳，一般的认识是，中国的改革开放和中国特色社会主义建设实践所展现出的发展绩效、发展路径以及发展中的结构性矛盾，用西方经济学的理论和范式已难以解释，要结合中国的发展实践及国情特色和制度条件，以马克思主义经济学原理为指导，发展马克思主义经济学，科学借鉴西方经济学，构建中国特色社会主义政治经济学。

马克思主义政治经济学和现代西方经济学都有其概念体系和话语体系，在此基础上形成理论体系。这两大经济学体系在概念体系和话语体系上有区别，但其来源都是英国古典政治经济学，所以其概念体系和话语体系又是交叉交融的。从“原问题”或者“发生学”意义考察，一个关键论题是，中国社会主义政治经济学如何构建概念体系和话语体系。经济学是解释经济现象、揭示经济活动规律的社会科学。只要人类社会的经济现象、经济活动有共通性，经济学也会有普世性的概念、范畴、话语及理论。但由于各个经济社会的历史、经济、文化、政治条件不同，经济现象和经济活动又有差异性，反映到经济概念、经济范畴、经济话语、经济理论层面也就有差别性甚至独特性。所以，与社会主义市场经济相联系的社会主义政治经济学的概念体系和话语体系是来源于马克思主义政治经济学和西方市场经济学说，同时又结合中国社会主义市场经济的实践，在话语体系和分析框架方面既有普世性和通约性，又具有必要的差异性和独特性，关键是对中国社会主义市场经济要有很好的解释功能和预测功能，并且在理论形态层面可以开展国际交流。

第一章 改革开放40年马克思主义经济学研究的时代特征

第一节 改革开放40年马克思主义经济学研究发展概况

一、改革开放以来马克思主义经济学研究发展的总体线索

在改革开放以来社会实践与经济思想发展转型的整体演进框架下，马克思主义经济学研究在中国的发展可以划分为两个阶段。

第一阶段是1979—1991年。这一时期，经济思想与经济体制改革实践互相促进，共同发展，经济思想具有承前启后的意义，既延承了前一时期的一些理论特征，又开启了经济思想繁荣、科学发展的新阶段。这一时期对马克思主义经济学理论的研究中，苏联范式基本上已不构成一条发展线索，而主要是对马克思主义经典理论的研究，并将其与中国社会主义经济发展的实践相结合，在理论上进行新的探索和创新。从理论研究的内容看，这一时期虽然对原理、概念、定义的讨论仍比较多，但对现实经济的研究日益扩展。从研究方法看，规范分析仍是主要的方法，但由于现实经济研究的需要，实证分析和数量分析的方法逐渐被采用并日益受到重视。从学术风气上看，空泛、形而上学的作风有所克服，科学的、实际的、客观的态度逐渐得到发扬。中国马克思主义经济学理论的研究也因此而更具有真正经济科学的性质。

第二阶段是1992年以后。中国改革开放全面、深入展开，中国特色社会主义理论趋于成熟，社会主义市场经济制度框架基本形成，改革开放从经济层面为主向社会各方面、各领域推进。这一时期，经济思想的发展延续了前一阶段的基本特征和基本状态，但在概念转述、学科范式、研究方

法等技术层面上力求符合主流经济学框架，立足于中国经济发展新常态的实际情况，提出坚持和发展中国特色社会主义政治经济学，对中国特色社会主义政治经济学进行理论创新。这一时期，经济思想从以研究计划经济（包括计划与市场相结合）为主转而以研究市场经济为主；经济理论范式从以马克思《资本论》和社会主义政治经济学教材体系为主转型为以马克思主义经济学和西方经济学相结合的现代经济学理论范式为主；在研究方法上从以规范研究为主转型为以实证研究为主。20世纪90年代以后，马克思主义经济学研究不仅仅是对经典著作的解读，以及运用标准的马克思主义经济学原理和概念对“苏联范式”进行批判，而主要是力求完整、准确地掌握马克思主义经济学理论体系，并努力将这一开放性理论体系向前推进，使其对现实经济具有更强的解释力和指导意义。这一过程中产生了一系列在理论贡献、概念范畴乃至分析方法上的创新，包括社会主义初级阶段理论、社会主义商品经济理论、社会主义市场经济理论等重要的理论创建。2000年以后，马克思主义经济学理论创新主要是在中国特色社会主义经济发展道路、发展阶段、发展目标和发展观等方面提出的政策思想及理论观点，以及习近平新时代中国特色社会主义经济思想。习近平新时代中国特色社会主义经济思想，是运用马克思主义基本原理对中国特色社会主义政治经济学的理性概括，是中国特色社会主义政治经济学的最新成果。21世纪，马克思主义经济学与西方经济学的融合也呈现出新的景象，不仅是在若干范畴、概念上的交叉和吸纳，同时在基本理论框架、分析方法、基本范畴体系方面相互借鉴、交叉和融合。

二、1978—1991年马克思主义经济学研究要点

（一）对传统理论问题的延伸研究

1. 社会主义基本经济规律

关于社会主义基本经济规律，20世纪五六十年代曾进行过讨论，但80年代的研究和讨论却是从新的角度出发，提出了一些新的观点。

首先，一些论者提出质疑：是否存在斯大林所表述的社会主义基本经济规律。对此理论界有两方面的意见：其一认为，社会主义经济中不存在斯大林所说的基本经济规律，斯大林提出的社会主义基本经济规律的理论前提是错误的，同时社会主义基本经济规律的内容是不科学的，一个重要表现就是强调用使用价值来满足需要而排斥价值，这与商品经济为价值而

生产的需要相矛盾。其二认为，斯大林的社会主义基本经济规律是客观存在的，指出既然公有制经济在国民经济中占统治地位，社会主义基本经济规律就客观存在①。

其次，对于社会主义基本经济规律的内容，也展开了讨论和研究。关于社会主义基本经济规律的内涵，一种意见认为，社会主义基本经济规律包括生产目的和达到这一目的的手段；另一种意见认为，社会主义基本经济规律只包括生产目的，不包括实现目的的手段。关于社会主义基本经济规律的表述，一种意见认为，斯大林对社会主义基本经济规律的表述是科学的，其中不仅有科学技术与生产力的合理结合，也包含了正确处理生产关系的意思；第二种意见认为，斯大林对于社会主义基本经济规律的表述过于空泛和一般化，不能体现社会主义经济的特殊性质；第三种意见认为，斯大林对社会主义基本经济规律的表述有严重缺陷，它忽视了人的全面发展是社会主义生产的终极目的，也没有提出实现社会主义生产目的的手段是提高经济效益②。

最后，对于到底什么是社会主义基本经济规律，在认识上也有了进一步的发展。一种意见认为，价值规律是社会主义的基本经济规律。因为无论是什么社会，只要是商品生产，那么这个社会的基本经济规律就是价值规律。第二种意见认为，必要价值规律是社会主义基本经济规律。所谓必要价值，是指商品价值中扣除了转移价值后新生产的价值，它相当于商品价值中的 V + M 部分。第三种意见认为，按劳分配规律是社会主义基本经济规律。还有意见认为，国家、企业、劳动者三者利益根本一致上的相对独立性是社会主义基本经济规律③。

2. 国民经济有计划发展规律

80 年代从两个方面对国民经济有计划发展规律问题进行了研究。一个方面是国民经济有计划发展规律是否存在。有观点认为，国民经济有计划发展规律并不存在，主观的计划不能发挥客观经济规律的效应。也有观点认为，国民经济有计划发展是一个客观经济规律，建立在社会分工基础上的国民经济有计划按比例发展规律作为一个社会基本规律存在于各个社会

---

① 《经济研究》编辑部．中国社会主义经济理论问题争鸣（1985—1989）[M]，北京：中国财政经济出版社，1991.

② 《经济研究》编辑部．中国社会主义经济理论问题争鸣（1985—1989）[M]，北京：中国财政经济出版社，1991.

③ 《经济研究》编辑部．中国社会主义经济理论问题争鸣（1985—1989）[M]．北京：中国财政经济出版社，1991.

形态之中。但是，这一规律在不同的社会形态中，其表现形式是不一样的。另有观点认为，国民经济有计划发展规律不但有其客观性，而且是社会主义特有的规律。

第二个方面是国民经济有计划发展规律与价值规律的区别和联系。一种意见认为，国民经济有计划发展规律与价值规律不是对立的，前者是后者的一种作用形式。另一种意见认为，在有计划的商品经济条件下，国民经济有计划发展规律与价值规律既不是互相排斥的，也不是完全相同的，这两个规律的作用不能互相替代[①]。

3. 按劳分配规律

80年代对按劳分配规律的研究主要从两方面展开：一是按劳分配规律的含义；二是劳动力是否是商品及与按劳分配规律的关系。其中讨论较多的是关于劳动力商品的问题。在劳动力是商品这一前提下，有观点认为，按劳分配就是按劳动力价值分配。也有观点不同意按劳动力价值分配就是按劳分配的提法[②]。有论者从商品生产条件下的等量劳动互换角度把握按劳分配。等量劳动交换，或者说一种形式的一定量劳动与另一种形式的等量劳动相交换，是马克思在按劳分配理论中提出的。在马克思的理论中，这种劳动是已经消除商品生产的直接社会化劳动，即无须再经过迂回曲折的道路采取价值形式的劳动。但现实的社会实践证明，社会主义历史阶段存在商品生产。因此，生产者耗费在产品生产上的劳动就必然表现为这些产品的价值，用劳动时间计算的劳动量必然表现为这些产品的价值量，等价物相交换实际上就是商品按其交换价值进行交换。按价值交换就是按社会必要劳动进行交换，从而也就是一种形式的一定量劳动和另一种形式的同量劳动相交换。在这里，等量劳动交换通过市场而具备了一般等价交换的全部特征，因而可以说是一种“新型的等价交换”[③]。

4. 劳动价值论

80年代关于劳动价值论的研究，主要是围绕“劳动价值的一元论”和

---

① 《经济研究》编辑部．中国社会主义经济理论的回顾与展望［M］．北京：中国经济出版社，1986；张薰华．社会科学争鸣大家·社会主义经济理论卷［M］．上海：上海人民出版社，1991；中南财经大学．经济科学学科辞典［M］．北京：经济科学出版社，1987.

② 《中国社会科学》经济编辑室．经济学文集（1980年）［M］．杭州：浙江人民出版社，1981；《中国社会科学》经济编辑室．经济学文集（1981年）［M］．杭州：浙江人民出版社，1982；《中国社会科学》经济编辑室．经济学文集（1982年）［M］．杭州：浙江人民出版社，1983.

③ 林子力．论新型等价交换［M］．北京：经济科学出版社，1987.

“价值决定的多元论”而展开，基本的理论问题就是对马克思所论述的社会必要劳动时间的理解。坚持劳动价值论一元论的观点认为，不是两种含义的社会必要劳动时间共同决定商品价值，而是只有第一种含义的社会必要劳动时间决定价值①。与此相反的意见认为，马克思在《资本论》中确实论述了两种含义的社会必要劳动时间。《资本论》第一卷中给出的社会必要劳动时间突出了劳动时间的平均性，考察的是单个商品的价值决定；《资本论》第三卷中提到的社会必要劳动时间是指某种商品的总量社会必要劳动时间，分析的是总量商品的必要劳动时间与社会需要的关系②。另有论者提出了“新劳动价值论一元论”的主张，认为传统的劳动价值论一元论已不能解释现实生活中的价值决定，需要在原劳动价值论一元论的基础上扩大劳动的外延，加入资本、土地等非劳动生产要素以及技术变动下的利益关系，以便对价值决定做出合乎现实的说明。在《资本论》中，通过引入劳动力商品来说明资本家的剩余价值来自对工人的剩余劳动所创造价值的无偿占有③。对马克思的劳动价值论的重新解释，只是把马克思在分析了资本主义利益关系之后再加入技术变动的分析，改为直接把技术变动作为前提假设来讨论技术关系与利益关系的相互作用。因此，对马克思劳动价值论的逻辑否定并不构成对马克思主义经济学的否定，而是对马克思主义经济学的一种新的解释。

5. 政治经济学说史

政治经济学说史研究也是这一时期的重要研究内容，其中最具有代表性的是陈岱孙所著的《从古典经济学派到马克思——若干主要学说发展论略》④一书，该书系统地论述了马克思主义经济学说和古典经济学派的历史联系，以及马克思批判继承古典经济学说的科学成果并创立无产阶级政治经济学的过程。书中还阐述了从古典经济学派到马克思这一历史阶段的价值、剩余价值、再生产和经济危机等学说的产生和发展过程。此外，陈岱孙还主编了《政治经济学说史》（上下册）教科书。

---

① 胡晓风、韩淑颖．中国社会主义经济问题讨论纲要［M］．长春：吉林人民出版社，1983；《经济研究》编辑部．中国社会主义经济理论的回顾与展望［M］．北京：中国经济出版社，1986；宋涛．社会主义经济理论探索［M］．北京：北京工业大学出版社，1994.

② 潘石．论两种社会必要劳动时间的关系［J］．经济研究，1990（8）．

③ 谷书堂、柳欣．新劳动价值论一元论［J］．中国社会科学，1993（6）．

④ 陈岱孙．从古典经济学派到马克思——若干主要学说发展论略［M］．北京：商务印书馆，2014.

（二）对传统理论和概念做新的表述和研究

1. 社会主义所有制改革

社会主义所有制是一个曾经做过研究的理论范畴，但从适应社会主义商品经济发展的目的出发研究社会主义所有制的改革，则是一个新的视角。理论界比较一致的意见是，为了建立社会主义商品经济运行的微观基础，必须在所有制方面进行改革①。在所有制改革的基本原则上，有观点认为，所有制改革要以适合生产力水平和发展生产力的要求为原则；也有观点认为，所有制改革要以坚持公有制的主导地位为原则；第三种观点认为，应当选择既可控又能高效运行的所有制结构②。在社会主义全民所有制改革的研究和讨论中，提出了所有权与经营权“两权分离”的思路以及产权的概念。“两权分离”是所有制改革讨论中一个有创见、有价值的理论思路，并在一段时期内成为改革政策的理论依据，其直接的实践形式就是企业承包制的推行。尽管这一思路在理论上有不准确、不规范的缺陷，实践的结果也不尽如人意，但仍不失为理论上的创新，且具有较大的实践意义。

2. 社会主义经济中计划与市场的关系

1984 年 10 月，《中共中央关于经济体制改革的决定》正式提出中国社会主义经济“是在公有制基础上的有计划的商品经济”。在此前后，经济学界就从过去的社会主义经济是否存在商品生产的争论，转入如何正确理解社会主义有计划商品经济、如何建立这种新体制和新机制的研究阶段。

在对社会主义经济基本特征的认识上，有观点认为，社会主义经济的基本特征是商品经济。社会主义的商品经济与计划经济不是并列的同一层次上的概念，商品是更为基本的客观存在，而计划是一种经济管理的形式或手段。第二种观点提出社会主义经济是市场经济，认为商品经济就是市场经济，商品经济是市场经济的本质规定，市场经济是商品经济的现象形态。第三种观点认为，社会主义经济的基本特征是计划经济，计划经济不只是管理国民经济的方式和手段，它首先是社会主义经济的本质属性和特

---

① 《经济研究》编辑部．中国社会主义经济理论问题争鸣（1985—1989）［M］．北京：中国财政经济出版社，1991；李泽中．当代中国社会主义经济理论［M］．北京：中国社会科学出版社，1989.

② 《经济研究》编辑部．中国社会主义经济理论问题争鸣（1985—1989）［M］．北京：中国财政经济出版社，1991。

征，是社会主义经济制度和生产关系中的重要方面①。

3. 国有企业改革

80年代，中国国有企业改革的理论研究进入了一个新的层面，其重点转到了如何将国有企业改造成为独立的商品生产者和经营者，如何从根本上提高国有企业的经营效益，以及如何使国有企业成为具有相应的权利义务的企业法人。在国有企业改革的研究中，主要内容包括企业所有权与经营权"两权分离"问题，所有制与产权问题，以及国有企业的改革模式问题等。在改革模式上，提出了承包经营责任制、股份制、资产经营责任制、租赁制、通过横向联合组建企业集团等思路。这些理论思路大多运用于改革实践，如承包制和股份制还在一定时期内成为改革的主要形式。国有企业改革研究所具有的极强的实践性，也进一步推动了理论研究的发展，成为80年代乃至90年代经济学发展的一个新的生长点。

4. 产业结构和产业政策

产业结构问题在五六十年代是以"农、轻、重"比例及国民经济综合平衡的理论形式存在的。80年代以后，开始采用"经济结构""产业结构"的概念，并在宏观层次制定了产业政策。在产业结构理论方面，涉及产业结构的成长阶段、产业结构合理化、产业结构的协调机制、产业结构的发展模式、产业结构失衡的表现及原因，以及产业结构调整措施等问题。在产业政策理论方面，涉及产业政策目标、产业发展战略、产业结构转换、国际产业政策研究等问题。80年代末90年代初，中国产业政策的选择上主要有以下几种思路：一是以农业为基础的产业政策思路；二是以重工业为主导的产业政策思路；三是以机电工业及第三产业为重点发展对象的产业政策思路②。

（三）对新的经济理论问题做重点研究

1. 社会主义经济规律体系

社会主义经济规律体系在80年代是一个较热门的论题，主要是在苏联《政治经济学教科书》所归纳的社会主义几大规律的基础上，引进一些新的知识，通过逻辑演绎，构造出一个"互联互动"的所谓"规律体系"。

---

① 《经济研究》编辑部．中国社会主义经济理论的回顾与展望［M］．北京：中国经济出版社，1986；胡晓风、韩淑颖．中国社会主义经济问题讨论纲要［M］．长春：吉林人民出版社，1983.

② 辞典编委会．中国体制改革与对外开放大辞典·经济体制改革卷［M］．成都：四川科技出版社，1992.

这一论题的研究在方法论上是典型的规范分析，所构造的“规律体系”在理论上自成一说，但与现实经济关联不大。90年代中期以后，这一论题的研究逐渐趋于冷淡。

在80年代社会主义经济规律的研讨中，理论界提出了研究经济规律体系问题，并在一段时期内成为一个新的理论热点。当时一般认为，生产关系是一个有机的整体，因此反映生产关系运动发展过程的规律，也不可能是孤立存在、互不相关的。经济规律是互相联系的，是一个整体，不能把各个规律割裂开来，孤立地进行研究。关于社会主义经济规律体系的表述，有论者提出，经济规律体系是在一定社会经济形态中客观存在的，互相联系、互相交叉的经济规律整体的科学反映。这包括三层含义：首先，生产关系是一个有机整体，在客观上构成一个体系。其次，生产关系体系内部各个层次、各个侧面、各个领域的本质必然联系，就是客观经济规律。由于生产关系是一个有机整体，生产关系运动发展的诸规律也相互联系、相互交叉，存在着一定的联系，并在此基础上形成了经济规律的整体。再次，经济规律体系是科学规律体系，是对客观经济规律内在关系的科学概括。也有论者主张用现代系统论的方法研究经济规律体系，社会主义经济规律体系可以表述为：支配着社会主义经济运行和发展的相互作用、相互依赖的各类经济规律的有机整体。还有意见认为，表述应突出经济规律体系的客观性、联系性和整体性，因此社会主义经济规律体系，就是社会主义社会支配社会经济运动发展的、客观存在的、相互依存、相互作用的诸经济规律的有机整体①。

2. 经济周期

经济周期是经济增长理论中的一个范畴，80年代以前中国经济学界基本上没有这方面的研究。80年代，随着中国宏观经济增长的波动，经济周期理论开始为人们所重视，并逐渐展开研究。

关于经济周期含义的表述，一般认为是指经济发展过程中经济高涨与低潮连续反复出现。社会总产值或国民收入增长率时高时低，固然是经济高涨和衰退的重要标志，但增长速度有时与经济涨落并非完全一致。所以，经济周期应是各种经济现象的综合表现，它是指整个国民经济的景气循环。关于社会主义经济周期与资本主义经济周期的异同，多数意见认

---

① 经济科学学科辞典［M］．北京：经济科学出版社，1987；李泽中．当代中国社会主义经济理论［M］．北京：中国社会科学出版社，1989；蒋学模．社会主义政治经济学［M］．上海：复旦大学出版社，1987；杨文汉．社会主义经济理论史纲［M］．西安：陕西人民出版社，1988.

为，两者同样是一种经济总量的失调，无甚实质区别。也有意见认为，两者有区别，其本质区别在于社会主义经济周期不会必然导致全面经济危机，因为新的经济平衡可以靠国家计划的调控，而不必通过经济危机这种市场手段。许多学者致力于中国经济周期波动的实证分析，对经济周期的分类、经济周期的考察指标、经济周期的时间划分、经济周期波动的特点、经济周期形成原因等问题做了广泛深入的研究，并提出了不少反周期的政策建议①。

3. 通货膨胀

在中国，通货膨胀是在80年代末才形成的经济热点和理论热点。在此以前，由于价格的计划管制，中国一般不存在通货膨胀这一经济现象（或者说是以凭票供给这一形式表现的“隐蔽的通货膨胀”）。随着经济改革尤其是价格改革的发展，价格、货币供给与社会总供求的市场联系日益密切，中国经济也出现了通货膨胀，学者也开始了在理论上对通货膨胀的研究。

关于通货膨胀的成因，有学者认为，通货膨胀是指流通中货币过多的经济现象，系货币发行量超过商品流通实际需要量所引起的一种货币贬值现象，因此是货币供给量增长过快引起的。也有学者从供给和需求的角度寻找原因，认为是供给不足或总需求膨胀导致通货膨胀。还有学者认为，通货膨胀的成因是产业结构失衡和经济制度不健全。

对于通货膨胀的态度，一部分意见认为，对温和的通货膨胀可以接受，只要货币扩张没有引起恶性通货膨胀，只要伴随着温和的通货膨胀能获得较高的经济增长速度，那么，在理论上就存在着探讨通货膨胀促进经济发展的余地。发展中国家发生商品供给紧张并不一定证明资源已得到充分利用，因此通货膨胀在一定条件下可以改善资源配置结构，提高资源配置效率，从而促进经济增长。但也有相当一部分学者认为，通货膨胀有百害而无一利，因为通货膨胀在中国能产生的强迫储蓄很少，并且与因此而减少的正常储蓄相比，更是得不偿失。同时，通货膨胀不利于闲置资源的利用，而只会使企业库存物资超过正常需要，使供给更加紧张，并推动人们更多地抢占紧缺物资，不能草率地采用通货膨胀政策。

如何治理通货膨胀，理论界提出了以下建议。一是总量紧缩论，即通

---

① 蒋学模．社会主义宏观经济学的特点［J］．人文杂志，1989（6）；陈昕．经济体制改革与社会主义宏观经济学的新探索［J］．经济研究，1990（11）；樊纲、张曙光、杨仲伟．公有制经济的两种运行机制［J］．经济研究，1990（5）．

过货币紧缩来控制总需求的进一步扩张。二是结构调整论，即通过促进产业结构优化，为总供求的平衡创造结构性基础。三是推进改革论，认为双重体制摩擦是导致中国通货膨胀的制度性原因，因此结合紧缩政策，要进一步加快改革，尤其是对企业制度和金融制度进行深层次的改革，从根本上消除通货膨胀的制度成因①。

4. 宏观经济管理理论和宏观经济学

宏观经济调控和管理在中国经济学研究中是一个较新的课题。1984—1985 年中国经济过热发生较严重的通货膨胀以后，宏观调控遂成为一个理论研究的热点，并逐渐扩展到宏观经济管理理论的所有主要方面和主要问题。

关于宏观经济失衡的原因，经济学界从总供给和总需求关系的角度进行了探讨，认为宏观失控的基本原因在于总需求膨胀，但也有总供给结构不平衡的原因。更有观点认为，宏观总量失控只是表面现象，深层次的原因是结构失衡。关于宏观经济管理的方式和手段，一般认为应逐步由直接调控为主向间接调控为主转变，这是中国经济理论研究的重要进展。中国历来沿用的国民经济综合平衡理论是以国家对资金、物资和产品实行行政分配的体制为背景而形成的，它着眼于国民经济中的"长线""短线"的静态观察，通过立项目、拨投资、分物资的行政手段调节宏观经济，却不研究从平衡到不平衡的演化机制和作为过程的动态均衡。宏观间接调控则是通过市场、运用经济参数进行宏观调节而实现动态均衡的过程。因此，从宏观直接调控为主向间接调控为主转变推动着对新的宏观经济理论的探索。要实现间接调控，一是要建立起完善的市场体系；二是要加快企业改革，健全间接调控的微观基础；三是建立宏观调控体系，包括金融调控体系、财政调控体系和分配调控体系等。宏观经济管理理论发展的趋势是更多地运用西方宏观经济学的原理、概念和分析工具来深化研究，并逐渐与西方主流经济学的理论框架相衔接。在此基础上，许多学者认为，要及时、准确地分析和判断中国的宏观经济形势，需要建立一整套科学的理论和方法——社会主义宏观经济学。实际上到 80 年代末，已经出版了几部社会主义宏观经济学理论专著。虽然这些论著在研究方法、理论前提和分析框架上缺乏共同的范式，但作为研究社会主义宏观经济学的尝试，在学术

① 张薰华. 社会主义争鸣大系：社会主义经济理论卷［M］. 上海：上海人民出版社，1991；《经济研究》编辑部. 中国社会主义经济理论的回顾与展望［M］. 北京：中国经济出版社，1986.

上还是有一定价值的①。

5. 所有制结构理论

80年代初，中国经济学界形成了生产资料所有制结构的概念，这是针对单一公有制和单一国有制的旧体制而提出的。这一理论认为，在社会主义社会中，各种所有制形式在不同范围内都有促进生产力发展的作用，非社会主义所有制的存在和发展不仅有利于生产力的发展，而且有利于市场竞争环境的生成，促进社会主义公有经济的健全发展。这种从发展社会主义生产力的标准出发讨论所有制形式的观念的确立是中国所有制理论研究中的一大进步。循着这一观念，就应当在理论上承认社会主义公有制形式的多样性，并且应当破除判断所有制形式高低之分的政治标准和意识形态标准，为探索社会主义所有制实现形式多样化开拓了思路。

由于所有制结构上的理论突破，国家所有制的改革便成为理论研究和改革实践的一个重点。80年代，中国经济学界对国有制的研究已进入通过多重经济职能的分解和分离对国有制进行改革的理论层次，包括国家作为所有制的职能和作为社会生活管理者职能的分离、国家的财政职能和投资职能的分离、资产所有和资产经营的分离、资产经营和企业经营管理的分离等。80年代末，经济学界提出了产权交易和企业兼并、重组的问题，并已开始注意产权制度的改革与产业组织转换的关系、企业集团形成和发展过程中产权结构的变化和市场机制的发育的关系等问题。

6. 经济体制比较研究

经济体制比较研究或比较经济学在中国是一个全新的研究领域，80年代以后逐渐发展，并达到一定的学术水平。从比较研究的方法上看，在很大程度上是借鉴国外的理论和模式，大体上可分为三种：一是经济体制中决策权的比较。这种方法把经济体制分解为决策结构、信息结构和动力结构，把经济运行过程看作是对生产、交换、分配和消费进行决策的过程，进而比较不同经济体制在决策、信息、动力各个环节上的特点及优劣。二是秩序理论的比较方法。它将计划体制分为两种基本形式，一种是中央管理机关作为计划的承担者，一种是企业作为计划的承担者。前者的经济管

① 陈乃圣．社会主义宏观经济运行及其机制构造［J］．文史哲，1991（1）；杨坚白．社会主义宏观经济论［M］．大连：东北财经大学出版社，1990；钟朋荣、吴同虎．宏观经济论［M］．北京：经济科学出版社，1990；吴树青、胡乃武．国民经济宏观管理问题［M］．北京：北京大学出版社，1993；厉以宁．中国宏观经济实证分析［M］．北京：北京大学出版社，1992；刘国光．体制变革中的经济稳定增长［M］．北京：中国计划经济出版社，1990.

理依靠中央计划，不存在商品货币关系；后者的经济管理依靠企业计划，存在商品货币关系。三是交易费用理论的比较方法。在这种方法中，交易费用被看作是体制运行的成本，通过比较，可以衡量不同经济体制的效率高低。在经济体制比较的基础上，比较经济研究又扩展到经济发展的比较研究。通过对发达国家、中等发达国家及发展中国家不同发展模式的比较研究，寻求中国工业化发展的合理模式①。

除了以上所列，改革开放以后新研究的问题还包括社会主义市场体系、经济改革道路的选择、数量经济学、城市经济学、消费经济学、产权经济学等基本经济理论问题。1979年以后，中国马克思主义经济学理论研究不仅在内容上拓展、在理论上深化，而且也有宽松自由的研究氛围。对同一个问题，往往有多种不同的观点和意见，学者们从不同的角度、运用不同的方法自由研究、畅所欲言，促进了理论研究的繁荣和科学性。

三、1992年以后马克思主义经济学研究要点

（一）坚持和发展马克思主义经济学

20世纪末21世纪初，中国马克思主义经济学研究的一个重要论题是在新形势下如何坚持和发展马克思主义。

1. 关于坚持马克思主义经济学的讨论

2005年，刘国光在《经济研究》上发表《经济学教学和研究中的一些问题》一文，指出在理论经济学教学和研究中，西方经济学的影响上升、马克思主义经济学的指导地位被削弱的状况令人担忧。文章将此问题提升到意识形态层次，即“意识形态领域两个相互联系的倾向性问题”：一个是两种迷信、两种教条主义，一个是“左倾”右倾问题。所谓两种教条主义：一种是迷信、空谈马克思主义，而不是与时俱进地发展马克思主义；一种是迷信、崇仰西方发达国家的反映资产阶级主流意识形态的思想理论。这两种教条主义，第一种教条主义还是存在的，但是在当前不是主要的，其影响力在下降。而第二种教条主义即西方教条主义在意识形态领域和经济社会中的影响力在上升。文章对马克思主义政治经济学与西方经济学的关系问题、正确对待西方经济理论和新自由主义经济学问题、经济学教育是意识形态教育还是分析工具教育的问题、经济学的国际化与本土

---

① 布鲁斯．社会主义经济的运行问题［M］．北京：中国社会科学出版社，1984；锡克．论社会主义经济模式［J］．经济研究资料，1981（增刊）；荣敬本，等．社会主义经济模式问题论著选辑［M］．北京：人民出版社，1983.

化问题、中国经济改革和发展以什么理论为指导的问题等做了阐述①。

这篇文章发表后，在理论界引起了一定的反响。围绕文章所提出的问题及观点，一些媒体做了相关报道，发表了一些讨论文章。一些大学、科研机构、学会召开了研讨会，对此展开讨论。综览2005年下半年到2006年的一些相关资料，参与讨论和发表文章的论者对刘国光的文章及相关论述都予以较高评价，认为文章坚持马克思主义的主导地位，坚持改革的社会主义方向。一些学者就坚持马克思主义经济学的指导地位发表了观点，认为只有马克思主义基本经济理论，才能使人们从经济现象的运动中看清其实质，才能使人们分析清楚社会经济发展过程的一些重要特征。既然中国的经济建设和改革开放是社会主义的经济建设和改革开放，那么对其发展过程展开的研究，只有在马克思主义的基本理论指导下，才能得出科学的结论。有论者将坚持马克思主义经济学的指导地位与发展马克思主义经济学相联系，认为必须实现马克思主义经济学的与时俱进，必须正确认识和处理马克思主义的坚持和发展、继承和创新的关系，必须将对马克思主义的坚持和发展统一于建设中国特色社会主义的实践。

在讨论中，也有一些学者发表了不同的意见，认为从马克思主义经济学一统天下到马克思主义经济学、西方经济学两家并重是一个历史的进步，要抬高这个、压抑那个的论断未免过于武断。西方经济学的经济人假设所减少的一些道德上的虚伪，所证明的非人格化自发秩序之存在，具有反神学的含义。保护私有财产就是保护人的生存权。有学者在基本同意刘国光观点的前提下，提出了具体的商榷意见。例如，何炼成在《中国经济学向何处去》一文中提出了系统的商榷意见：第一，坚持马克思主义经济学的指导地位，不是一个简单的数量概念，而是强调它的基本立场、观点和方法，及其在经济学教学与研究中的地位和作用。第二，关于“主流经济学”和“非主流经济学”的划分问题，认为对中国现阶段的经济学界来说很难划分，因为标准不明确。第三，对中国经济学界“海归派”的认识和估价问题。作者认为，这只是中国近20年来对从外国留学归来的学人的通俗称谓，即从海外留学归来的经济学人，既无贬义，也无褒义，至于他（她）们的学术观点也是千差万别，并非都是资产阶级新自由主义者，更不是什么“反马克思主义经济学家”。第四，对中国现阶段党政干部队伍的正确评价问题。刘国光在“人大经济论坛”发言中指出：“现在干部的

---

① 刘国光．经济学教学和研究中的一些问题［J］．经济研究，2005（10）．

思想也在变，虽然很多干部不是学西方经济学的，但是也在受影响。地方一些干部在国企改革问题上，在公有制和私有制的问题上，在维护群众利益的问题上，都站在我们共产党的对立面。”作者认为，这种估计是不够科学的，因为它不完全符合现实。第五，关于中国当前经济学界的倾向问题，刘国光在“人大经济论坛”的发言中认为：“来自‘左’的干扰已经日渐式微，当前突出的倾向性问题是资产阶级自由化的声音和倾向正在复苏，并且在顽强地发展蔓延。”因此提出当前应反右防“左”。作者认为，这种估计不一定符合现实，邓小平提出的“中国要警惕右，但主要是防止‘左’”。“把改革开放说成是引进和发展资本主义，认为和平演变的主要危险来自经济领域，这些就是‘左’”。第六，关于社会主义市场经济和“市场化改革”的含义问题。作者指出，邓小平讲得很清楚，社会主义市场经济并不是说市场经济姓“社”，只是说在社会主义制度下也可以实行市场经济体制。因此，所谓“市场化改革”，也只是说从计划经济体制转变为市场经济体制的问题，根本不是什么“化公为私”的问题。第七，关于“效率优先，兼顾公平”的问题。刘文认为，这个方针有问题，导致近几年来中国收入差距不断扩大，两极分化现象严重。作者认为，这个问题在讨论党的十六大报告时已基本解决了，不突出“效率优先”，所谓“公平”不过是“低水平的平均主义”，正是由于坚持了“效率优先”，近几年中国经济得到很大发展，上了一个新台阶，因此收入差距虽有所扩大，但各阶层的收入都有较大的提高，中等收入阶层不断扩大。第八，关于建立“中国经济学”问题。刘文批评了有人借“国际化”“本土化”之名，否定马克思主义经济学的普遍性及其在中国的指导地位，大肆宣扬西方经济学的主流学派，把中国经济学看成是西方经济学的分支。作者认为，这样的揭露和批判是完全正确的，但是不能因此完全否定“经济学没有国界”的观点①。

关于坚持马克思主义经济学这一论题，缘起是针对经济学研究中的一些现象，而不是针对什么不同意见或反对意见。提出问题者从一些现象中分析出马克思主义经济学的指导地位发生了动摇，西方经济学尤其是西方新自由主义经济学的影响日渐扩展，进而就坚持马克思主义经济学发表了观点。然而在媒体上，基本不会有反对坚持马克思主义经济学的言论发表，也不会有论者站在坚持马克思主义经济学观点的对立面来参与论争。

---

① 何炼成．中国经济学向处去［J］．经济学动态，2006（9）．

加上这场讨论所使用的语言具有浓厚的政治和意识形态色彩，如提出了“经济学界，包括大学的经济学系和经济研究机构的领导权在谁手里”。“中国向何处去”。“吹响为反对新自由主义，保卫马克思主义经济学主导地位而战斗的号角”。“关键是分清两种改革观，坚持还是否定四项基本原则，是区分两种改革观的标准。分清两种改革观，资产阶级自由化改革观就难以用改革的旗号骗人”。“从舆论上撕开新自由主义在思想理论战线上包围我们的口子”等。这就不是学术上的论争，而是思想政治领域的是非之辨。所以这场讨论基本上只是一种观点的阐述，而不是不同观点的论争。

2. 关于发展马克思主义经济学的讨论

中国经济思想界将坚持马克思主义与发展马克思主义相联系，认为只有发展马克思主义，才能更好地坚持马克思主义，要在坚持马克思主义的前提下发展马克思主义。一种普遍的观点是，马克思主义是科学，不是凝固不变的教条，科学体系是开放的、发展的。马克思主义的生命力就在于后人将根据实践不断地进行创新和发展。有学者认为，在新的历史条件下，发展马克思主义，必须坚持马克思主义的基本原理和方法，从经典原著中整体掌握马克思主义的理论体系和理论精髓，切忌对马克思主义采取实用主义和断章取义的态度。有观点提出，发展和创新马克思主义，首先必须克服长期以来把马克思主义分割为哲学、政治经济学和科学社会主义三个领域的做法，必须打破这种专业划分，从整体上把握马克思主义的精神实质。其次要打破对马克思主义发展过程“机械的阶段化”的理解，要把它看成是马克思主义理论内涵的扩张和理论形态的创新过程。也就是说不能把马克思主义理解为一种“技术性工具”，而应把马克思主义看成是一个思想库、一种方法体系。

关于发展马克思主义经济学的路径问题。一些论者指出，是否在马克思的著作中找一些理论缺陷加以修正，就是发展？是否在马克思主义经济学的基本理论、原理和方法论上进行修正和补充，才能发展马克思主义经济学？关键在于明确发展的目标和方向。用西方经济学来发展马克思主义经济学是不可能的，因为二者在研究对象、研究任务和研究方法上是根本不同的，发展的方向必须是马克思主义经济学基本原理在“当代”实践中的运用和指导。较多论者认为，传统马克思主义政治经济学是以主义为导向的教学、科研模式，过分注意意识形态领域，而忽视了经济运行问题，以至于学生难以认识到政治经济学作为分析工具的作用，从而对抽象的理论也就不能很好地理解。不少观点分析到，传统的马克思主义经济学认为，市场经济中经济主体的分散决策会导致资本主义经济危机，这种对市场经济的否定性评价与发展社会主义市场经济的时代要求之间显然存在矛盾。必须正视西方激进学者对正统马克思主义经济学的批评，如几代正统的马克思主义经济学者都忽视了对劳动过程的研究，只在抽象层面上探讨生产力和生产关系的矛盾运动。我们必须从具体的生产力如何改变具体的劳动过程出发，研究当代资本主义劳资关系的新变化，来发展马克思主义政治经济学。

2004 年 10 月召开的中国《资本论》研究会第 12 次学术研讨会的主题就是“马克思主义经济学的创新与发展”。会议上发表的一些观点指出，要通过创新来发展马克思主义经济学：一是要坚持马克思主义经济学的基本方法论和基本原理即历史唯物主义和劳动价值论；二是要坚持作为最广大劳动群众根本利益代言人的立场；三是要坚持马克思主义的方法论原则，但不拘泥于经典作家具体问题上的已有观点和结论；四是要批判地借鉴西方经济学中具有科学性的成果，但要避免对同马克思主义经济学的基本方法论原则相冲突的西方经济学理论的无原则的兼收并蓄；五是要注意理论联系实际经济问题的功能，为应用经济学提供理论分析的基础；六是要注意在理论研究中运用数理分析技术，力求将马克思主义政治经济学的一些重要理论表达为定义清楚、推理严格的逻辑体系。马克思主义政治经济学的发展和创新要突出把握以下几点：以社会主义本质论作为理论前提；以社会主义初级阶段论作为历史观基础；以经济发展论为主题；以社会主义市场经济论为贯穿始终的红线；以改革开放为鲜明的特征。

2006 年 4 月召开的世界政治经济学学会首届论坛的主题是“经济全球化与现代马克思主义经济学”，与会学者讨论了全球化条件下马克思主义经济学的创新和发展。有观点认为，现代政治经济学必须构造既超越马克思主义经济学范式和苏联经济学范式，又超越现代西方经济学范式的新范式，并以五个假设和理论为基点，即新的活劳动价值一元假设、资源和需求双约束假设、新经济人假设、公有制高绩效假设以及公平与效率交互同向假设。另有观点从分析工具角度指出，在当前推动马克思主义经济学的发展和创新中，需要努力把数学工具恰如其分地引入和融入具体的经济分析中，使经济学的分析更加客观和科学，少一些道德性。

2008 年是马克思 190 周年诞辰，中国经济思想界发表了一系列纪念文章，强调马克思揭示的资本主义生产方式运动规律经过了历史的验证，马克思主义的方法论在当今仍然适用，必须认真研读马克思主义经济理论，并与时俱进，促进马克思主义中国化。有论者还考察了西方经济学界、思想界对《资本论》及马克思主义的评价，指出不少西方学者也越来越认识到马克思主义经济学的价值，承认马克思的研究方法在许多方面更优于新古典学派的微观经济研究方法。2008 年 8 月，中国《资本论》研究会第 14 次学术研讨会的主题是“马克思主义经济学和当代中国”，会议就马克思主义经济学的创新和发展发表了不少观点。当代马克思主义经济学的发展必须解决的两大问题：一是拨乱反正、正本清源，继承马克思主义经济学的科学传统；二是实现马克思主义经济学的现代创新。实现马克思主义经济学现代创新必须提出关于现代资本主义生产方式新特征的新观点，实现社会主义经济理论的重大创新，构建马克思主义经济学新体系。

2018 年 5 月 4 日，习近平在纪念马克思诞辰 200 周年纪念大会上做重要讲话，指出：“马克思主义是不断发展的开放的理论，始终站在时代前沿。马克思一再告诫人们，马克思主义理论不是教条，而是行动指南，必须随着实践的变化而发展。一部马克思主义发展史就是马克思、恩格斯以及他们的后继者们不断根据时代、实践、认识发展而发展的历史，是不断吸收人类历史上一切优秀思想文化成果丰富自己的历史。因此，马克思主义能够永葆其美妙之青春，不断探索时代发展提出的新课题、回应人类社会面临的新挑战。”“要坚持用马克思主义观察时代、解读时代、引领时代，用鲜活丰富的当代中国实践来推动马克思主义发展，用宽广视野吸收人类创造的一切优秀文明成果，坚持在改革中守正出新、不断超越自己，在开放中博采众长、不断完善自己，不断深化对共产党执政规律、社会主义建设规律、人类社会发展规律的认识，不断开辟当代中国马克思主义、21 世纪马克思主义新境界！”

（二）马克思主义经济学与西方经济学的关系

20 世纪末 21 世纪初，中国经济思想领域的马克思主义经济学发展线索和西方经济学发展线索仍呈现出一定程度、一定范围的整合或融合。

1. 理论框架的整合

1996 年开始，在于光远等著名学者的倡导下，在北京、上海等地召开了多次关于中国经济学向何处去的学术讨论会。讨论中实际上提出三种观点：一是认为马克思主义经济学仍然是中国的主流经济学；二是认为西方经济学将成为中国的主流经济学；三是认为应兼容并蓄，或者以马克思主义经济学为主吸收西方经济学的部分内容。2005 年 11 月召开的中华外国经济学说研究会第 13 次学术讨论会上，多数观点同意不应将马克思主义经济学与西方经济学完全对立，二者可以互相借鉴，马克思主义经济学也需要从西方经济学中吸取合理成分，进一步发展。有论者指出，两大理论体系的区别随着方法的本质化而趋于明显，二者的相同之处却随着方法的形式化而增多，因而不能简单地判断二者是对立的。

不少学者同意，西方经济学具有二重性：一方面是有不可否认的意识形态色彩；另一方面又在许多方面反映了现代化大生产和发达市场经济国家经济运行的一般规律，体现了资源配置的一些普遍要求，具有一定的科学性。因此，马克思主义经济学者对现代西方经济学的态度是：摒弃其辩护性的糟粕，同时将资产阶级经济学包含的科学成分整合到马克思主义政治经济学的框架中，以丰富和发展马克思主义经济学说。应当吸收西方经济学中有益的东西，包括对新自由主义的不同派别也要采取分析的态度，不可封闭。但必须区分两个层面，即经营管理的方式方法和基本经济制度。对前者可以更多地学习，但也要结合中国的实际；对后者则应该坚持自己的方向。必须批判地吸收西方经济学的效用理论、凯恩斯的就业理论和国家干预理论，建立新的马克思主义经济学。

刘国光在其《经济学教学和研究中的一些问题》一文中提出，新的马克思主义政治经济学的内容体系应该包括：一是政治经济学的一般理论，二是资本主义经济，三是社会主义经济，四是微观经济，五是宏观经济，六是国际经济。这样就可以把西方经济学的精华，把西方经济学中反映市场经济的一般的内容吸收过来，作为与时俱进的马克思主义政治经济学的一部分新的内容。古典的西方经济学有科学的成分，也有庸俗的成分，其科学的成分被马克思主义政治经济学所吸收。现代西方经济学也有科学的成分，有反映现代市场经济一般规律的成分，也有反映资产阶级意识形态的成分，如私有制永恒、经济人假设等。其科学成分值得我们借鉴和学习，但其基于资产阶级意识形态的理论前提与我们根本不同，所以整体上不适合于社会主义的中国，不能成为中国经济学的主流和主导。

2. 马克思主义经济学的发展与西方经济学

马克思主义经济学要发展，必须实现马克思主义经济学的现代创新，实现马克思主义经济学现代创新必须提出关于现代资本主义生产方式新特征的新观点，构建马克思主义经济学的新体系。在新的历史条件下，马克思主义经济学应该借鉴现代经济学的新成果，拓展新视野，运用新方法，构建新范式，实现马克思主义经济学的现代化。有论者认为，马克思主义经济学应当向西方经济学借鉴，在研究对象上借鉴现代西方主流经济学研究资源配置问题；借鉴西方经济学关于“经济人”的假设前提；借鉴西方经济学中对公平和效率关系的认识及解决办法；借鉴西方新制度主义经济学派的分权理论。另有观点认为，马克思主义理论体系在其进一步发展过程中，必须强调和重视将西方经济学中包含的所有有益科学成分纳入分析框架，使体系更加充实和完善。要通过对西方经济学的批判、比较和科学地借鉴，来证明马克思主义经济学的科学性和时代性。

有学者总结了改革开放以来中国经济思想的发展过程，提出马克思主义不仅有与时俱进的理论品质，而且善于吸取人类文明中的一切成果，具有开放性。在今天社会主义与资本主义两种制度并存、竞争、合作的条件下，更应该善于充分吸收人类文明的一切成果，包括西方经济学的文明成果，以丰富和发展马克思主义经济学理论。有学者联系经济全球化分析到，中国经济已经卷入世界资本主义全球化进程中，如果追求经济上的自主发展，中国经济学必定需要一个创新和发展的过程。这一波全球化，其动力是什么，发展过程怎样，建设什么可持续发展的社会主义的目标，要求和内涵是什么，回答这些问题，都需要马克思主义经济学的创新和发展。盲目地遵从西方经济学固然是错误的，但无原则地排斥、敌视西方经济学也是不对的。发展马克思主义经济学，必须加强对西方高级微观、宏观经济学前沿问题的研究，马克思主义经济学必须对这些前沿问题做出新的阐释才有生命力。

3. 马克思主义经济学与西方经济学不相容的观点

马克思主义经济学和西方经济学这两条发展线索一定程度、一定范围的交叉、融合是中国经济思想发展的基本状态，但也有一些论者否定马克思主义经济学和西方经济学一定程度的融合。有论者从经济学的阶级性出发，认为马克思主义经济学是无产阶级经济学，是为无产阶级利益服务的经济理论；西方经济学实质上是指资产阶级经济学，是为资产阶级利益服务的，也就是为少数人利益服务的经济理论。所以经济理论的两大思想体系，严格说应该是无产阶级经济学和资产阶级经济学，或者说是劳动的经济学和资本的经济学。两种理论体系有着原则区别，各自代表着不同阶级的利益，西方经济学本质上是资产阶级经济学。

有论者比较了《资本论》和西方经济学的理论体系，指出两种经济理论体系的区别或对立。在分析方法上，马克思主义经济学理论体系坚持运用辩证唯物主义和历史唯物主义的分析方法来分析经济问题，西方经济学的经济分析则停留在经济表面的联系内兜圈子。在研究对象上，马克思主义经济学理论体系不仅研究资本主义私有制条件下劳动和生产资料如何结合起来进行生产的形式（包括资源配置和经济运行机制），而且通过对资本主义生产形式的研究来揭示生产、交换、劳动方面的经济关系，揭示社会再生产过程中的阶级关系；西方经济学只研究资源配置中人与物的关系，不研究人与人的关系，回避人与人之间的剥削与被剥削关系及阶级关系。在研究目的上，马克思主义经济学理论体系的最终目的是揭示现代社会的经济运动规律；西方经济学却千方百计地说明资本主义制度是最合理的、永恒的制度。

第二节　马克思主义经济学指导价值与实用价值之辨

马克思主义经济学作为中华人民共和国经济思想主流理论形态，对中国经济思想的发展具有重要指导意义。改革开放以后，马克思主义经济学的指导价值及指导意义也是经济思想界的共识。随着中国社会主义经济的发展，尤其是改革开放以后及建设社会主义市场经济体制的形势变化，经济思想界对马克思主义经济学指导价值的认识也有了发展，特别是对马克思主义经济学在中国社会主义经济中的实用价值进行了研究，反映出中国经济学者对马克思主义经济学研究及应用方面的变化。

一、20世纪80年代关于马克思主义经济学指导价值与实用价值的讨论

（一）马克思主义经济学对中国社会主义经济的指导意义及实用效应

1. 马克思主义经济学对推动社会经济发展的实用效应

20世纪80年代，针对“马克思主义经济学的研究对象是生产关系，是探寻社会经济发展变化规律，没有西方经济学的一些理论具有实用性”的论点，有学者指出，经济理论的“实用”，无非是指对社会经济的推动作用，衡量的标准就是能否促进生产力的发展。马克思主义经济学就是通过对客观实践的科学抽象、概括和总结产生出来的，对社会实践的改造起着巨大的指导作用。因此，说马克思主义经济学没有现代西方经济学“实用”是难以使人信服的。中共十一届三中全会以后，中国以马克思主义经济学为指导，制定了改革、开放、搞活的政策。正是在马克思主义经济理论，如有计划的商品经济理论、所有权与经营权分离的理论、按劳分配理

论的指导下，才推动了经济体制改革的深化与发展。如果在改革和经济建设方面所取得的巨大成就是来源于正确理论的指导，那么它就与马克思主义经济学分不开。也是在这一时期，我们国家曾移植了现代西方经济学的一些理论，如“赤字无害论”“通货膨胀有益论”等，但是，这不仅没有促进中国经济发展，反而加剧了中国经济的无序化，影响了中国经济的发展，使我们不得不回过头来，继续以马克思主义经济理论为指导，制定调整、治理的政策，以整顿和治理比较混乱的经济环境和经济秩序①。

2. 马克思《资本论》的当代价值

20世纪80年代末90年代初，出现了关于马克思及其《资本论》已经过时的观点，学术界对此进行了讨论。有学者指出，马克思及其《资本论》对于中国社会主义经济的实践，仍然具有重要的指导意义。《资本论》所揭示的基本原理并未过时，只要存在资本主义经济关系，其所揭示的基本原理就不会过时。《资本论》所揭示的社会化大生产的一般规律和商品经济的共同规律，仍然是中国进行社会主义建设和实现经济体制改革的重要理论依据②。有观点指出，马克思《资本论》的方法和一些理论，可以用于分析社会主义经济发展规律，是指导中国进行社会主义经济建设的重要理论基础。例如，马克思在《资本论》第一卷中阐明了资本的生产过程，其中关于商品生产和交换的理论、价值和使用价值理论、市场价格理论、货币理论、剩余价值生产理论、资本积累理论等，可以用于指导社会主义资本的生产过程的研究。又如，《资本论》第二卷中资本的循环和周转理论、资本流通理论、社会总资本的再生产和流通理论、生产资料生产和消费资料生产的两大部类理论、社会资本扩大再生产理论等，可以用于指导社会主义企业的资金流通和社会资本再生产研究。再如，《资本论》第三卷中的利润和利润率理论、生产价格理论、利息和地租理论等，对分析社会主义生产总过程具有指导意义。所以，《资本论》在社会主义条件下不仅没有过时，而且仍然焕发着巨大的理论光辉③。

（二）关于马克思“重新建立个人所有制”论述的诠释

在中国的经济理论研究及经济体制改革中，所有制一直是一个十分敏

---

① 赵敬成、邹宗山．马克思主义经济学在当代经济发展中的历史地位［J］．淮北煤矿师院学报（社科版），1990（3）．

② 高文福．《资本论》没有过时［J］．理论导刊，1990（4）；刘祝平．学习《资本论》的重大现实意义——驳“《资本论》过时论”［J］．理论探讨，1990（3）．

③ 宋涛．《资本论》与我国社会主义经济建设［J］．平原大学学报，1990（12）．

感的问题。中国的经济理论研究基本上是在公有制的框架中展开的，中国的经济改革也是在公有制既定这一条件下演进的。为了绕开所有制问题，中国经济思想界创造了一些颇具“中国特色”的理论概念，如“两权分离”“产权权能分解”“产权分散化”“国有资产产权主体人格化”等。在20世纪80年代中期，学界对马克思“重新建立个人所有制”的论述进行了热烈讨论，围绕“个人所有制”是否指消费品的个人所有，“个人所有制”是否指生产资料所有制，“个人所有制”是否指劳动力的个人所有制或劳动力个人占有，“个人所有制”是否可以理解为联合起来的个人对全部生产力总和的占有，“个人所有制”是否是“社会所有制”，“重新建立劳动者个人所有制”可否理解为界定个人产权，“个人所有制”可否理解为生产资料“人人皆有的私有制”，“个人所有制”是公有制，“个人所有制”是私有制等发表了一系列研究论文。一个重要原因是为了从经典著作中寻找理论依据，解决经济体制改革深化与所有制问题“绕着走”的矛盾。根据市场化改革逻辑，经济运行机制及对经济主体的激励—约束机制都要建立在经济主体与财产权相联系的基点上，现行所有制的特征恰恰是经济主体与财产权缺乏直接联系，而改革实践表明，这一环节是绕不过去的。所以，对马克思“重新建立个人所有制”的论述做正确诠释是有深刻的理论用意的，即力图探索一种以社会主义公有制为基础的使所有权与劳动者的经济利益直接联系的产权体制，以提高社会经济的活力和效率。

二、20世纪90年代马克思主义经济学的现实应用

20世纪90年代，西方产权理论及新制度经济学在中国的影响逐渐扩大。产权理论从支配产权规则的制度创新角度考察经济增长的动因，认为制度变迁（而不是技术变迁）是收入增加（经济增长）的更本质原因，而中国的经济体制改革正是一场历史性的制度变革和创新。从20世纪80年代到90年代，中国的资源条件和技术条件并没有发生大的变化，但通过制度变革，经济得以持续快速增长，制度变革成为推动经济增长的主要变量。在中国的发展背景下，产权理论或新制度经济学适逢其时，开拓了中国经济思想研究的新领域。在关于产权理论及新制度经济学的研究中，不少学者从马克思主义经济学中提炼出有关所有权和经济社会制度的论述，并以此与西方新制度经济学做比较，由此开辟了中国经济理论研究的一个新课题。也有学者从方法论角度讨论了马克思主义经济学的生产关系研究

特征对西方新制度经济学研究方法的影响，认为马克思主义经济学的基本方法论——辩证唯物主义和历史唯物主义对西方新制度经济学也产生了影响。

三、21世纪以来马克思主义经济学现代意义的相关讨论

（一）马克思主义经济学对中国特色社会主义的指导意义

进入21世纪，随着中国特色社会主义实践的发展，如何认识马克思主义经济学在新时期的现代意义，是新历史条件下坚持和发展马克思主义经济学的重要课题。有学者就此课题发表研究观点，指出一个理论体系不被边缘化的基本标准是它能持续地指导实践。马克思主义经济学特别是社会主义政治经济学只有在保持其对社会主义现代化建设的指导作用时，才能表明其没有被边缘化。而指导作用不是靠强制，而是靠其理论的力量实现的。理论的力量就在于其在创新中发展。这一观点认为，《资本论》为现实的社会主义经济发展提供的指导思想，不仅是其关于社会主义经济特征的论述，更为重要的是其一般经济理论。其一般经济理论最重要的是市场经济理论。尽管《资本论》是在资本主义经济形式中阐述市场经济理论的，其中的许多理论在抽去资本主义经济关系的规定性后，对现阶段的社会主义经济的指导作用也非常明显。中国的经济体制转向市场经济后，许多经济条件与《资本论》分析的经济条件相近。商品货币理论、资本循环理论和周转理论、社会总商品实现条件理论、平均利润规律理论、流通费用理论、地租理论、信用经济理论和经济周期等，对中国现阶段的经济研究和经济实践都有明显的指导作用。这一观点进一步认为，学习和研究马克思主义经典著作可以进一步理解中国特色社会主义作为中国化的马克思主义的科学性。例如，科学发展观是中国特色社会主义理论的创造，研究和阐述包含在《资本论》中的马克思的经济发展观可以为科学发展观提供科学支持。马克思无论是对资本主义促进生产力作用的肯定性分析，还是对资本主义阻碍生产力作用的批判性分析，都把社会生产力的发展作为任何社会存在和发展的基础。马克思在《资本论》中所做的关于生产力发展动力的分析，关于自由联合体的描述，关于内涵扩大再生产的分析和关于消费力的论述，关于社会总商品实现条件的分析等，都涉及科学发展观所涉及的增长方式转变的科学证明。随着中国社会经济的发展，社会经济可持续发展与人的全面发展的关系逐渐成为理论界关注的问题，并把中国特色社会主义理论体系的发展融合到和谐社会的政策思想中。在2001年12

月召开的“全国马克思主义经济学与人的全面发展理论研讨会”上，不少学者认为，人的全面发展和人的自由发展是马克思主义思想体系的重要组成部分；马克思在关于人的全面发展中提到了人权的观念，人权与人的发展是相互促进的。2007 年 3 月 16 日，十届全国人大第五次会议通过了《中华人民共和国物权法》，与此相关，产权理论再次成为研究热点。有论者说，马克思既是马克思主义政治经济学的创始人，又是马克思主义法学的创始人，同时也是马克思主义法经济学的创始人。马克思的产权理论经受了逻辑检验、历史检验和实践检验，已经被证明并且继续被证明是社会科学史上第一个系统的产权理论，而且是迄今为止社会科学史上真正科学的产权理论。另有论者指出，国有企业产权改革，只有做到马克思所说的，劳动者有个人财产权，实现社会个人的所有制，才能真正体现社会主义的经济性质。产权改革必须解决劳动者个人拥有产权的问题，也就是要让企业职工从单纯的劳动者向既是劳动者又是投资者方向转变，从无产者变为有产者，这样才能实现真正的共同富裕，也才符合马克思对“联合起来的社会个人所有制”的设想。

习近平新时代中国特色社会主义经济思想继承和发展了马克思主义经济思想，强调要坚持社会主义市场经济改革方向，中国经济体制改革要使市场在资源配置中起决定性作用和更好发挥政府作用；努力形成市场作用和政府作用有机统一、相互补充、相互协调、相互促进的格局，推动经济社会持续健康发展。

（二）《资本论》与中国特色社会主义政治经济学的构建

2007 年 11 月举行的“《资本论》及其当代价值国际研讨会”上，一种基本的观点认为，《资本论》虽然是关于资本主义生产方式及其规律的研究，但却揭示了许多市场经济的普遍规律，因而是社会主义市场经济理论的重要基础。在马克思主义经济学中包括有丰富的制度经济思想，在社会主义经济发展和改革实践中，进一步丰富和发展马克思主义制度经济思想和理论，是构建当代马克思主义制度经济学的一项基础性工作①。

2017 年是《资本论》第一卷出版 150 周年，理论界围绕《资本论》的当代价值展开了热烈讨论，普遍认为，无论是认识现代资本主义，还是建设现代社会主义，马克思一百多年前发表的《资本论》所阐述的马克思

---

① 唐珏岚，刘志广．《资本论》及其当代价值国际研讨会综述［J］．经济学动态，2007（12）．

主义经济学基本原理，今天仍然具有重要的理论价值和现实指导意义。《资本论》发表以来的150年里，世界虽然发生了一系列重大变化，但至今我们认识资本主义及其在当代的发展，依然应该遵循《资本论》所揭示的基本原理和规律。进入21世纪，当代资本主义发展呈现出许多新特点，资本主义发展陷入了新的困境，并导致众多的全球性问题。《资本论》在分析资本主义生产关系中所运用的唯物辩证法，同样适用于我们推进新时代中国特色社会主义经济建设和中国特色社会主义政治经济学理论体系的构建，是新的历史条件下建设中国特色社会主义的重要指针[①]。也有学者就《资本论》重大的理论贡献对中国社会主义事业的指导意义进行了论述，例如就马克思所有制理论，可以从十个方面领会：①认识所有制的重要地位和作用，明确社会主义革命和建设的关键。②从所有制对剩余价值生产过程的作用，认识资本主义生产关系的基础和本质。③正确领会未来社会的预言，建立和完善社会主义初级阶段的基本经济制度。④学习所有制内部产权结构的系统剖析，探索公有制改革的途径和形式。⑤正确领会对股份公司的论述，看清资本主义私有制变迁的过渡形式。⑥了解所有制与商品交换的关系，完善中国特色社会主义市场经济。⑦认清所有制对分配的决定作用，处理好社会主义初级阶段的分配关系。⑧领会关于经济规律产生基础的阐述，认识和自觉运用社会主义初级阶段的经济规律。⑨认识所有制与社会矛盾的关系，正确处理社会主义初级阶段的社会主要矛盾及其变化。⑩将《资本论》的所有制理论作为分析社会政治经济关系的基础，正确认识中国特色社会主义的基本特点。在马克思主义所有制理论的指导下，中国人民高度重视所有制的作用，在取得政权后就立即开展土地改革并随之进行所有制的社会主义改造，建立了社会主义全民所有制和劳动者的集体所有制。对于社会主义国家，正确认识所有制的重要地位和决定性作用，坚持和完善生产资料公有制，是关系到经济发展、政权稳固、人民幸福安康的首要条件[②]。

党的十八大以后，学术界对于中国特色社会主义政治经济学的讨论逐步深入，关于《资本论》与中国特色社会主义政治经济学的构建，也展开

---

① 张旭.《资本论》的当代价值［J］. 马克思主义研究，2017（10）；卫兴华，田超伟.《资本论》对中国特色社会主义的指导意义［J］. 中共福建省委党校学报，2017（7）；何元锋，李香菊.《资本论》在当代中国的现实意义和重要价值［J］. 甘肃社会科学，2014（1）.

② 吴宣恭.《资本论》的所有制理论对社会主义事业的重要指导意义［J］. 经济学家，2017（11）.

了热烈讨论和深入研究。基本的观点是：《资本论》能够为构建中国特色社会主义政治经济学提供指导和借鉴，但一定要立足中国实践，在借鉴的基础上进行创新。《资本论》为构建中国特色社会主义政治经济学提供了根本立场，为构建中国特色社会主义政治经济学提供了根本方法论①。中国特色社会主义政治经济学体系要以马克思《资本论》理论为指导，要以马克思《资本论》的方法为指导，特别要以《资本论》创作中与时俱进的精神为指导，要立足于中国特色社会主义经济关系的现实才能创立我们的理论体系②。中国特色社会主义政治经济学话语体系要以《资本论》提供的马克思主义经济学范式为基础，其中包括《资本论》中建立的系统的经济学范畴③。《资本论》的体系结构可以为中国特色社会主义政治经济学理论体系的构建提出重要的借鉴。中国特色社会主义政治经济学理论体系的构建重在创新，不能照抄照搬。要在继承马克思主义的基础上，在借鉴人类文明成果的基础上，特别是在总结中国的实践经验和理论进展的基础上构建我们的结构④。《资本论》对构建中国特色社会主义政治经济学的启示是建立中国特色社会主义政治经济学一定要有明确的目标、明确研究的逻辑起点，同时又要立足现实还要超越现实，从当代中国经济的实践出发，但是又不能局限于当代中国特色社会主义政治经济学的问题，对中国经济发展未来趋势要有一定的预见功能⑤。

四、马克思主义经济学对拓展经济理论研究新领域的现实意义

进入21世纪，中国拓展出一些新的经济学研究领域，有论者表述为经济学新分支学科。这些新研究领域有些是以马克思主义经济学为指导，结合中国现实经济而产生的，从而成为马克思主义经济学指导价值及实用价值的又一体现。

（一）“演化经济学”与马克思主义经济学

有学者研究了“演化经济学”（又可称为“进化经济学”）与马克思

---

① 逄锦聚.《资本论》与中国特色社会主义政治经济学［J］.南开学报（哲社版），2017（4）.

② 顾海良.《资本论》与中国特色社会主义政治经济学［J］.政治经济学评论，2017（3）.

③ 洪银兴.《资本论》和中国特色社会主义经济学的话语体系［J］.经济学家，2016（1）.

④ 逄锦聚.《资本论》的体系结构与中国特色社会主义政治经济学的关系［J］.政治经济学评论，2017（3）.

⑤ 王朝科.《资本论》对构建中国特色社会主义政治经济学的启示［J］.政治经济学评论，2017（3）.

主义经济学的关系。所谓演化经济学，是20世纪七八十年代西方经济学界形成的一种思潮或流派，这种思潮或流派在方法论上与新古典经济学流派有所差异，试图为理论经济学的发展重新定向。这一观点认为，马克思主义经济学范式的“硬核”即历史唯物主义以及马克思对其经济学研究对象的界定，与演化经济学所强调的本体论原则并不矛盾，马克思的“变革生产方式”思想与熊彼特采用的创新概念是近似的。关于经济演化中的“协调”，大体是宏观层面的协调即由各种分散决策所产生的经济活动，如何形成整个经济中的秩序，关于此马克思主义经济学有论及。

（二）后马克思主义宏观经济学

所谓“后马克思主义”，是西方激进政治经济学的一个流派。有学者对此进行了研究，指出后马克思主义宏观经济学的理论来源主要是马克思和凯恩斯。它一方面坚持了马克思的基本立场和方法，注重阶级的、历史的、政治的分析方法，关注劳动大众的利益，把对资本主义经济的过剩分析建立在对积累和利润率的认识上。另一方面，它又反思了传统马克思主义的实践及社会主义实践，将维护工人权利、扩大自有民主的范围、充分发挥市场的作用等看成是追求更美好社会的必备要素。同时，它也继承了凯恩斯的总供求、投资乘数、就业乘数等宏观经济分析方法，关心投资、就业和经济发展，积极倡导发挥政府的作用。关于宏观经济政策，后马克思主义宏观经济学一方面揭示出财政或货币政策虽然在一定程度上可以至少熨平商业周期的某些循环，却不能实现持久的充分就业；另一方面则努力探求造成这种现象的原因及解决办法。关于通货膨胀的成因，后马克思主义宏观经济学把通货膨胀的本质视为收入在不同的利益集团之间进行分配时势均力敌、出现了无法解决的冲突而导致的后果。后马克思主义宏观经济学是马克思主义经济学的现实实用价值在世界经济思想领域的映像。

（三）循环经济的经济学基础与马克思主义经济学

关于循环经济的经济学理论基础，有论者指出，马克思主义经济学注重唯物历史观，研究人与自然和人与人之间的关系，建立了生产力和生产关系的系统，是循环经济的经济学指导理论。马克思主义经济学的创新发展也需要解决人类发展中最尖锐的问题——资源、生态和环境问题。马克思主义经济学关于自然、人、社会有机整体发展理论有重要的现实学科建设意义，遵循马克思主义关于文明时代和现代文明的思想，可以论证生态文明和生态时代的理论。而可持续发展是“生态—经济—社会”复合系统的运行轨迹，可持续发展文明观（即生态文明观）的世界观基础，就是生态学世界观的有机整体观，即人、社会、自然复合生态系统整体性的理论。

综合以上观点，马克思主义经济学对经济理论创新研究领域拓展的指导价值既有观念形态的，也有技术形态的，但一些对此展开论述的观点亦不乏牵强附会之处。这说明马克思主义经济学在当代中国的现实意义及实用价值是存在的，但对此的论证需要深化和精致化，要有充分的说服力和解释力；同时，在当代中国经济社会发展中，更有效、更实证地发挥马克思主义经济学的指导价值和实用价值，是马克思主义经济学创新发展的任务。

第三节　马克思主义经济学中国化研究

马克思主义经济学中国化，是创建中国经济学的一种尝试，是既坚持马克思主义指导地位、又结合中国实际的经济思想的一种探索。进入21世纪，马克思主义经济学中国化成为经济思想发展的一个重要方面。马克思主义经济学中国化的过程，就是马克思主义经济学基本原理与中国经济实践相结合、不断创新和发展的过程。

一、马克思主义经济学中国化的内涵

马克思主义经济学是马克思主义理论的重要构成部分，作为整体的马克思主义中国化应该包括马克思主义各个组成部分的中国化，所以马克思主义经济学中国化是马克思主义中国化的题中之义。经济思想界从三个维度来定义马克思主义经济学中国化：一是新历史时期马克思主义经济学的新发展和创新；二是马克思主义经济学发展创新与中国现实经济相结合；三是中国经济学或中国社会主义政治经济学的构建。马克思主义经济学的新发展，就是要实现马克思主义经济学的创造性转化，使之能够适应新的经济现实，解释全球化条件下社会主义经济、资本主义经济一些新的经济现象。有观点明确指出，在中国，马克思主义政治经济学的创新、发展和它的中国化是一回事。因为理论的创新、发展不是源于主观思维，而只能源于实践。马克思主义经济学的创新只能根植于中国特色社会主义经济建设实践，也就是把马克思主义政治经济学的基本原理与中国的社会主义建设相结合，马克思主义经济学基本原理与中国经济实践相结合所发生的理论创新和理论体系的发展，就是中国社会主义政治经济学的构建过程。所

以，马克思主义经济学的创新和发展、马克思主义经济学中国化、中国社会主义政治经济学的构建就是一个过程的三个维度，这个过程在提法上就是马克思主义经济学中国化。马克思主义经济学中国化，就是在马克思主义政治经济学基本理论和方法指导下，以中国改革开放的实践为研究对象，揭示社会主义初级阶段的经济运行和发展的基本规律，建立有中国特色的经济学。马克思主义经济学给中国共产党以伟大的认识工具，是中国共产党分析经济问题、形成经济思想的重要指南。同时，马克思主义经济学是发展的科学，提供的是进一步研究社会经济关系的出发点和这种研究使用的方法，从来不提供任何现成的“教条”。在90多年的经济实践中，中国共产党始终坚持社会主义和共产主义的发展方向，把握它的鲜明特点和基本理论品质，把马克思主义经济理论与中国革命、建设和改革的具体实践相结合，实现马克思主义经济学的中国化，丰富和发展了马克思主义经济学理论体系。

马克思主义经济学中国化过程就是马克思主义经济学基本理论与中国实际相结合，又不断丰富和发展马克思主义经济学，使之成为既体现马克思主义经济学基本原理又具有中国特色的马克思主义经济学。具体而言，马克思主义经济学中国化可以理解为三个层次的内涵。第一个层次是运用马克思主义经济学基本原理研究中国国情，从而获得关于中国国情的基本认识。第二个层次是运用马克思主义经济学基本原理，研究中国革命、建设和改革开放的实践，形成相应的路线、方针、政策。马克思主义基本原理是从丰富多彩的实践中抽取出来的，具有抽象的形态。部分学者认为，马克思主义中国化是有限度的，由中国的实践提出新的马克思主义经济学基本原理是不可能的，从而马克思主义经济学中国化也是有限度的。不过，也有学者提出了不同看法，形成了第三层内涵：由具体的国家的集合体的实践中抽象出来、又得到实践检验而形成的基本原理，这些基本原理作为原理一般又包含个别的、具体的国家特色状况，应该具有这些个别具体国家的特色，所以，马克思主义经济学基本原理也应该中国化。马克思主义中国化是一个特殊命题，它所包含的普遍命题应当是当代世界普遍真理和普世价值与中国实际相结合①。

总体而言，立足于中国现阶段的实际，自觉探索和践行当代的普遍真

---

① 蒋南平．为什么要研究马克思主义经济学中国化的问题［J］．成都理工大学学报，2011（1）．

理特别是普世价值的中国特色的马克思主义经济学是研究马克思主义经济学中国化的基本点。

二、马克思主义经济学中国化发展阶段的划分

（一）马克思主义中国化历史起点的划分

学术界对马克思主义中国化历史起点的界定大体包括了三种观点。第一种认为，马克思主义中国化与中国共产党的历史进程具有同质性①，以中共建党时期的活动作为马克思主义中国化的历史起点。第二种认为，尽管在早期人们尚未明确提出“中国化”的概念，但实际上以毛泽东为代表的真正的共产党人已经走上了应用马克思主义解决中国实际问题的探索之路，所以应该以马克思主义传入中国之日作为马克思主义中国化的历史起点②。第三种认为，中共二大制定的党纲和决议，特别是党的民主革命纲领，鲜明体现了马克思主义中国化的原则要求，所以应该将其作为马克思主义中国化的历史起点③。由于界定“历史起点”的标准只能有一个，即该起点是否具备了马克思主义中国化的主体力量，第一种观点从主体的角度直接阐述了马克思主义中国化的历史进程，从而成为学术界的主流④。毛泽东曾指出：“中国共产党的二十年，就是马克思列宁主义的普遍真理和中国革命的具体实践日益结合的二十年”⑤，强调了马克思主义经济学中国化与中国共产党历史的关联性。早在中国共产党创建之初，以李大钊为代表的党的创始人和马克思主义者就开始注意马克思主义在中国如何运用的问题⑥，但“马克思主义中国化”的概念和历史任务明确提出的时间是在打破共产国际决议和苏联经验神圣化错误倾向之后的20世纪30年代⑦。1930年，毛泽东的《反对本本主义》一文可以说是马克思主义中国化的先声。1938年，毛泽东在中共六届六中全会明确提出“中国化”的命题，强调：“马克思主义必须通过民族形式才能实现。没有抽象的马克思主义，只有具体的马克思主义。离开中国特点来谈马克思主义，只能是抽象空洞

---

① 石仲泉．马克思主义中国化的历史进程和基本经验研究［J］．马克思主义与现实，2010（4）．

② 卢培琪，王立胜．毛泽东与马克思主义中国化［J］．理论学刊，1993（6）．

③ 张静如，齐卫平．论马克思主义在中国发展的引进阶段［J］．中共党史研究，1998（3）．

④ 王小拥．马克思主义中国化历史起点研究述评［J］．马克思主义研究，2012（6）．

⑤ 毛泽东．毛泽东选集：第3卷［M］．北京：人民出版社，1991：795.

⑥ 李君如．马克思主义中国化若干问题研究［J］．中共中央党校学报，2008（1）．

⑦ 逄锦聚．马克思主义中国化进程中的经济学创新［M］．北京：经济科学出版社，2011.

的马克思主义。因此，马克思主义中国化，使之在其每一表现中带着中国的特性。”①

（二）马克思主义经济学中国化历史阶段的划分

1. 以时间节点为标准的划分

自19世纪90年代末，马克思主义经济学说开始在中国传播，并在1917年俄国十月革命后进入马克思主义经济学传播的新阶段②。马克思主义经济学中国化既然是马克思主义经济学基本原理与中国实际结合的产物，必然是马克思主义经济学传播之后才可能开始的，相对更晚③。马克思主义经济学中国化虽然是一个长期的持续的过程，不过依然可以按照个别时间点、历史环境和理论成果等指标区分为若干个阶段。以时间节点为准进行阶段划分是主要的视角。虽然学术界对具体时间阶段有不同的看法，但1949年和党的十一届三中全会被一致性地作为两个比较重要的时间点。有观点认为，马克思主义经济学中国化的发展轨迹可分为尝试探索阶段（1917—1949年）、全面推进阶段（1949—1979年）、突破发展阶段（1979年至今）。在尝试探索阶段，马克思主义经济学在中国有了更广泛的传播，也开始了在新民主主义阶段的尝试应用。以李大钊、陈独秀为代表的马克思主义学者开始意识到由于中西方国情差异，照搬马克思主义一般原理不可能解决复杂的中国实际问题，需要建立能够指导中国革命实践的中国马克思主义经济学。一大批马克思主义经济学家运用马克思主义经济学的基本方法，科学地分析和论证了中国社会的性质、发展方向、工业化等问题，将马克思主义经济学中国化推向了一个新的高潮，如陈豹隐、许涤新、孙冶方、钱俊瑞、薛暮桥、陶大镛等。在马克思主义经济学全面推进阶段中的社会主义过渡时期，中国学术界应用马克思主义经济学的基本理论，研究和讨论了中国国情下的特殊经济问题，出现了一批关于马克思主义经济学在过渡时期中国化的研究成果④。中国人民通过土地改革、没收官僚资本、保护民族工商业三大经济纲领，建立了新民主主义经济，并逐步实现了对农业、手工业和资本主义工商业的社会主义改造，构建了比

① 毛泽东．毛泽东选集［M］．哈尔滨：东北书店，1948：928.

② 谈敏．回溯历史——马克思主义经济学在中国的传播前史［M］．上海：上海财经大学出版社，2008.

③ 裴小革．建设的经济学：马克思主义经济学中国化研究［M］．北京：中国社会科学出版社，2011.

④ 刘方健、蒋海曦．陈豹隐对马克思主义经济理论的贡献及启示［J］．经济学家，2010（6）.

较完整的社会主义经济体制。突破发展阶段是马克思主义经济学中国化的理性认识程度最高、创新性成果最多的阶段，马克思主义经济学中国化实现了第二次历史性飞跃，形成了中国特色社会主义经济理论①。作为中共第二代领导集体的核心，邓小平以经济文化落后国家如何建设、巩固和发展社会主义经济关系为研究对象，以新时代怎样建设和发展中国特色的社会主义经济关系、探索中国特色社会主义经济体制和经济运行规律为主题，从方方面面解答了传统马克思主义经济学没有解答的一系列问题，并且创建了中国特色的社会主义初级阶段理论和社会主义市场经济理论②。

有学者将马克思主义经济学研究的发展轨迹分为四个阶段：1919—1949年，马克思主义经济学与中国革命根据地和解放区的经济建设实践相结合，形成中国化马克思主义经济学新民主主义理论；1949—1956年，马克思主义经济学与过渡时期的具体实际相结合，形成中国化马克思主义经济学过渡时期理论；1956—1979年，马克思主义经济学与贫穷落后的计划经济体制国家相结合，形成中国化马克思主义经济学社会主义计划经济理论；1979年至今，马克思主义经济学与转型国家和实践相结合，形成中国化马克思主义经济学社会主义建设理论即中国特色的社会主义经济理论③。

对不同阶段马克思主义经济学中国化的发展情况应进行客观的认识和总结。1978年之前，中国对马克思主义经济学中国化的研究在相当长时间内比较滞后。因为1949年之前革命战争的客观环境局限了经济学和经济理论的发展，而社会主义经济制度建立后，本应该把经济建设摆到中心地位，集中精力抓经济建设，却出现了一些失误，相当长时间内是以阶级斗争为纲，包括发生了“文化大革命”这样比较大的失误。虽然在苏联《政治经济学教科书》引进和编写中国自己的经济学教科书的过程中，开展了对一些经济问题的研究，取得了不少建设性成果，但作为直接对经济建设、发展有指导作用的马克思主义经济学建设没有得到应有的重视，马克思主义经济学中国化和中国化马克思主义经济学建设也就没有取得应有的成效④。不过这个阶段的马克思主义经济学中国化研究依然具有借鉴性和

① 顾海良．马克思主义与马克思主义中国化的第二次历史性飞跃［J］．毛泽东邓小平理论研究，2009（1）．

② 马艳．马克思主义经济学中国化的发展轨迹［J］．学术月刊，2008（3）．

③ 裴小革．中国化马克思主义经济学是建设经济学［J］．长春市委党校学报，2009（3）．

④ 裴小革．中国化马克思主义经济学是建设经济学［J］．长春市委党校学报，2009（3）；逄锦聚．马克思主义中国化进程中的经济学创新［M］．北京：经济科学出版社，2011．

开创性，为下一个阶段的深入打下了基础①。改革开放以来，马克思主义经济学中国化在社会主义初级阶段的现实地基上推进，既吸收借鉴西方经济学有益成分，又建立和完善了社会主义市场经济体制，形成了一个热点研究领域。中国特色的社会主义经济学体现了马克思主义经济学与中国当代实际的结合，并且吸收了当代世界最新的反映社会化生产和市场经济规律的研究成果②。

2. 以理论成果为标准的划分

按照理论成果，马克思主义经济学中国化一般被区分为三个阶段，与马克思主义同中国实际相结合的两次飞跃和产生的两大理论成果相对应，在20世纪中间50多年，是它在中国发展的第一阶段，即毛泽东经济理论创立和实践阶段；接着在20世纪最后20多年，是它在中国发展的第二阶段，即邓小平经济理论创立和实践阶段③。毛泽东、刘少奇、陈云等中国领导人结合中国实际，创造性地运用马克思主义经济学的基本理论，充分地吸收了中国学术界马克思主义者关于中国社会的性质以及中国经济发展途径的研究成果，并通过中国革命根据地和解放区的经济实践检验后，逐步形成了新民主主义经济理论。新民主主义经济理论是毛泽东这一代领导人对马克思主义经济学的一大理论贡献，标志着马克思主义经济学中国化实现了第一次历史性飞跃。中国特色社会主义经济理论是马克思主义经济学中国化的第二次历史性飞跃。第一次飞跃为第二次飞跃准备了前提条件，第二次飞跃是第一次飞跃的必然要求和进一步发展④。第二次历史性飞跃形成了蕴含着中国化马克思主义经济学体系的社会主义理论体系，其历程大致可以划分为：中国化马克思主义经济学体系的初步形成阶段（1978—2002年），以及中国化马克思主义经济学体系的进一步完善阶段

---

① 龚育之．关于马克思主义的当代化和民族化问题［A］．//北京市邓小平理论和“三个代表”重要思想研究中心．马克思主义中国化研究文集［M］．北京：红旗出版社，2006；石仲泉．马克思主义中国化的历史进程和基本经验研究［J］．马克思主义与现实，2010（4）．

② 洪银兴．马克思主义经济学的创新和马克思主义经济学中国化［J］．经济学动态，2007（9）．

③ 顾海良．马克思主义中国化史论要［J］．马克思主义研究，2009（11）；顾海良．马克思主义与马克思主义中国化的第二次历史性飞跃［J］．毛泽东邓小平理论研究，2009（1）；逄锦聚．论马克思主义经济学中国化［J］．毛泽东邓小平理论研究，2010（6）；逄锦聚．马克思主义中国化进程中的经济学创新［M］．北京：经济科学出版社，2011；成保良．马克思主义经济学同中国实际愈益结合的一百年［J］．当代经济研究，2000（5）．

④ 裴小革．中国化马克思主义经济学是建设经济学［J］．长春市委党校学报，2009（3）；赵晓雷．中国现代经济思想的发展［M］．北京：经济科学出版社，2016.

(2003年至今)[①]。也有学者认为，马克思主义经济理论的中国化实现了三次重大的理论飞跃：第一次飞跃开创了马克思主义经济理论与中国经济实践相结合的中国特色社会主义经济理论的发展道路；第二次飞跃形成了社会主义本质与市场经济体制相结合的社会主义市场经济理论；第三次飞跃形成了经济快速增长与社会和谐发展相结合的社会主义和谐经济理论[②]。还有学者提出，马克思主义经济学在与中国国情和时代发展相结合的过程中，经历了四次历史性变革：一是从批判资本主义经济向研究社会主义经济转变；二是从坚持传统计划经济向实行有计划商品经济的转变；三是从实行有计划商品经济向探讨建立社会主义市场经济体制的转变；四是从探讨建立社会主义市场经济体制向寻求完善社会主义市场经济体制的转变。这四次转变是历史合力的产物，为继续推进马克思主义中国化、适应引领新常态提供了有益启示[③]。

3. 以代表人物为标准的划分

按照代表人物划分，马克思主义经济学中国化的发展历史可区分为三个大的阶段：第一阶段（1900—1949年），主要代表人物有李达、毛泽东(1935年以前)、王亚南、孙冶方、钱俊瑞等人；第二阶段（1949—1979年），主要代表人物有顾准、马寅初、李平心等人；第三阶段（1979年至今），其中80年代的主题是“苏联范式”的认识与批评问题、90年代的主题是中国（过渡）经济学问题、2000年以来是学界对中国特色社会主义经济理论的探索与创新，代表人物有于光远、薛暮桥、樊纲、盛洪、吴敬琏、卓炯、刘国光、程恩富等人[④]。

由上可见，马克思主义经济学中国化是一个长期发展和不断进步的历史过程，不同学者依据不同判断标准可以为其历史进程给予不同的阶段划分。这种阶段划分并没有否定历史的连续性，而是彰显了不同历史时期下马克思主义经济学中国化的时代特征。

三、马克思主义经济学中国化研究的主要内容

（一）马克思主义经济学中国化的科学内涵、特征及意义的研究

学术界普遍认为，马克思主义经济学中国化过程就是马克思主义经济

---

① 赵晓雷．中国现代经济思想的发展［M］．北京：经济科学出版社，2016.

② 张寿正，杨国宝．马克思主义经济理论中国化的三次重大飞跃［J］．南京政治学院学报，2006（23）.

③ 钱路波．马克思主义经济学中国化的四次转变及其启示［J］．理论与改革，2016（1）.

④ 常亮．论马克思主义经济学中国化的两条路径［J］．嘉兴学院学报，2008（8）.

学基本原理与中国实际不断结合的过程，不过在具体表述上却各有偏重。一种观点强调马克思主义经济学中国化就是把马克思主义经济学基本原理与中国具体实际相结合，并且强调在当代中国就是把马克思主义基本原理与中国面临的和平、发展时代主题和中国改革开放、现代化建设的实际相结合①。马克思主义经济理论中国化与时代化的基本含义，就是指其结合中国国情和时代变化的发展过程，就是要创立中国特色社会主义经济理论，就是要推进中国特色社会主义经济建设②。另一种观点认为，马克思主义经济学的中国化过程就是马克思主义经济学的基本理论与中国实际不断结合、又不断丰富和发展马克思主义经济学的过程，并把当代的马克思主义中国化概括为世界观的中国化、价值观的中国化、关于未来社会基本特征的理论的中国化、理论范式的中国化等四个方面③。还有学者从理论和实践两个方面对马克思主义经济学中国化的内涵给出了科学的界定，认为马克思主义经济学中国化是一个过程、一个目标。这个过程是指用马克思主义经济学指导经济实践和揭示经济规律，用中国的经验总结丰富和发展马克思主义经济学；这个目标是指马克思主义经济学理论与中国的社会经济发展达到高度的自洽性④。也有学者强调马克思主义基本原理才是我们研究马克思主义中国化以及马克思主义经济学中国化的基本点⑤。与此相对应的一种观点强调马克思主义经济学中国化是需要将马克思主义经济学与中国传统经济思想相融合，马克思主义中国化就是把马克思主义植根于中国的优秀文化之中⑥。可以看出，马克思主义经济学中国化与马克思主义中国化的内涵讨论有交叉之处，都是在普适性规律与中国独特国情和文化传统在理论构建和实践上融合的争论。不过，马克思主义经济学中国化具有更加具体的理论内涵。不同观点的交锋也丰富了马克思主义经济学中国化的内涵，奠定了全面深入研究的基础。

---

① 逄锦聚．论马克思主义经济学中国化［J］．毛泽东邓小平理论研究，2010（6）；逄锦聚．马克思主义中国化进程中的经济学创新［M］．北京：经济科学出版社，2011.

② 张伟超、杨波．马克思主义经济理论的中国化与时代化［J］．党政干部学刊，2010（12）.

③ 张宇．马克思主义经济学中国化的集中表现［J］．学术月刊，2008（3）.

④ 蔡孝天．马克思主义经济学中国化的必然性、内涵和方法［D］．贵州大学，2009.

⑤ 蒋南平．为什么要研究马克思主义经济学中国化的问题［J］．成都理工大学学报，2011（1）.

⑥ 石淑华．马克思主义经济学中国化与当代中国经济学建设［J］．徐州师范大学学报，2002（1）；程恩富、何干强．论推进中国经济学现代化的学术原则［J］．马克思主义研究，2009（4）.

马克思主义经济学中国化就是马克思主义经济学的民族化、时代化、实践化与和谐化①。马克思主义经济学中国化是实践的、具体的和发展的，具有民族性和时代性②。中国化的马克思主义经济学应该具有以下两个特征：第一，继承原有马克思主义经济学的理论体系；第二，结合中国实践，具有中国特色、中国气派、中国风格的鲜活内容③。马克思主义经济学的中国化进程，既是科学社会主义基本原则在中国的具体实践和具体运用的过程，也是科学社会主义的基本原则在中国实践中得到不断发展和创新的过程化的集中体现，是当代性与世界性的统一④。中国化马克思主义经济学除了革命性质以外，还具有重要的建设性质，成为集革命与建设于一体的经济学。指导中国改革开放的主流经济学主张发展社会主义的中国化马克思主义建设经济学，而不是主张葬送社会主义的西方非马克思主义激进经济学⑤。当然，对于阻碍生产力发展和社会进步的经济制度，中国化马克思主义经济学是一种革命。在改革开放的新时期，这种革命以实现社会经济发展，全面建设小康社会为目的，只会彰显其建设性⑥。马克思主义中国化的过程，是实践到理论的升华过程。要实现这一过程，需要学习和传播马克思主义基本理论，将中国化奠定在辩证法和唯物史观的基础上，融合西方经济学（微观、宏观机制）的分析方法和中国传统文化是马克思主义经济学中国化的重要取向。党的十九大报告强调指出："推动中华优秀文化创造性转化、创新性发展。"这种坚定的文化自信，是坚持和发展中国特色社会主义基本方略的重要内容。马克思主义与中国传统文化相结合，意味着中国马克思主义者经历了一个回归中国传统文化和重新学习西方资本主义文化的思想历程，是马克思主义中国化的重要方面⑦。

实现马克思主义经济学中国化既是马克思主义理论的内在要求，也是解决中国问题的客观需要，同时也源于对中国革命和建设正反两个方面实践经验的科学总结。在理论意义上，马克思主义经济学中国化常被视为与马克思主义经济学基本原理、马克思主义经济思想史、国外马克思主义经

---

① 蒋永穆．马克思主义经济学中国化的基本特征［J］．学术月刊，2008（3）．

② 王文寅．马克思主义经济学中国化研究［M］．太原：山西经济出版社，2009.

③ 蒋南平．马克思经济学中国化的几个问题［J］．江汉论坛，2009（4）．

④ 张宇．改革开放与马克思主义经济学的发展［J］．教学与研究，2008（8）．

⑤ 裴小革．中国化马克思主义经济学是建设经济学［J］．长春市委党校学报，2009（3）．

⑥ 裴小革．建设的经济学：马克思主义经济学中国化研究［M］．北京：中国社会科学出版社，2011.

⑦ 王文兵．论马克思主义中国化的双重认同［J］．武汉大学学报（哲社版），2012（1）．

济学并列的一个研究领域，被当作马克思主义经济思想史中的一个研究方向。对此，有学者强调，既然中国马克思主义经济学是马克思主义经济学中国化的理论成果，那么，在推进当代中国马克思主义经济学发展的过程中，当代中国马克思主义经济学研究必须围绕着马克思主义经济学中国化这一核心问题展开。换言之，马克思主义经济学中国化是当代中国马克思主义经济学研究的核心范式①。同时，从社会经济发展的要求看，马克思主义经济学中国化研究有必要从马克思主义中国化研究中独立出来，成为扩大和深化的专门研究②。除此之外，马克思主义经济学中国化的现实意义也受到重视。因为马克思主义经济学中国化不仅可以为中国的改革开放提供理论指导，增强研究改革开放的经济学理论的科学性，而且把马克思主义经济学的普遍真理与改革开放的具体实践相结合，能够推动马克思主义经济学的创新发展③。有学者从必然性的角度分析马克思主义经济学中国化的意义，认为由于社会主义本质与马克思主义经济学的特质的内在一致性，马克思主义经济学的中国化能够使社会主义经济建设事业和马克思主义经济学理论相得益彰地发展④。中国化马克思主义经济学真正价值在于实现了马克思主义经济学普遍原理与中国国情和特殊阶段的结合，指导新时期的中国社会主义经济建设。马克思主义经济学中国化实践，坚定了我们走社会主义道路的理论自信、道路自信和制度自信。中国化马克思主义理论在不断探索过程中逐渐形成了完备的结构和科学的体系，并不断走向成熟。中国特色社会主义的理论自信正是在马克思主义中国化的理论成果不断丰富的过程中积累起来的⑤。

（二）马克思主义经济学中国化的规律及演进路径的研究

马克思主义经济学中国化的内在规律体现在百年来一系列中国马克思主义经济学家的理论创新过程中，包括马克思主义经济学中国化整个发展历程中的共有规律、马克思主义经济学中国化与其他形式的马克思主义经济学民族化的共有规律、马克思主义经济学中国化特有的规律。马克思主义经济学中国化的规律研究是推进马克思主义经济学中国化和当代中国马克思主义经济学发展的内在依据。首先，为了揭示马克思主义经济学中国

① 石淑华．马克思主义经济学中国化与当代中国经济学建设［J］．徐州师范大学学报，2002（1）．

② 王文寅．马克思主义经济学中国化研究［M］．太原：山西经济出版社，2009.

③ 裴小革．马克思主义经济学中国化的意义［J］．学术月刊，2008（3）．

④ 蔡孝天．马克思主义经济学中国化的必然性、内涵和方法［D］．贵州大学，2009.

⑤ 韩喜平．马克思主义中国化探索的理论自信［J］．思想理论教育导刊，2013（5）．

化特有的规律，不仅需要宏观的整体性研究，更需要进行微观的个体化研究。因为马克思主义经济学中国化是官方和学界的一代又一代马克思主义者艰苦探索的过程，不了解他们个性化的经济学创新和贡献，就不可能真正了解马克思主义经济学中国化的历程，也就不可能真正揭示出马克思主义经济学中国化的规律。例如，毛泽东新民主主义经济理论是中国学界和官方马克思主义者集体智慧的结晶，那么就有必要研究中国老一辈经济学家如王亚南、许涤新、钱俊瑞、薛暮桥、孙冶方、漆琪生、陶大镛等人的经济思想，因为他们的研究成果是毛泽东新民主主义经济思想形成的来源之一。如果不对他们以及毛泽东本人的经济思想做深入细致的个案研究，我们就无法理解新民主主义经济理论的形成与发展，也就不能通过毛泽东新民主主义经济理论的研究揭示马克思主义经济学中国化历程中共有的规律。其次，需要对马克思主义经济学中国化不同时期的典型人物和同一时期的不同典型人物的经济思想进行比较，找到马克思主义经济学中国化应该坚持的一些基本原则和方法。再次，为了揭示马克思主义经济学中国化与其他形式的马克思主义经济学民族化共有的规律，需要对马克思主义经济学中国化与其他形式的马克思主义经济学民族化进行比较研究。20世纪以来出现了一些其他的马克思主义经济学民族化形式，如西方马克思主义经济学、苏俄马克思主义经济学、东欧马克思主义经济学等，虽然它们在基础理论、研究视角、研究方法等方面存在很大差异，但它们都是马克思主义经济学与本国经济发展的具体实际相结合的产物，都是马克思主义经济学世界化与民族化相统一的历史进程中的一个重要方面和表现，它们之间以及它们与中国马克思主义经济学之间必然存在一些共同之处。因此，对这些马克思主义经济学民族化形式开展比较研究，实际上是用世界视野来考察马克思主义经济学中国化的内在机制，也能为揭示马克思主义经济学中国化的规律提供外部参考①。

马克思主义经济学中国化的演进路径可以区分为党的政治化路径和学术化路径。马克思主义经济学中国化的党的政治化路径是指中国共产党的领导人、党中央领导集体运用马克思主义的立场、观点和方法研究中国的历史和现状，形成指导中国革命和建设的理论、路线、方针和政策，以解决中国革命和建设过程中的实践问题和理论问题，进而总结、概括、提炼

---

① 石淑华．马克思主义经济学中国化与当代中国经济学建设［J］．徐州师范大学学报，2002（1）．

中国革命和建设的实践经验并将其提升为普遍性的理论，从而丰富和发展马克思主义经济学的过程。不论是马克思主义经济学的立场、观点和方法，还是中国革命和建设实践经验的理论提升，都要化为能够解决中国革命和建设面临的实践问题和理论问题的理论、路线、方针和政策，中国革命和建设的实践是马克思主义经济学中国化的党的政治化路径的出发点和落脚点。马克思主义经济学中国化的学术化路径，是指党的理论工作者、广大经济学研究者，一方面通过改革、吸收中国传统经济思想的精华和一切有价值的成果；另一方面通过对中国革命和建设的实践经验的总结、概括和提升以及对自然科学和社会科学最新成果的总结与概括，在学科体系、结构内容和概念范畴等理论研究方面对马克思主义经济学的中国化。马克思主义经济学中国化的学术化路径的主题是党的经济理论工作者和经济学专家、学者，以个性化的学术观点的存在为前提，运用学术规范和学术语言进行学术交往。其成果形态表现为有独立学术精神的经济学专家学者的论文、著作、演讲、报告等①。

有观点认为，马克思主义经济学中国化有时空观。在空间上就是马克思主义与中国实际结合，在时间上就是马克思主义时代化，体现马克思主义经济学范式的与时俱进②。现实的社会主义经济制度和经济体制的中国创造过程，就是马克思主义关于社会主义的基本原理与中国的实践相结合的过程。马克思主义政治经济学中国化的现实走向是，以中国为样本，研究社会主义市场经济以及与它相适应的生产关系和交换关系，揭示社会主义市场经济运行的规律，使马克思主义政治经济学中国化的最新成果体系化，创造具有中国特色、中国风格和中国气派的政治经济学，用以指导中国社会主义经济改革和经济发展，并在中国经济改革和经济发展的实践中接受检验，进一步中国化、科学化③。马克思主义经济学中国化的过程，也是马克思主义经济学从内容到形式与中国社会主义实践相结合的过程。还有学者从中国传统文化的角度来剖析马克思主义经济学中国化，认为中国传统文化所具有的包容性、多元性和经济学的稀缺性等特点，为马克思主义经济学的中国化提供了必要性和实现的可能性。具体而言，中国传统文化的经济学底蕴表现多种多样，对马克思主义经济学中国化的发展有多方面的影响，既对马克思主义经济学在文化上认同和接受，也易把马克思

---

① 常亮．论马克思主义经济学中国化的两条路径［J］．嘉兴学院学报，2008（8）．

② 洪银兴．马克思主义经济学的创新和马克思主义经济学中国化．经济学动态，2007（9）．

③ 蒋南平．马克思经济学中国化的几个问题［J］．江汉论坛，2009（4）．

主义经济学教条化，同时也不断对马克思主义经济学中国化的过程进行校正，对马克思主义经济学中国化的发展起创新的文化支持作用①。

整体上说，马克思主义经济理论中国化实现路径需要正确处理好三组关系，即理论与实践相结合，正确处理理论经典与实践经验的关系；历史与现实相汇合，正确处理时代发展与历史经验的关系；中国与外国相融合，正确处理中国国情和别国经验的关系。马克思主义经济学中国化就是要处理好这三组关系，将党的路线、方针、政策和学术界构建的理论体系有机结合起来。

四、马克思主义经济学中国化内核理论与理论创新

马克思主义经济学是以历史唯物主义为基础的认识经济世界的一种独立完整的分析范式。改革开放前，马克思主义经济学中国化取得了可贵的理论进步，尤其体现在以下两点：一是正确分析了国内主要矛盾，提出党和国家现阶段的主要任务是发展生产力。中共八大在正确分析社会主义改造基本完成后国内阶级状况时指出，中国国内的主要矛盾已经是人们对建立先进的工业国的要求同落后的农业国的现实之间的矛盾，人民对于经济文化迅速发展的需要同当前经济文化不能满足人民需要的状况之间的矛盾。党和国家的主要任务已经由解放生产力变为在新的生产关系下保护和发展生产力。这表明，以毛泽东为核心的中共中央实际上做出了党和国家工作重点由阶级斗争向经济建设转移的战略决策。二是在经济上制定了在综合平衡中稳步前进的经济建设方针，提出了改革经济体制的思想。毛泽东还提出了正确处理农、轻、重的关系，积累与消费的关系等原则。为搞活社会主义经济，毛泽东在《论十大关系》中提出了正确处理中央和地方的关系以及国家、生产单位和生产者个人的关系等问题。1956 年 12 月，毛泽东又提出"可以消灭了资本主义，又搞资本主义"② 的设想。对社会主义本质的研究从理论上为社会主义建设奠定了经济和政治基础③。

改革开放以来，中国的马克思主义学者们以马克思主义经济学的理论范式为基础，对中国经济改革与经济发展中的重大现实问题进行了深入的研究，取得了许多重要的突破和进展。如 20 世纪 80 年代初期关于生产力

---

① 杨志民．论马克思主义经济学的中国化与中国传统文化［J］．求实，2000（11）．

② 薄一波．若干重大决策与事件的回顾：上卷［M］．北京：中共中央党校出版社，1991：434.

③ 裴小革．中国化马克思主义经济学是建设经济学［J］．长春市委党校学报，2009（3）．

与生产关系、社会主义生产目的、按劳分配的实现形式、计划与市场的关系、农村土地所有制等问题的讨论；80年代中期以后关于有计划商品经济、企业行为与企业改革、经济运行机制和运行模式、经济改革的整体思路、经济周期与经济增长等问题的讨论；90年代以后关于社会主义市场经济的实质与特征、国有经济的地位与作用、现代企业制度的内涵和形式、社会主义条件下深化对劳动和劳动价值理论的认识、按劳分配与按生产要素分配的关系、经济全球化的实质与对外开放战略、走新型工业化道路等问题的讨论。这些讨论和取得的研究成果为中国特色社会主义经济理论体系的发展做出了贡献，有力地推动了马克思主义经济学中国化的进程。

对马克思主义经济学中国化的内核理论有不同的概括。一种观点认为，马克思主义经济学中国化的过程，也是马克思主义经济学从内容到形式与中国社会主义实践相结合的过程。中国在改革开放的实践中已经建立了具有中国特色的经济学派，其内容就是在改革开放实践中形成的社会主义初级阶段基本经济制度理论、社会主义市场经济理论和收入分配理论等，形成了中国特色社会主义经济理论体系。许多学者从不同角度论述了其主要内容和基本特征①。另一种观点认为，改革开放后马克思主义经济学有十个方面的创新：一是对改革开放的方向、目标、道路进行了探索，为改革开放方略的确定和不断深化做出了贡献。二是对什么是社会主义和社会主义的本质进行了探索，为明确社会主义的本质是解放生产力，发展生产力，消灭剥削，消除两极分化，最终达到共同富裕以及人的全面发展做出了贡献。三是对中国特色社会主义的经济进行了探索，为中国特色社会主义理论体系的形成做出了贡献。四是对社会主义初级阶段的国情、主要矛盾和主要任务进行了阐发，为确立社会主义初级阶段理论做出了贡献。五是对社会主义初级阶段基本经济制度和分配制度进行了探索，为确立公有制为主体、多种所有制经济共同发展的基本经济制度和按劳分配为主体、多种分配方式并存的分配制度做出了贡献。六是对社会主义市场经济以及社会主义市场经济条件下企业制度、市场体系等进行了探索，为确立和完善社会主义市场经济体制做出了贡献。七是对以人为本、国民经济

---

① 汤子琼，唐润华．论马克思主义经济学中国化的理论框架（一）——中国经济学的建立［J］．经济师，2010（2）；邱海平．马克思主义经济学与中国特色社会主义经济［J］．高校理论战线，2008（12）；胡钧．社会主义市场经济理论是马克思主义的中国化［J］．福建论坛（人文社会科学版），2008（11）；辛鸣，杨海英．马克思主义中国化的最新成果［M］．北京：中共中央党校出版社，2007；陈占安．党的十六大以来马克思主义中国化的新进展［M］．北京：北京大学出版社，2008.

全面持续协调发展进行了探索，为树立和落实科学发展观、促进国民经济科学发展做出了贡献。八是引入社会总供给、社会总需求范畴和市场经济条件下国民经济总供求分析方法，探索了社会主义市场经济宏观调控的主要目标、调控方式和政府主要职能，为国民经济宏观领域的改革做出了贡献。九是对开放型经济进行了探索，为在经济全球化条件下中国对外开放战略的制定和实施做出了贡献。十是对世界社会主义发展进程中出现的新问题和现代资本主义出现的新特点进行了研究，为社会主义制度的自我完善和发展做出了理论阐释①。

还有一种观点概括为中国特色社会主义经济理论体系是马克思主义经济学在当代中国的集中表现，主要包括：社会主义经济本质理论、社会主义初级阶段基本经济制度理论、社会主义分配理论、经济体制改革理论、社会主义市场经济理论、中国特色经济发展理论、经济全球化与对外开放理论、自主创新和建设新型国家的理论②。有学者提出了马克思主义经济学中国化的四个基本点：从社会主义商品经济向社会主义市场经济认识的转变；从社会主义公有制向社会主义公有制为主体，多种经济成分并存认识的转变；从社会主义按劳分配向社会主义按劳分配为主体，多种分配方式并存认识的转变；从社会主义适度对外开放向社会主义全方位对外开放认识的转变③。

事实上，一些学者在新时期马克思主义经济学研究中也在多个方面充实着马克思主义经济学中国化的内容。比如有学者从经济结构、生产形式、社会形式、劳动方式、生产关系等几个方面归纳了社会主义市场经济建设为内容的中国特色社会主义经济理论④。也有学者从劳动价值论、经济发展论、经济制度论、市场经济论、经济开放论等视角，比较了马克思主义经济学经典理论与当代中国马克思主义经济学理论成果，提炼出具有中国特色的马克思主义经济学新论⑤。这些理论成果客观上丰富了马克思主义经济学中国化的内核理论，依然属于马克思主义经济学中国化研究的

---

① 逄锦聚．论马克思主义经济学中国化［J］．毛泽东邓小平理论研究，2010（6）；逄锦聚．马克思主义中国化进程中的经济学创新［M］．北京：经济科学出版社，2011.

② 张宇．马克思主义经济学中国化的集中表现［J］．学术月刊，2008（3）.

③ 金花，张传翔．马克思主义经济理论中国化的基本经验与启示［J］．中共青岛市委党校经济学报，2011（18）.

④ 于金富．马克思主义经济学的经典理论与现代观点［M］．北京：中国社会科学出版社，2008.

⑤ 董建才．马克思主义经济学新论［M］．北京：经济管理出版社，2006.

一个部分。当前关于马克思主义经济学中国化，还包括以下几方面研究热点：一是中国特色社会主义政治经济学研究的方法论，焦点聚集到如何创造中国特色的学术体系和理论范式；二是对马克思经典著作研究的开拓和创新，通过对经典著作的批判借鉴，构建出对中国市场经济建设有指导意义的理论学说；三是将马克思主义政治经济学与中国现实问题相结合，致力于将马克思主义经济学从“边缘化”推向“主流”地位；四是中国特色社会主义政治经济学的形成与发展，旨在立足于中国的具体经济现实，利用经济学理论对中国特色社会主义政治经济学进行创新性探索①。

可以看出，马克思主义经济学中国化理论成果具有丰富的内容。虽然学术界还没有统一的见解，不过这种差异性正说明了马克思主义经济学中国化的活力，马克思主义经济学中国化的理论内容也必然随着中国特色社会主义经济建设深化而不断丰富和完善。马克思主义经济学理论是发展的理论，不断创新发展是马克思主义经济学理论的本质要求，坚持马克思主义经济学的科学性是不断推进马克思主义经济学理论中国化的重要理论前提。“三个代表”重要思想、科学发展观、习近平新时代中国特色社会主义思想是马克思主义经济学中国化的最新成果。习近平新时代中国特色社会主义思想为马克思主义经济思想理论宝库增添了新内容，开创了马克思主义中国化的新境界，是马克思主义理论品格的当代展现，是运用马克思主义基本原理分析、解决新时代中国问题，实现马克思主义同中国实际相结合的又一次历史性飞跃。

---

① 王立胜，裴长洪. 中国特色社会主义政治经济学探索［M］. 北京：中国社会科学出版社，2016；陈昌兵. 马克思主义政治经济学中国化的“特色”研究［J］. 学习与探索，2016（11）.

第二章 改革开放40年社会主义政治经济学发展转型

第一节 社会主义计划经济向社会主义有计划商品经济转型的政治经济学

一、计划经济的理论基础

从理论考察，计划经济被认为是社会主义生产方式特征及社会主义社会本质利益关系在经济运行层次上的体现。计划经济是指在生产资料公有制基础上，由社会（国家）根据经济社会发展要求，以预定的经济计划或规划形式，在全社会范围内统一协调社会利益关系、配置社会经济资源的经济管理和运行体制。“劳动时间的社会的有计划的分配，调节着各种劳动职能同各种需要的适当比例”①。20 世纪 50—70 年代，中国政治经济学界一般认为，计划经济之所以是与社会主义生产方式相联系的经济运行体制，是因为社会主义经济的生产社会化发展要求，以及社会主义公有制生产关系所决定的社会经济生活的特征，使得在全社会范围内按照社会生产平衡发展规律自觉地、统一地、有计划地配置社会劳动或经济资源具有必要性和可行性。在社会主义生产方式中，生产资料公有制消除了生产社会化与生产资料私人所有之间的矛盾，在社会经济关系、利益关系、分配关系中排除了剥削因素和根本的利害冲突，劳动者在根本利益上是一致的。社会主义经济中劳动者根本利益的一致性以及生产社会化的发展将社会经济活动在一定程度上连接为一个整体。社会主义经济的统一性和整体性，

---

① 马克思，恩格斯．马克思恩格斯全集：第 23 卷［M］．北京：人民出版社，1972：96.

一方面要求在宏观上对社会生产进行统一的计划管理和调节；另一方面也为社会统一地、有计划地对国民经济进行管理和调节提供了可行性条件。所以，社会主义公有制性质决定了社会主义社会经济利益关系的特征，进而决定了与这种社会利益关系相适应的经济管理和运行体制的具体形式。计划经济体制在微观层面表现为作为国民经济组成部分的生产单位，服从国家的计划调节、指导与管理；在宏观层面表现为国民经济按照体现社会意志与全社会整体利益的统一计划运行，力求平衡发展。

计划经济的理论基础是国民经济有计划按比例发展规律以及与之相联系的生产资料公有制和按劳分配等范畴。在20世纪70年代之前，中国政治经济学界对国民经济有计划按比例发展规律已有不同意见的讨论。一般的观点从规范研究的逻辑角度认为，有计划按比例发展的经济条件是社会化大生产和生产资料公有制。既然社会主义经济是社会化大生产并且实行生产资料公有制，则有计划按比例发展就应该是社会主义特有的经济规律。也有观点将“有计划”与“按比例”进行拆分，认为“有计划”是人的主观意志，不是客观经济规律；而“按比例”是客观经济发展的要求，而且是社会化大生产的经济规律，社会主义制度的优越性在于能自觉地运用这一规律以指导经济发展①。当时也有一些观点从价值规律与有计划按比例规律的关系展开讨论。如果价值规律和有计划按比例发展规律反映了不同社会形态的经济规律，则两者就是有矛盾的。有计划按比例发展规律属于社会主义、共产主义性质，价值规律属于商品经济和资本主义性质，社会主义经济是受有计划按比例发展规律支配，而不是受价值规律支配。在社会主义社会，价值规律之所以还要被利用，只是因为国家计划还不能包罗一切。但对价值规律仅是利用，而不能把它作为安排计划比例的主要依据②。关于有计划商品经济与价值规律的关系，也有观点认为两者在社会主义条件下可以并存。这两个经济规律在服从社会主义基本经济规律的条件下，分别在社会生产的不同方面和不同过程发生作用，它们相互制约，从不同方面共同反映了社会生产发展的特点③。以上这些观点和意见体现了当时的政治经济学研究基本是采用规范研究方法，从概念到概念的逻辑推进，具有辩证特

---

① 《经济研究》,《经济学动态》编辑部．建国以来政治经济学重要问题论争（1949—1980）[M]．北京：中国财政经济出版社，1981：110－113.

② 余霖．社会主义社会的商品 [J]．新建设，1965（6）；薛暮桥．再论计划经济与价值规律 [J]．计划经济，1957（2）.

③ 《经济研究》,《经济学动态》编辑部．建国以来政治经济学重要问题论争（1949—1980）[M]．北京：中国财政经济出版社，1981：170.

征的思辨，给出“应该是怎样”的抽象结论。这种研究方法形成一种传统积习，长时间影响着中国经济思想研究的思维方式和套路。

20世纪50年代，陈云从国民经济运行的角度提出了计划经济与市场调节“主体和补充方式结合”的意见。1956年9月，陈云在“社会主义改造基本完成以后的新问题”的讲话中提出计划经济和市场调节相结合的主张。他说：“关于生产计划方面，全国工农业产品的主要部分是按计划生产的，但是同时有一部分产品是按市场变化而在国家经济许可范围内自由生产的。计划生产是工农业生产的主体，按照市场变化而在国家计划许可范围内的自由生产是计划生产的补充。”① 陈云的“主体和补充式结合”模式在实际经济运行中是有操作意义的。当时，孙冶方提出，有计划按比例发展规律与价值规律是对立统一的关系。国民经济的有计划按比例发展必须建立在价值规律的基础上才能实现，离开价值规律来谈有计划按比例规律，把有计划按比例发展绝对化，尤其是把部门的比例不看作是各生产部门之间的社会必要劳动的平衡，这就会违反等价交换原则，结果是走到了有计划按比例发展规律的反面②。孙冶方关于有计划按比例规律与价值规律关系的论述，在当时的历史条件下是具有理论深度的。

生产资料公有制是计划经济的重要理论范畴和实际运行基础。1949年中华人民共和国成立之时，新民主主义经济主要由国营经济、合作社经济、国家资本主义经济、私人资本主义经济、个体经济5种经济成分构成，其中国营经济处于领导地位。在工业总产值中，国营及合作社经营的工业占34.7%，公私合营工业占2%，私营工业占63.3%③。国营经济拥有全国发电量的58%，原煤产量的68%，生铁产量的92%，钢产量的97%，水泥产量的68%，棉纱产量的53%。国营经济还掌握了全国的铁路，绝大部分银行和对外贸易，控制了国民经济的命脉④。1949—1952年国民经济恢复时期，实行“公私兼顾、劳资两利、城乡互助、内外交流”的基本经济政策，使各种经济成分在国营经济领导下分工合作、各得其所。1949年9月29日通过的《中国人民政治协商会议共同纲领》明确了各种经济成分在国家经济中的地位和作用，确立了我党对私营、外资、个体等非公有制

---

① 关梦觉．陈云同志的经济思想［M］．北京：知识出版社，1984：65.

② 孙冶方．社会主义经济的若干理论问题［M］．北京：人民出版社，1979：12、13、331.

③ 刘国光、董志凯．新中国50年所有制结构变迁［J］．当代中国史研究，1999（5-6）.

④ 蒋家俊，尤宪迅，周振汉．中华人民共和国经济史［M］．西安：陕西人民出版社，1989：59.

经济的基本政策，既充分利用和发挥以私人资本为主的非公有制经济对国计民生的积极作用，以推动国民经济整体的恢复和发展，同时，对其不利于国计民生的一面加以限制，把非公有制经济纳入正确的发展轨道，使各种社会经济成分在国营经济领导下，分工合作，各得其所，以便促进整个社会经济的发展。

1953年，国家对非公有制经济的政策开始发生变化，党提出了社会主义过渡时期的总路线和总任务，“是要在一个相当长的时期内，逐步实现国家的社会主义工业化，并逐步实现对农业、对手工业和对资本主义工商业的社会主义改造”①。“党在过渡时期的总路线的实质，就是使生产资料的社会主义所有制成为我国国家和社会的唯一的经济基础”②。1953—1957年，中国国民经济成分逐渐趋于单一，1962年以后，城乡个体工业和其他经济成分类型在统计资料中已经消失，单一的公有制（全民、集体）结构形成。1978年统计的全国工业总产值中，全民所有制经济占77.6%，集体经济占22.4%，个体工业和其他经济成分的统计为零③。20世纪50年代到70年代，决策层和理论界都认为，消灭私有制，实行社会主义公有制，必然会带动社会生产力跨越式发展。生产力、生产关系、生产方式等范畴是当时政治经济学界讨论研究的重要概念，通过改变生产关系促进生产力发展是经济思想界和政策层面的共同认识。同时，中国社会主义改造的政策、理论还在相当程度上受苏联的工业化道路、所有制模式和经济体制的影响。毛泽东指出：“社会主义革命的目的是为了解放生产力。农业和手工业由个体的所有制变为社会主义的集体所有制，私营工商业由资本主义所有制变为社会主义所有制，必然使生产力大大地获得解放。这样就为大大地发展工业和农业的生产创造了社会条件。”④ 中共中央在这一时期的宣传中也强调：“只有完成了由生产资料私有制到社会主义所有制的过渡，才有利于社会生产力的迅速向前发展，才有利于在技术上起一个革命”⑤。

所有制结构与经济运行体制具有相关性。单一公有制结构决定了资源的配置是通过集中决策、计划配置实现的，经济体制表现为计划经济；多种所有制结构决定了资源配置是通过分散决策、市场配置实现的，经济体

---

① 毛泽东．毛泽东文集：第6卷［M］．北京：人民出版社，1999：61.

② 毛泽东．毛泽东文集：第6卷［M］．北京：人民出版社，1999：316.

③ 杨永华．五十年中国所有制结构演变的实证分析和理论启示［J］．天津师范大学学报，2000（2）.

④ 毛泽东．毛泽东文集：第7卷［M］．北京：人民出版社，1999：1.

⑤ 中央党校党史教研组．中共党史参考资料：（八）［M］．北京：人民出版社，1980：45.

制表现为市场经济。

按劳分配也是与国民经济有计划按比例发展规律相联系的重要理论范畴。按劳分配被认为是生产资料公有制条件下的物质利益分配原则。在生产资料公有制条件下，人们用以交换生活资料的生产要素只有劳动。一般认为，按劳分配原则反映了劳动人民的公共利益与个人利益的结合，有利于提高劳动者的生产积极性和满足劳动人民的物质利益，因而是社会主义的客观经济规律。但按劳分配这个范畴无论在理论上还是操作中都有一些争议和困惑。在理论上，按劳分配与平均主义、按劳分配的法理依据（涉及劳动力个人所有或部分劳动个人所有）、按劳分配与“资产阶级法权”等，理论界都有不同意见的讨论。在操作上，按劳分配的计量、按劳分配与生产效率、不同性质不同种类劳动的比较、按劳分配与货币工资的对价关系等都缺失科学而标准的具体方法。所以，从要素参与分配角度考察，按劳分配在某种意义上是一个现实经济范畴，因为在生产资料公有制的计划经济体制中，劳动者获取生活资料的唯一交换条件就是劳动。但从经济理论角度考察，按劳分配作为社会主义计划经济的客观经济规律或理论基础，在规范研究层面和实证研究层面都有一些争议和矛盾。

二、经济体制置于价值规律基础之上的政治经济学

中共十一届三中全会重新确立了解放思想、实事求是的思想路线，并开启了改革开放历程。思想理论界突破了唯生产关系论，确立了根据生产力发展水平及发展生产力的客观要求决定经济体制、经济关系、经济利益性质的历史唯物主义观念。在中共十一届三中全会精神及社会主义初级阶段思想理论指引下，政治经济学研究在一系列理论范畴有了突破，特别体现在将经济体制、经济运行、经济活动置于价值规律基础上，首先实现了政治经济学主流理论从有计划按比例发展规律向价值规律的转型。

20世纪80年代到90年代初，随着中国经济体制改革从“计划经济为主、市场调节为辅”到“有计划商品经济体制”的推进，整个经济体制逐渐从有计划按比例发展规律为基础转型到以价值规律为基础。社会主义有计划商品经济体制是建立在商品交换和价值规律基础上的，计划也要通过价值规律来实现，要运用价值规律为计划经济服务，社会主义有计划商品经济体制和运行机制是计划经济与市场调节相结合；计划和市场的作用范围都是覆盖全社会的。与经济体制改革实践相适应，中国社会主义政治经济学的理论主线也从有计划按比例发展规律转型到价值规律，从商品经济

及市场调节的一般规律——价值规律理论范畴出发研究社会主义经济中计划与市场的关系，以及社会主义所有制关系、分配关系和经济运行。

从经济思想史考察，中国社会主义政治经济学在20世纪50年代和60年代就有将社会主义经济与商品生产、价值规律相联系的卓越研究成果。但在20世纪50—70年代，这些思想和观点并不构成中国社会主义政治经济学的理论基础或主流观点，当时居于主流地位的是苏联政治经济学体系范本，理论基础是社会主义基本经济规律即有计划按比例发展规律。如从规范研究而论，这一认识也是具有理论逻辑的。从理论抽象分析，计划经济是社会主义生产方式特征及社会主义本质利益关系在经济运行层次上的体现。规范研究套路虽然自有其理论逻辑，但是从概念到概念的逻辑推论和思辨性结论与现实经济有脱离，不具有解释功能。当时的政治经济学主流观点对计划经济的认识是脱离现实经济基础的。中国的社会主义生产方式不是在商品经济充分发展基础上建立的，而是在自然经济和小生产经济基础上建立的。这一社会生产力基础决定了中国的社会主义生产方式不是马克思主义经典作家所设想的社会化大生产高度发展、社会直接占有生产资料、社会成员的经济利益高度统一的社会主义，因而也不具备实行经典作家所描述的高度集中统一的计划经济制度。除了社会化大生产这一主观假设，以有计划按比例发展规律为理论基础的政治经济学还有另一个主观假设，即社会各微观主体之间不存在根本的利益差别和冲突，而是保持着高度的利益一致性。但经济现实中，微观主体之间的利益差别、利益冲突、利益追求是客观存在的，试图用统一的社会整体利益取代个人利益追求是不符合实际的。

社会主义初级阶段理论阐明了中国处于生产力落后、商品经济不发达的发展阶段，基本任务是大力发展生产力，实现工业化和生产的商品化、社会化、现代化。基本经济制度和经济体制必须与这一基本国情相适应，必须改革计划经济体制，发展商品经济。从一般意义考察，商品经济的本质是处于自然形成的社会分工体系中各自独立的商品生产者，通过劳动产品的相互交换以满足各自的生活需要。在这种交换关系中，通行的规则是等价交换。等价交换是市场活动的客观规则，这一规则反映了市场主体的经济利益与价值规律之间的关系。价值规律是市场供求调节社会生产自发均衡的规律，“商品的价值规律决定社会在它所支配的全部劳动时间中能够用多少时间去生产每一种特殊商品”①。将所有经济财货的价值抽象为劳

---

① 马克思，恩格斯．马克思恩格斯全集：第23卷［M］．北京：人民出版社，1972：394.

动，则劳动时间的配置就决定了每一种特殊商品的生产数量及价值量。在商品经济中，价值规律通过市场机制（由供给、需求关系所决定的市场价格）调节市场主体的经济活动和经济运行。在社会主义初级阶段，要实现工业化和生产的商品化、社会化、现代化，要发展商品经济，要构建有计划商品经济体制和运行机制，政治经济学必然要以价值规律作为基本理论，社会主义有计划商品经济中的价值规律及市场调节必然成为政治经济学的主流观点及主要研究内容。

20世纪80年代至90年代初，中国社会主义政治经济学逐渐转到以价值规律为基础理论，这一转变是与经济体制改革从计划经济转到有计划商品经济相联系的。在改革和转型过程中，在操作层面，经济管理和理论研究需要解决的一个难题是，计划经济与市场调节如何结合、如何有效调节国民经济。经济理论界对此展开了讨论，大体上有两种代表性观点。第一种代表性观点主要是“板块结合论”和“渗透结合论”。“板块模式”即在原来大一统的计划经济体制划出“计划外”的一块，由市场进行调节，这是从50年代起就有的意见。“渗透模式”主张计划和市场这两大板块互相渗透，计划调节要考虑价值规律的要求，市场调节则要受宏观计划的指导和约束。第二种代表性观点主要是“有机结合论”，即计划与市场不是分别调节国民经济不同部分的两个并立的板块，而是有机地融为一体，在不同层次上调节国民经济运行。计划主要调节宏观层次，市场主要调节微观层次。但宏观平衡要以市场供求情况为依据，微观经济又要接受计划的指导。其他还有“一般、特殊结合论”“基础、主导功能结合论”“两次调节论”“立体交叉网络模式”等观点①。这些探讨不乏见解，在当时的政策制度框架中也是极力体现操作性。但现实经济表明，经济管理和运行上的“双轨制”导致计划体制失效、市场调节失灵、总量失控、资源浪费等经济现象。而且“计划内”一块和“计划外”一块是无法在同一市场准则下进行正常交换的，其结果必然导致“官倒”“私倒”盛行，垄断及市场分割严重，重复投资、重复建设所导致的经济过热和经济效益低下同时并存，等等。因此，要突破计划经济与市场调节相结合的理论和操作难点，

---

① 《经济研究》编辑部．中国社会主义经济理论的回顾与展望［M］．北京：中国经济出版社，1986；吴敬琏．计划与市场关系的讨论和我国经济体制改革方向［J］．改革，1991（1）；熊俊．计划经济与市场调节相结合十大观点评述［J］．当代财经，1991（4）；于祖尧．近年来关于计划与市场关系问题讨论述评［J］．经济学动态，1991（3）；申善清．当前经济理论界提出的若干争论性观点概述［J］．社会科学评述，1991（4）．

必须要有新的理论思路，以及新的经济体制改革的理论导向。这种理论思路和理论导向可以概述为：将有计划商品经济体制的运行建立在市场机制基础上。

经济体制是由一定的社会生产方式所决定的经济运行和管理体系，包括一定的生产关系及利益关系结构、一定的经济管理和运行方式。经济体制的管理和运行是建立在相应的经济机制基础之上的。经济机制与现实的生产力及社会经济利益关系直接关联。从一般意义考察，社会经济运动过程就是人们利用经济资源，通过劳动和交换，以满足人们对各种不同使用价值的需要。在这一过程中，人们为了通过劳动和交换活动实现自己特殊的经济利益，必须遵循经济活动的法则或者规律。因此，经济利益构成经济行为的基本动机或基本目标。通过人们的经济利益追求使各种经济行为发生联系，使各种经济活动协调，推动社会经济以一定方式运行的机制，就是经济机制。经济机制在根本上是一种利益激励和制约机制，必然与人们的经济利益追求直接关联。市场机制作为商品经济运行机制，是价值规律作用的现实形态。在商品经济中，社会各成员之间的利益差异性决定了交换的需要，决定了各种经济活动趋于协调的需要。这就需要运用价值规律及市场机制，通过对人们特殊经济利益的激励和制约来调节他们的经济行为，进而调节社会经济运行。在社会主义商品经济条件下，经济运行要遵循价值规律的客观要求，以价值作为衡量尺度，以等价交换作为经济活动的客观规则，从市场过程内部运用一系列符合价值规律的经济手段和经济杠杆，通过经济利益的激励和制约来调节人们的经济行为，进而调节社会经济运行。所以，社会主义有计划商品经济的运行应该建立在市场机制的基础上。这一理论思路的意义不仅标识了政治经济学理论基础的转型，还提示了中国经济体制改革路径向社会主义市场经济方向的演进。

三、理论研究与现实经济紧密结合的政治经济学

20世纪80年代到90年代初，经济理论界从对一些宽泛的概念做规范研究，转到将经典理论与中国改革开放实践相结合，研究一系列现实经济问题，研究内容、研究方法、理论框架等方面开始由规范研究向与现实经济更多联系、更具有应用性和解释力的实证研究范式转型。这一时期，两个比较具有代表性的研究领域一是公有制与商品经济的关系，并衍生出国有产权及国有企业改革研究；二是社会主义商品经济中的分配关系，并衍生出对劳动价值论的新研究。这两个研究领域在社会主义商品经济体制改

革中是互相联系的。

由于价值规律、市场机制的作用必须与商品经济运行的微观基础相联系，因此当时的经济理论界在关于市场机制与公有制的关系、生产资料所有制与劳动产品所有权及分配关系方面是有困惑的。一些论者从简单商品生产的抽象层面认为，如果承认价值规律和市场机制的自然法则要求每一个市场主体作为独立利益主体参与市场活动，那就必须变革生产资料公有制，因为只有劳动者个人既拥有生产资料所有权，又拥有劳动产品所有权，才算是完全意义上的独立利益主体或市场主体。也有一些论者从公有制既定的制度条件出发，认为既然价值规律、市场机制与公有制不兼容，那就应该限制或不承认市场机制在社会主义经济中的作用，甚至对社会主义商品经济概念提出质疑①。当时一些不同意见的认识根源是相似的，基本上是以传统社会主义政治经济学的基本范畴为依据，讨论独立利益主体、市场机制、生产资料所有制的关系。但这种从概念出发的研究套路既不能解释现实的经济改革需要，更不能为经济改革提供理论支持和理论思路。经济理论研究必须从现实的经济改革和经济发展实际出发，对一些传统范畴和观点进行突破，发展出一些新的理论观点，使理论具有解释力。

如果不单是从所有制关系讨论商品经济，而是从更深层次的社会分工关系讨论商品经济，则可以对社会主义商品经济的论断有更现实的认识。所谓独立利益主体，是对简单商品生产的抽象，意指商品生产者凭借自己的生产资料独立进行生产，以获得劳动产品，并将自己的劳动产品通过市场交换换取自己所需要的生产、生活资料。这个概念有两方面含义：一是指人们在生产活动中与生产资料及劳动产品所有权的关系；二是指人们的私人劳动与社会劳动的关系。正是在此意义上，独立利益主体才成为商品经济的微观基础。独立利益主体概念的两方面含义是与商品经济的现实基础——社会分工所引起的两方面的矛盾相联系的。社会分工所引起的两方面矛盾，第一是各种不同质的具体劳动之间的矛盾，即各种使用价值如果不包含不同质的有用劳动，就不能作为商品互相对立；第二是生产资料所有制的不同形式所引起的分配关系的矛盾。前者规定了劳动者在劳动上的分工以及所生产的使用价值的不同；后者规定了劳动者凭借不同的生产资料和劳动条件进行生产以及由此决定的分配关系。社会分工及所有制形式在根本上是由社会生产力的发展所决定的。在中国的社会主义初级阶段，

① 李斌．社会主义公有制和商品经济结合理论讨论会综述［J］．中国社会科学，1991（5）．

由社会分工所决定，劳动者从属于社会分工体系（个人劳动成为社会分工体系的一部分），而且在财产关系上也是相对分离的（劳动者尚不能在完全意义上“共同”拥有生产资料所有权和劳动产品所有权，劳动者个人利益与“共同”利益没有完全统一）。因此，社会主义经济中的劳动者在一定意义上亦成为相对独立的利益主体，价值规律及市场机制也就必然要与劳动者的个人经济利益相联系而发挥作用，进而调节社会经济运行。

公有制与商品经济关系的讨论引致出国有产权关系改革的讨论。一个符合逻辑的思路是，要完善社会主义商品经济运行的微观基础，就必须使企业成为自主经营、自负盈亏、自我发展的独立的商品生产者；要使企业成为独立的商品生产者，就必须使企业的产权与企业经营者和生产者发生直接关系，使他们的经济利益与企业的经济效益发生直接关系，使他们对自己的经济活动的效果承担相应的产权责任。为此，就必须对现行产权制度进行调整，在国家、企业、职工（包括经营者）之间形成一种稳定、有效的财产权利制约关系，提高社会主义商品经济运行效率。在社会主义商品经济的体制改革和理论探讨中，国有产权制度改革是顺着所有权和经营权“两权分离”的思路展开的。两权分离的理论意义在于说明国有企业与国家（政府）的关系是生产经营者与资产所有者（代表）之间的关系，是不同经济主体之间的经济契约关系，而不是行政隶属关系。因此，两权分离是对原来“政企合一”的国有企业管理体制的一种发展，在一定程度上可以激励企业经营者和生产者的积极性，提升企业活动效益。更重要的是使国有企业的经营行为和利益追求在一定程度上向商品经济体制中的市场主体性质趋近，使商品经济微观基础趋于健全，使价值规律和市场机制可以发挥调节作用。两权分离思路套用了西方经济学的“委托—代理”理论，在形式上试图使经营权独立于所有权。但现代企业制度中的委托—代理关系与国有企业制度中的两权分离在产权性质上是不同的。国有企业经营机制转换的关键是使企业成为独立的产权主体。所谓独立的产权主体，就是企业资产的所有权、经营权、收益权是统一的，形成完整的产权约束。当时经济理论界一般认为，企业的资产所有权和法人所有权是可以互相分离的两种权利，资产所有权体现为资产收益权；法人所有权体现为资产经营权。其实，资产所有权和法人所有权只是同一种权利的不同表现形式，而不是互相分离的两种权利。“法人”是与“自然人”相对应的概念，其含义是指社团人格依法律准则设立，是一种民事和商事登记概念。所谓“法人所有权”的概念是不准确的，更不可能是从资产所有权“分离”出来、可以与资产所有权对立、并列的权利。在现代企业制度中，企业的经营者是资本的雇佣者，执行经营管理职能，但不根本拥有经营权。企业（公司）的经营决策权由董事会掌控，因为资产经营权与资产所有权及收益权是直接联系的，它们属于同一产权主体。在社会主义商品经济体制改革中，国有资产和国有企业管理尽管采用了两权分离的形式，其资产及产权关系的性质并未改变，国有企业活力不足、产权约束较弱、效益不高等缺陷仍未根本消除，而由两权分离所导致的“内部人控制”及经营行为短期化等新的问题又产生了。国有产权制度及国有企业改革是与经济体制改革密切联系的过程。经济理论界认识到，要健全社会主义商品经济体制，一个很重要的问题就是必须理顺国家与国有企业之间的产权关系和利益关系，使国有企业的经营者和生产者与企业产权发生一定的联系，使国有资产管理者与国有企业经营者的关系具有经济契约性质，使企业经营效益与企业经营者和生产者发生直接联系。这种研究与现实经济密切结合，并力图给出操作性思路，体现了这一时期政治经济学转型的特征。

与发展社会主义商品经济的改革实践相联系，经济理论界对社会主义商品经济中的利益关系、分配关系及分配模式展开深入研究。这一研究领域的一个重要方面是联系现实经济，对马克思主义劳动价值理论的一些范畴和概念做演化研究，使理论更具解释力。在“劳动”内涵演化的研究中，认识到应该将“生产劳动”的内涵从生产物质产品演化到生产使用价值。随着社会需求发展，使用价值就不单表现为物质形态，还表现为非物质形态，满足非物质需求的使用价值就是非物质形态的。劳动所生产的使用价值只要能满足社会需求，那么这种劳动就创造了价值。劳动价值论是一种客观价值理论。客观价值理论是从供给方面来分析价值创造的本源。然而，供给和需求是无法分割的，没有需求，也就无所谓供给。计划经济时期从供给角度出发安排社会生产，并用“工农业总产值”这一统计指标来评价全社会的价值生产，致使生产不能满足社会需求。在价值理论研究中，即使在分析价值本源时将需求抽象掉，也不能将供给的评价结果落在物质产品或有形产品上，而应该落在使用价值上。供给的结果不仅仅是生产出物质产品，更本质的是生产出使用价值，因为满足需求的不是“产品”，而是产品的使用价值。使用价值不一定都附着于物质（有形）产品中，还可以附着于非物质（无形）产品中。劳动是创造财富的。财富的载体是使用价值，财富的计量尺度是价值。如果囿于使用价值的物质形态和非物质形态之辨，将第三产业的劳动排除在价值创造之外，将会影响对社会财富的计量和限制社会需求的发展。

对价值创造和价值分配关系的演化研究，对按劳分配、生产要素参与分配的研究，在相当程度上表现为理论、概念根据现实经济的发展而创新。改革开放以后，逐渐改变了计划经济时期以行政手段为主的平均主义分配管理体制，引入了市场激励和竞争因素，特别是要素参与分配，使生产要素市场的供求关系逐渐成为个人收入分配的基础性调节机制。经过这一变革，居民收入来源呈现多元化，收入差距也随之扩大。与这一经济现实相联系，政治经济学的分配理论研究也表现为从单一的、纯概念性的按劳分配研究，到按劳分配为主、其他分配方式为辅研究，再到按劳分配与按要素分配相结合研究的演化过程。根据马克思主义经济学理论，生产要素参与价值分配的依据不是它们创造价值，而是它们为价值创造的条件。价值创造和价值分配是两个问题。价值来源于劳动是一个本质问题。价值转型为生产价格，只涉及价值分配，而不涉及价值创造。假设社会总产品的价值由 C + V + M 构成。价值分配关注的是 C 的补偿及 V 和 M 的分割，而价值创造关注的是价值的来源以及 M 的归属。马克思的社会必要劳动时间概念也包括生产条件，决定商品价值量的社会必要劳动时间是“在现有的社会的正常的生产条件下，在社会平均的熟练程度和劳动强度下制造某种使用价值所需要的劳动时间”。这里的“生产条件”就是“物化劳动”，就是生产要素。既然生产要素是价值生产的条件，那么就应当参与价值分配。随着社会经济的发展，生产要素的范畴也在不断扩大，科学技术、经营能力、知识、信息、创新能力等作为新的生产要素，成为价值生产的条件，它们也自然成为分配的依据。要素所有者凭借对参与价值生产的生产要素的占有状况而参与分配，这是按劳分配在当代中国生产方式中的演化形态，反映了社会主义商品经济中按劳分配为主、多种分配方式并存的现实状态。

按劳分配的运作机制是“等量劳动获取等量报酬”，既体现了以劳动量作为统一尺度的公平原则，也包含了“多劳多得”的效率原则。公平与效率是收入分配的一个经典命题。效率涉及经济是否增长和增长速度这一“必要条件”，公平涉及社会绝大部分人群是否都有权利从经济增长中获益这一“充分条件”。公平与平均是两个不同的概念。平均是指每个人得到的收入均等（结果平均），表现为分配中的物理量，它提出了一个与实际分配进行比较的假设标准。而公平表现为分配中的心理量，主要考察分配关系中的权利是否平等。公平强调在机会上、权利上的平等，但它允许因在能力上、努力程度上、创新能力上的差别而带来的结果的不平均，这种意义上的公平与效率有很大的一致性。社会主义社会实行的按劳分配，就是默认个人不同等的天赋，从而不同等的工作能力，是天然的特权。将个人的天赋与其经济利益相联系的经济条件是社会分工。换言之，只要还存在社会分工，劳动者的不同等的个人天赋，从而不同等的劳动能力，就是一种天然特权。这种天然特权不会引致分配结果上的平均，但它符合按劳分配的公平原则。效率优先、兼顾公平的分配原则既反对平均主义，同时也关注收入差距扩大。平均主义与收入差距扩大，都是分配不公的表现。

20 世纪 80 年代到 90 年代初，中国的社会主义政治经济学适应改革开放形势及经济体制变革要求，经济理论研究与现实经济运行密切结合，更多地关注、研究现实经济问题，表现出经济学研究由规范研究为主向实证研究的范式转型。

第二节　社会主义市场经济体制改革时期的政治经济学

一、关于社会主义市场经济的几个理论维度分析

20 世纪 80 年代和 90 年代初，政治经济学界在关于社会主义有计划商品经济的讨论中，一般认为市场经济不是一个中性的制度范畴，它反映的是资本主义经济的本质特征，而市场调节、市场机制是与价值规律相联系的中性概念，可以在社会主义经济条件下发挥作用。但是，从 20 世纪 50 年代到 80 年代，中国社会主义政治经济学界关于价值规律、市场调节的讨论和研究，构成社会主义市场经济的先期思想资源。80 年代，经济理论界也有提出市场取向改革的论点。有学者认为，市场经济是一个有机的体系。这个体系主要是由自主经营者、自负盈亏的企业，竞争性的市场体系和主要通过市场进行调节的宏观管理体系三者组成。作为一个体系，以上三个方面是互相联系、密不可分的。只有这三个支柱初步树立起来，这种经济体系才能有效地运转。因此，经济改革必须在这三个互相联系的方面同步配套地进行①。1992 年邓小平南方谈话之后，经济理论界关于社会主义市场经济的讨论逐渐形成热潮，并随着社会主义市场经济体制改革进程

---

① 吴敬琏，周小川等．中国经济改革的整体设计［M］．北京：中国展望出版社，1990.

的推进而逐渐深入。在社会主义市场经济体制改革目标提出后，社会主义政治经济学从几个重要的理论维度展开讨论并要求理论有新的发展。

（一）市场经济与资源配置的关系

80年代开始的中国经济体制改革，从计划经济与市场调节相结合，到社会主义有计划商品经济，再到社会主义市场经济，一条主线是循着资源配置优化推进的。在80年代，经济体制改革主要强调价值规律及市场机制的调节作用。到了90年代初，资源配置优化的主线更为清晰，1992年10月，中共十四大报告提出经济体制改革的目标是建立和完善社会主义市场经济体制，目的就是要使市场在社会主义国家宏观调控下对资源配置起基础性作用，把资源配置到效益较好的环节中去。80年代末，一些关注改革的经济学者就指出，计划经济体制的根本特征是通过行政手段和指令性计划来配置资源。如果不改变计划经济体制的资源配置方式，企图用“放权让利”和“双轨制”来实现经济运行状态的根本改变，是不会奏效的。唯一能够取代行政命令的资源配置方式，是以市场机制为基础的资源配置方式，克服命令经济在信息机制和激励机制上的缺陷，使经济资源得到最有效的配置和利用①。对于中国社会主义政治经济学而论，主要研究对象或研究内容转到资源配置，是一个重要的转型表现。

如果从研究对象划分，政治经济学可以分为规范经济学和实证经济学。规范经济学主要研究社会经济活动中人与人之间的社会关系和生产关系，以及由此所决定的利益关系和分配关系；实证经济学主要研究社会经济活动中的数量及技术关系，即在资源和技术（生产可能性曲线）限制约束下如何提高效率，满足社会需求。这两种研究对象或方法并非绝对割裂，而是有交叉的。因为经济学作为一门研究人类经济活动的社会科学，必须关照人类社会经济活动的多个方面，特别是实证研究，必然会涉及经济活动中人们的生产关系、交换关系、分配关系。但20世纪50年代一直到70年代，中国社会主义政治经济学主要方法类型和研究对象是规范经济学。80年代中国社会主义政治经济学开始注重理论研究与现实经济相结合，表现出规范经济学向实证经济学转型趋向，这种转型也是经济体制改革实践对经济理论发展的要求。其实，资源配置及效率分析一直是经济学的一个中心论题。

经济活动的一般过程就是生产产品和劳务，通过交换以满足人类社会

---

① 吴敬琏．当代中国经济改革教程［M］．上海：上海远东出版社，2010：68.

的基本需求和发展。经济学实证研究就是要在资源稀缺的假设条件下，如何提高资源配置效率，更大程度满足人类社会的需求。效率分析构成微观经济学的基础，因为有效资源配置的主要思想可以用线性的生产活动分析模型这一最简单的形式来表示。但在经济制度分析层面，有效资源配置要与知识和信息的获取、处理、传输相关联。因为有关需求、资源和技术等信息和知识在协调经济活动的过程中具有重要作用。哈耶克认为，市场和价格机制的功能就是互通散布在各个经济行为者中间的信息，目的在于协调经济活动。市场机制是费用最低、效率最高的经济活动协调机制①。哈耶克以及所谓的新自由主义经济思想对于计划经济向市场经济转型的中国经济改革和政治经济学转型还是有影响的，当时就有论者从计划经济在信息机制和激励机制上的缺陷来论证以市场机制为基础的资源配置方式的有效性及合理性②。政治经济学将资源配置作为主要研究对象的重要意义还在于方法和理论形态的转型。西方经济学所定义的“经济科学”通常就是指资源配置优化的实证经济学。英国经济学家罗宾斯就将经济学定义为“经济学是把人类行为看作是目的与具有多种用途的资源之间关系的科学”。经济科学的研究对象并非全部人类经济活动，而是人类经济活动的一个方面，这个方面就是经济稀缺——个人和社会的需求无限，而满足这些需求的资源供给有限③。虽然罗宾斯主张的经济科学应该同那些涉及价值判断的经济问题的讨论相区别（因为价值判断是以“好”或“坏”的评估形式来阐述的，涉及个人之间的效用比较）的观点不时受到批评，但他对“经济科学”的界定还是广泛影响了经济学家对经济学科性质的认识。中国社会主义政治经济学将资源配置作为主要研究对象，应该是规范经济学向实证经济学转型趋向的显示。

（二）市场经济与商品经济的关系

在经济体制改革从有计划商品经济向社会主义市场经济转型过程中，经济理论界讨论了市场经济与商品经济的关系。一般意见是将市场经济与商品经济视作同义语，认为两者的内涵基本相同，或者认为市场经济是具有一定社会化程度的商品经济，是商品经济的高级形态。也有观点认为，

---

① Hayek. The use of knowledge in society ［J］. American Economic Review, 1945 (35): 519 - 553.

② 吴敬琏，周小川，等．中国经济改革的整体设计［M］．北京：中国展望出版社，1990.

③ Robbins Lionel Charles. An Essay on the Natuse and Significance of Economic Science ［M］. London: Macmillan, 1932.

商品经济和市场经济不能等同。因为在计划经济条件下，我国也存在商品经济和市场，但调节经济的不是市场，而是国家计划。从我国经济发展的理论与实践历程看，是由社会主义商品经济发展和转型为社会主义市场经济的①。经济理论界对这两个概念展开讨论，不仅是因为经济体制改革进程的解读需要，还在于商品经济、市场经济这两个概念范畴在中国社会主义政治经济学的话语系统中具有特殊意义，特别是商品经济这一概念在中国政治经济学理论中长期使用，具有较为完整的定义和内涵，其理论功能在于揭示商品生产、商品交换关系的本质特性。政治经济学需要在马克思主义经济理论框架内将这两个术语打通，为经济体制改革提供理论依据。

商品经济与市场经济这两个概念有着内在的逻辑联系。商品经济的本质含义是指处于自然形成的社会分工体系中各自独立的商品生产者通过劳动产品的互相交换以满足自己的生活需求。商品交换的客观法则是等价交换，即所交换商品的价值量必须相等。衡量各种商品的价值量是否相等的客观尺度是社会必要劳动时间。社会必要劳动时间的本质内涵是供求均衡。而供求关系及其变动是在市场上形成的，市场的实质就是使用价值和交换价值的关系、商品和货币的关系、买者和卖者的关系、生产和消费的关系。所以，商品经济和市场经济是对生产以交换为目的这一社会经济形式在不同抽象层次上的分别表述：商品经济概念是对商品生产、商品交换、价值关系、货币关系等经济现象做总体上的抽象表述，它着重于分析商品生产及交换关系的质的规定性；市场经济概念则是对商品交换关系及价值关系做运行层次上的现实表述，它着重于分析商品生产及交换运动中的数量关系。所以，商品经济和市场经济这两个概念有内在的联系。有商品就有市场，有商品交换就有市场运行，市场经济是商品经济现实运行的表现。从理论上看，这两个概念具有抽象层次上的区别，如果强调从资源配置角度分析经济，或者强调经济体制改革的市场取向性质，那么完全可以使用市场经济这一概念。

（三）市场经济与产权制度的关系

在社会主义商品经济的讨论中，经济理论界已涉及所有制及产权制度改革问题。在社会主义政治经济学体系中，市场经济与产权制度关系似乎成为一个理论难点，许多观点都没有正面论述这一问题，而是以市场经济并不姓“资”的笼统说法简单带过。诚然，市场经济可以说不一定姓

---

① 卫兴华．中国特色社会主义经济理论体系研究［J］．经济学动态，2011（5）．

“资”，但经济理论都是在自由财产权利既定的制度条件下讨论市场经济的，市场经济在逻辑上和实践中都是与产权分立、产权独立的财产权利制度相联系的。要在公有制特别是国家所有制占主体、国有企业数量很多的制度条件下讨论市场经济与产权制度，理论上和实践中需要解决以下问题。

首先是市场主体问题。市场主体就是利益主体，也即是产权主体。市场主体作为产权主体的意义就在于：交易双方必须对各自用来交换的物品有明晰的、排他的、可以自由转让的产权。不然，交换将难以进行，甚至不可能发生。在市场经济中，交易各方的产权边界必须是明确的，如此才能有明确的权利和明确的约束。在这种对自己权利的追求和受他人权利约束的情况下，市场就运转起来了。但在国有经济制度中，从国有经济总体的意义上说，产权边界是明晰的，但是从单个国有资产单位角度看，由于其终端所有权外不属任何个人而属于国家，因此，各个国有资产单位不可能有明晰的产权界定，不具有完整的产权。国有资产单位不是完全意义上的产权主体，其权利和约束都不完整，那么它们的交易行为也就难以合乎市场规则。市场竞争意识薄弱、财产约束机制软化、短期行为难以遏制、生产经营效益低下等弊病是国有企业进入市场所发生的普遍现象，甚至也是西方国家国有企业的通病。如何使国有产权制度适应市场经济的要求，使国有企业成为真正的市场主体，这是理论上需要解决的问题。

其次是市场制度问题。市场制度的核心法则是在保障自由财产权利的基础上进行公平交易和公平竞争，使市场有序运行。现代产权经济学认为，交换的实质不是物品、劳务的交换，而是权利的交换。因此，市场制度的核心就是产权如何界定、如何交换以及以何种条件交换的问题。市场制度的运行基础是自由财产权利制度。这一产权制度是对市场参与者利益追求的制约法则，它一方面决定了人们追求私利的行为自由；另一方面又限制了人们为追求私利而侵害他人的权利。等价交换正是在此基础上发生的。而在国有制中，国有资产的产权主体不是某个个人，而是国家，所以国有资产的财产权利难以保障，为使国有资产在市场活动中不受损害，就需要有一整套健全、有效的国有资产管理法规、制度以及一大批素质高、责任心强的国有资产管理人员。要做到这一点，其费用是相当高的。而如果做不到这一点，市场中的损公利私行为就难以有效遏制，市场交易的社会成本也将极高，且不能规范运作，最终对国有资产及社会造成极大损害。

再次是市场效率问题。产权一旦明确界定，交易各方就力求降低交易费用，使资源流向效率最高的地方，达到资源配置的“帕累托最优”。据此理论，交易费用与市场效率成反比，市场经济之所以效率高，其原因在于产权的界定使得交易费用降低，并使稀缺性资源得以充分有效地利用。而在公有制范畴中，产权不容易明确界定，不具有排他性，因而促使交易费用降低的制约因素就不存在，资源必然浪费严重。推行市场经济的目的就是利用市场经济在资源配置上的高效率，但如果产权制度与市场机制不匹配，产权不易界定、交易费用高的障碍不解决，则市场经济在资源配置上的优势将不能完全实现。

所有制、国有制、基本经济制度等概念一直是中国改革开放后政治经济学界争论的敏感论题。建立和完善社会主义市场经济体制的改革战略确定并实施后，对“公有制为主体”的解读、国有经济布局调整、公有制多种实现形式的试验等，都是为了使国有制及国有企业在运营管理上与市场经济相契合。

（四）市场经济与政府干预的关系

市场经济在调节经济运行、优化资源配置、提高经济活动效率等方面的优势已为世界经济的发展所证实。但市场机制也有其局限性，有时会出现“市场失效”，因此需要实施科学而有效的宏观调控。

市场经济与政府干预是相辅相成的。一方面，政府干预的经济性、科学性、有效性是市场经济健康运行的重要保证；另一方面，市场体系的健全、市场交易的规范、市场经济制度的发育又是提高政府干预效率的基础。在社会主义市场经济体制改革中，要发展市场经济，必须减少对经济的行政性干预；但市场经济的不发育又使得政府的经济性干预收效甚微，迫使政府不得不借助于行政手段，从而阻遏了市场制度的自然形成和发展。所以，讨论市场经济，应该联系中国的实际，从理论上、制度上、操作上研究不发达市场条件下政府干预的目标、手段和效应，实现市场在资源配置中的基础性、决定性作用和更好地发挥政府作用。

二、社会主义市场经济体制改革与产权理论研究

社会主义市场经济体制的基础是中国特色社会主义基本经济制度，即公有制为主体、多种所有制经济共同发展。公有制经济和非公有制经济都是社会主义市场经济的重要组成部分，都是我国经济社会发展的重要基础。为使公有制经济与市场经济相契合，主要在公有制经济的构成和实现

形式方面进行创新。在公有制经济构成方面，明确公有制经济不仅包括国有经济、集体经济，还包括混合所有制经济中的国有成分和集体成分，混合所有制经济是基本经济制度的重要实现形式。在公有制经济实现形式方面，明确公有制实现形式应该多样化，一切反映社会化生产规律的经营方式和组织形式都可以利用，要努力试验能够极大促进生产力发展的公有制实现形式。产权是所有制的核心，健全归属清晰、权责明确、保护严格、流转顺畅的现代产权制度，是社会主义市场经济运行的基础。在建立、完善社会主义市场经济体制改革进程中，产权理论成为政治经济学一个经久不衰的研究领域。社会主义市场经济体制改革不仅仅是经济运行层面的转轨，而且会涉及产权关系及生产关系的深刻变革。要使社会主义市场经济这一历史性的制度创新真正完善，一个关键问题就是要在公有制为主体的前提下，对国有产权制度进行改革。与这一改革实践相结合的理论研究，构成社会主义政治经济学转型的主要方面。

市场经济是与社会化大生产及价值关系相联系的经济体制，它的运行机制是市场机制。市场机制是与社会利益的差异性相联系的经济机制。它是一种契机，联结人们的经济行为与他们的物质需求的满足，协调人们的利益关系和行为关系。它说明人们为了通过自己的经济行为实现自己特殊的经济利益，必须使自己的经济行为遵循某种客观的法则或规律。它通过人们的经济利益追求而使各种经济行为发生联系，启动社会经济以一定的方式运转，并在客观上使各种经济活动之间、各种生产与各种需求之间的关系趋于协调，趋于合理，以使整个社会经济有序运行和提高生产活动的效率。

市场机制的激励效应和约束效应是与产权相联系的。产权是指人们对自己所拥有的物的使用而引起的互相认可的行为规范，它偏重于说明所有者与所有者之间的行为关系。产权安排确定了每个人相应于财物时的行为规范，或承担不遵守这种行为规范的成本。市场交易中的产权关系大体上可做如下描述：首先，交易双方对自己用以交换的商品必须拥有排他的所有权、自由的转让权和收益的独享权，不然交换就无法进行；其次，交易双方必须按照各自所拥有商品的价值量与对方进行等价交换，否则交换将不能完成。所以，在市场经济中，产权是用以界定人们在交易活动中如何受益、如何受损以及他们之间如何进行补偿的问题。市场制度的核心是产权的界定，在保障自由财产权利的基础上进行公平交易和公平竞争。

总之，市场经济在本质上是一个由许多独立的利益主体构成的、产权明确界定、交易公平自由的经济系统。市场经济体制的功能就是通过相应的产权界定及制度安排，使交易当事人根据成本与收益的比较和利益最大化原则判断一个实现资源配置的交易对他是有利的、无利的或者是有损的。当大量的资源配置交易都在这种情况下进行时，整个社会的资源配置就会改善，并引致社会财富的增长。在现有的国有产权制度中，由于存在着大范围和多层次的委托—代理关系以及大规模和不断反复的博弈和契约，因此交易费用极高，导致资源配置的低效率。同时由于代理者的经济行为很容易偏离资产收益最大化目标，这又造成大量国有资产成为“共同财产”被侵蚀。所以，国有产权制度作为一种非排他性的产权安排，与市场经济的天然特性有矛盾。为解决这一矛盾，必须对国有产权制度进行改革，同时完善国有资产管理体制，完善产权保护制度，使产权制度适应市场经济的要求。

三、社会主义政治经济学体系探索

20世纪80年代之前，社会主义政治经济学研究基本是以马克思主义经济理论的一些基本原理、范畴、概念与苏联社会主义政治经济学体系相结合，没有冠之以“中国”的政治经济学。据研究，毛泽东曾提出如何写政治经济学教科书，认为政治经济学研究的对象主要是生产关系，但是要研究清楚生产关系，就必须一方面联系生产力，另一方面联系上层建筑对生产关系的积极作用和消极作用。要以生产力和生产关系的平衡和不平衡、生产关系和上层建筑的平衡和不平衡为纲，来研究社会的经济问题①。1984年10月，中共十二届三中全会通过了《中共中央关于经济体制改革的决定》，邓小平提出，这一文件“写出了一个政治经济学的初稿，是马克思主义基本原理和中国社会主义实践相结合的政治经济学”②。从20世纪80年代到21世纪初，编写了几部政治经济学教材，包括北方13所高等院校编写组编写的《政治经济学（社会主义部分）》（1979、1980），南方16所大学编写组编写的《政治经济学（资本主义部分）》（1979、1980），蒋学模主编的《政治经济学》（1980），宋涛主编的《政治经济学教程》（1982），吴树青、谷书堂、吴宣恭主编的《政治经济学（社会主义部分）》（1993），吴树青、卫兴华、洪文达主编的《政治经济学（资本主义

① 王立胜、邓冠清．论中国特色社会主义政治经济学理论来源［J］．经济学动态，2016（5）．

② 邓小平．邓小平文选：第3卷［M］．北京：人民出版社，1994：93.

部分)》（1993），逄锦聚、洪银兴、林岗、刘伟主编的《政治经济学》(2002)[①]。这些教材在体系上基本是马克思《资本论》及苏联社会主义政治经济学、西方经济学、中国经济体制改革政策（如社会主义商品经济、社会主义市场经济）的整合。有学者认为，中国真正开始实事求是地研究和编写社会主义政治经济学是在改革开放以后。但是从作为一门科学的社会主义政治经济学的要求来说，差距还是很大的。在社会主义生产方式尚未发展成熟和并未定型的条件下，要想超前探索出社会主义经济发展规律是不现实的。现在论述社会主义政治经济学的版本很多，但没有一本能够提出一个贯通全书的核心范畴就是一个很好的证明。应该从实际即现实的情况出发，对现实存在的经济问题和发展方向进行实事求是的研究，只能是一个问题一个问题的研究，还不可能立即形成一个系统，所以也不能叫作什么“学”[②]。

2004 年 4 月，马克思主义理论研究和建设工程启动，并设立了《马克思主义政治经济学概论》教材编写项目，组建了课题组。该教材于 2011 年在全国高校投入使用。该教材的编写和出版被认为是中国特色政治经济学理论研究和教材建设的基础性工作。教材的框架结构分为四部分：一是商品和货币，即市场经济一般理论；二是资本主义经济；三是社会主义经济；四是经济全球化和对外开放，即国际经济关系。这一框架结构充分吸收和体现了近年来中国政治经济学界探讨研究的最新成果[③]。

四、中国特色社会主义政治经济学构建研究

2015 年 11 月 23 日，中共中央政治局集体学习会上，习近平指出，要立足我国国情和我国发展实践，揭示新特点新规律，提炼和总结我国经济发展实践的规律性成果，把实践经验上升为系统化的学说，不断开拓当代中国马克思主义政治经济学新境界[④]。2015 年 12 月 18 日，习近平在主持中央经济工作会议时再次强调，要坚持中国特色社会主义政治经济学的重大原则[⑤]。2016 年 5 月 17 日，习近平主持召开哲学社会科学工作座谈会，强调要加快构建中国特色哲学社会科学，按照立足中国、借鉴国外，挖掘

---

① 刘树成．中国特色政治经济学的基础建设［J］．经济研究，2012（10）.

② 谷书堂．我对政治经济学（特别是社会主义部分）的几点体会［J］．经济学动态，2010（11）.

③ 刘树成．中国特色政治经济学的基础建设［J］．经济研究，2012（10）.

④ 习近平．立足我国国情和我国发展实践发展当代中国马克思主义政治经济学［N］．人民日报，2015－11－25.

⑤ 中央经济工作会议在北京举行［N］．人民日报，2015－12－22.

历史、把握当代，关怀人类、面向未来的思路，着力构建中国特色哲学社会科学，在指导思想、学科体系、学术体系、话语体系等方面充分体现中国特色、中国风格、中国气派①。关于开拓当代中国马克思主义政治经济学新境界，习近平指出，党的十一届三中全会以来，我们党把马克思主义政治经济学基本原理同改革开放新的实践结合起来，不断丰富和发展马克思主义政治经济学，形成了当代中国马克思主义政治经济学的许多重要理论成果，比如，关于社会主义本质的理论，关于社会主义初级阶段基本经济制度的理论，关于树立和落实创新、协调、绿色、开放、共享的发展理念的理论，关于发展社会主义市场经济、使市场在资源配置中起决定性作用和更好发挥政府作用的理论，关于我国经济发展进入新常态的理论，关于用好国际国内两个市场、两种资源的理论，关于促进社会公平正义、逐步实现全体人民共同富裕的理论，等等。这些理论成果，是适应当代中国国情和时代特点的政治经济学，不仅有力指导了我国经济发展实践，而且开拓了马克思主义政治经济学新境界。实践是理论的源泉，我国经济发展进程波澜壮阔、成就举世瞩目，蕴藏着理论创造的巨大动力、活力、潜力，要深入研究世界经济和我国经济面临的新情况新问题，为马克思主义政治经济学创新发展贡献中国智慧②。2016 年 7 月 8 日，习近平主持召开经济形势专家座谈会时指出，坚持和发展中国特色社会主义政治经济学，要以马克思主义政治经济学为指导，总结和提炼我国改革开放和社会主义现代化建设的伟大成就，同时借鉴西方经济学的有益成分③。习近平关于中国马克思主义政治经济学和中国特色哲学社会科学的一系列讲话发表后，经济理论界对中国特色社会主义政治经济学的论题展开了热烈讨论。据统计，2016 年关于中国特色社会主义政治经济学的论文 305 篇，2017 年为 379 篇（来源于 CNKI 数据库）。研究内容涉及中国特色社会主义政治经济学的研究对象、逻辑起点、根本方法、理论属性、指导原则、历史定位、理论来源、实践基础、科学内涵、理论创新方向、体系构建演进等④。对文献的观点进行归纳，一般的认识是：中国的改革开放和中国特色社会主义建设实践所展现出的发展绩效、发展路径以及发展中的结构性矛盾，

---

① 习近平．在哲学社会科学工作座谈会上的讲话［N］．人民日报，2016－05－19.

② 习近平．立足我国国情和我国发展实践发展当代中国马克思主义政治经济学［N］．人民日报，2015－11－25.

③ 习近平．习近平主持召开经济形势专家座谈会上的讲话［N］．人民日报，2016－07－09.

④ 中国人民大学书报资料中心经济编辑部课题组．2017 年中国经济学与管理学研究热点分析［J］．经济学动态，2018（4）.

用西方经济学的理论和范式已难以解释，要结合中国的发展实践及国情特色和制度条件，以马克思主义经济学原理为指导，发展马克思主义经济学，科学借鉴西方经济学，构建中国特色社会主义政治经济学。

讨论中一个比较重点的问题是中国特色社会主义政治经济学学科定位、范畴体系的构建。有观点认为，中国特色社会主义政治经济学在阶段性上的学科定位，在生产关系上属于社会主义初级阶段的政治经济学，在生产力上属于中等收入发展阶段的政治经济学。中国特色社会主义政治经济学的对象扩展到生产力，其任务是建立关于解放、发展和保护生产力的系统性经济学说①。有论者认为，中国特色社会主义政治经济学的核心命题是必须坚持社会主义市场经济改革方向，中国特色社会主义政治经济学的思想理论活力在于总结中国改革的经验并使之形成系统化的学说。改革实践及思想理论系统化的主要论题包括：一是中国特色社会主义经济改革的根本在于统一社会主义公有制与市场经济体制，这既是中国社会主义市场经济改革的根本特征，也是对传统马克思主义经济理论和改革实践的根本突破，更是中国特色社会主义政治经济学需要深入研究、总结和发展的重要命题。二是经济运行机制的改革主线是使市场在资源配置中起决定性作用，关键在于从经济体制上处理好政府与市场的关系。三是真正完善市场经济秩序，包括内在竞争秩序和外在环境秩序②。中国特色社会主义政治经济学的基础是中国社会主义市场经济改革实践，这是一个基本的认识。一些观点认为，从成功实践考察，在几个方面已具备了创造中国学派经济学的条件，包括中国工业化道路、经济发展中的政府作用、从人口负担到人口红利、破解发展中的“国内储蓄缺口”和“外汇缺口”、城市化道路、互联网经济和互联网金融，以上6个方面已经成熟到可以形成中国特色经济学理论体系的程度了③。中国特色社会主义经济理论已经从经验知识上升到系统化的学说，成为一门科学，其科学内涵可概括为：中国特色社会主义政治经济学是当代中国马克思主义政治经济学；中国特色社会主义政治经济学是对中国特色社会主义经济建设实践经验的概括和总结；中国特色社会主义政治经济学是中国特色社会主义理论体系的重要组成部

---

① 洪银兴．以创新的理论构建中国特色社会主义政治经济学的理论体系［J］．经济研究，2016（4）．

② 刘伟．在马克思主义与中国实践结合中发展中国特色社会主义政治经济学［J］．经济研究，2016（5）．

③ 李杨．中国特色政治经济学植根于中国的实践之中［J］．经济研究，2017（5）．

分；中国特色社会主义政治经济学是社会主义政治经济学的新发展和新形态；中国特色社会主义政治经济学是人民的政治经济学；中国特色社会主义政治经济学是发展社会主义市场经济的政治经济学[①]。

中国特色社会主义政治经济学的“本土化”特征，由中国特色社会主义实践发展出中国特色社会主义政治经济学，也是一种基本认识。有论者强调，所谓中国特色经济学的“特色”二字，其最根本的要义，就是以马克思主义为指导，立足中国实践，解决中国问题。经济学作为一门科学，其成果最终是客观规律的提炼和理论体系的形成。这意味着，只有将中国经济体制改革与发展实践提升至规律层面加以认识，才是中国特色经济学的特色之所在，也才能对世界经济学做出自己应有的贡献[②]。有学者提出从3个维度把握当代中国马克思主义政治经济学的发展：一是社会主义市场经济论，这是当代马克思主义政治经济学中国化的最重要成果；二是立足国情逐步走向现代化的中国式发展经济学；三是坚持以人民为中心，发展成果由人民共享[③]。有观点主张，中国经济学不是西方经济学的中文版，也不是“中学为体”的中西方经济思想的“混合杂拌物”，而是严格地基于中国实践和中国经验，并在此之上建立起的一套真正有别于西方经济学的概念体系[④]。

关于中国特色社会主义政治经济学的研究方法，也有较多的讨论。有观点从研究对象、研究任务引导出研究方法，认为中国特色社会主义政治经济学的研究对象是中国社会主义初级阶段的生产方式及与之相适应的生产关系和交换关系。研究任务可以概括为揭示社会主义经济运动规律，为完善社会主义经济制度，促进生产力发展，满足人们物质生活和文化生活需要，实现人的全面发展，实现共同富裕提供理论指导。历史唯物主义和辩证唯物主义是中国特色社会主义政治经济学的根本方法论[⑤]。有观点从辩证唯物主义和历史唯物主义的方法论原则进一步推导出马克思主义政治经济学的分析规范：一是用生产关系必然与生产力发展相适应来解释社会经济制度变迁；二是将生产资料所有制作为分析整个生产关系体系的基础；三是依据与生产力发展的一定历史阶段相适应的经济关系来理解政治

① 张宇．中国特色社会主义政治经济学的科学内涵［J］．经济研究，2017（4）．
② 高培勇．经济所、经济所人与中国特色经济学的构建［J］．经济研究，2017（5）．
③ 张卓元．发展当代中国马克思主义政治经济学三题［J］．经济研究，2016（5）．
④ 周文．中国道路与中国经济学［J］．经济学家，2018（7）．
⑤ 逄锦聚．学好用好发展好中国特色社会主义政治经济学［J］．经济学动态，2016（4）．

和法律的制度以及道德规范；四是在历史形成的社会经济结构的整体制约中分析人的经济行为①。有论者从经济学研究的价值取向和数量分析关系认为，在近年中国经济学研究中的“重数量轻矢量”倾向，实际上削弱了经济研究中的创造性。在经济研究中，数量关系（包括绝对数、相对数和数量模型等）是为论证理论观点服务的，离开了思想性，数量关系就失去了论证的方向和价值。数理分析建立在诸多假设条件基础上，舍去了条件分析、流程分析和效应分析，数理分析会陷入误区②。也有观点认为，经济学在研究方法和表述方式上具有通用的范式。中国经济学理论创新要有3个来源：中国实践经验、马克思主义历史唯物主义基本原理、现代经济学研究范式。中国经济学理论的研究者必须遵循现代经济学的研究范式，其他国家的学者才能看得懂，也才能够接受。提出的理论不仅需要内部逻辑自洽，而且，理论的推论也必须和经验事实一致。数学模型和计量分析是国际经济学界保证逻辑严谨和检验理论模型的各种推论是否和经验事实一致的通用方法，一个理论必须通过这两者的检验才能说是解释了现象背后的因果逻辑，也只有这样才能与国际经济学界交流、沟通并被接受。中国经济学界以国际通用的规范方法来研究本土的经济现象和问题所得到的成果，自然也是贡献于现代经济学的发展，属于有国际意义的成果③。

经济学作为一门社会科学，有一些最基本的思想元素和基本范畴。这些思想元素和基本范畴构成了不同文化、不同社会制度交流对话的基础，也为追求科学普世性提供了路径。所以，在关于市场经济的基本假设条件、基本理论模型、基本分析工具层面，经济学还是具有通约性或普世性的科学特征的。

第三节　社会主义政治经济学发展与西方经济学引进和借鉴

一、20世纪80年代—21世纪10年代西方经济学引进研究概述

20世纪80年代上半期，西方经济学的引进和研究主要是以古典和新

---

① 林岗．马克思主义政治经济学方法论辨析［J］．经济学动态，2016（4）．

② 王国刚．坚持问题导向，推进中国经济学研究的创新发展［J］．经济研究，2017（5）．

③ 林毅夫．中国经济学理论发展与创新思考［J］．经济研究，2017（5）．

古典经济理论为主，其中最多的是对后凯恩斯主流学派一些重要著作的介绍和研究。如美国经济学家萨缪尔逊的《经济学》是当代后凯恩斯主流学派的代表作，在中国广为流行，大多数大专院校将其作为经济学专业的指定参考书，其他如美国加德纳·阿克利的《宏观经济学》、美国托马斯·F. 德尔别尔格和邓肯·M. 麦克多葛尔合著的《宏观经济学》、英国马歇尔的《经济学原理》、英国布赖恩·摩根的《货币学派与凯恩斯学派》、美国劳伦斯·克莱因的《凯恩斯革命》、英国约翰·希克斯的《凯恩斯经济学的危机》、英国琼·罗宾逊的《现代经济学导论》、英国J. 哈维的《现代经济学》等，都是后凯恩斯主流学派的主要著作。这一时期中国经济学界对西方经济理论的研究，也较多地集中在古典经济学和凯恩斯经济学。凯恩斯经济学对中国经济理论界的影响比较大，这似乎有以下三个方面的原因：第一，当中国的经济改革逐步展开、逐渐深入，新经济因素的成长与旧的体制发生了强烈的碰撞，导致宏观经济混乱、旧的计划调控体制已基本失效之时，以凯恩斯理论为核心的西方现代宏观经济学填补了中国经济理论上的空缺，为中国的经济学者观察、分析非计划调控下的国民经济运行提供了理论工具。第二，80年代，无论是学术界还是政府部门，都对加速经济增长、赶上世界发展步伐有一种迫切的心态，而凯恩斯理论中刺激有效需求不足以使国民收入增长的模型以及投资乘数等分析工具又在某种意义上迎合了这种心态。第三，凯恩斯经济学是对古典经济学自由放任传统的一次革命，认为单靠市场力量不能达到宏观总量平衡，主张政府应干预经济，这一政策主张在中国当时特殊的经济环境中是很容易被接受的。由于这三方面的原因，以凯恩斯理论为核心的西方经济学在中国适逢其时，对它的引入、研究和运用成为这一时期经济学发展的重要内容。

在这一时期，其他一些经济理论如货币学派、供应学派的著作也有翻译进来，学者对它们也展开了研究。但这些学派作为传统的经济自由主义的"复兴"，其理论和政策主张对于当时以"有计划的商品经济"为改革目标的中国是不甚适宜的。同时不少学者还认为，这些学派的理论较贫乏、政策较单一，根本无力取代凯恩斯学派。当然也有人认为，这些理论弥补了凯恩斯理论的不足，有可能纳入西方主流经济学。

80年代下半期，西方经济学的引入和研究转变为以经济增长理论和发展经济学为主，同时对经济管理、企业管理理论的介绍和研究亦成为一个重点。在经济增长理论和发展经济学方面，这一时期翻译出版的论著有美国多马的《经济增长理论》、美国库兹涅茨的《现代经济增长》、美国罗斯托的《从起飞进入持续增长的经济学》、美国索洛的《经济增长理论：一种解说》、美国哈罗德的《动态经济学》、美国马尔科姆·吉利斯等人的《发展经济学》、美国金德尔伯格等人的《发展经济学》、美国钱纳里等人的《工业化和经济增长的比较研究》，以及美国舒尔茨的《改造传统农业》等。国内学者关于经济增长、经济发展的研究也较大规模展开。

西方经济增长理论和发展经济学在中国的流行，是有其方法论上的原因的。从经济发展的特点看，新古典经济学或凯恩斯经济学的理论核心是市场—价格机制的运行，对于发展中国家而言，由于商品经济不发达、市场体系不发育、价格机制不健全，因而这一理论的许多概念和范畴并不适用。新古典经济学把经济变动看作是边际的、增量的调节，而发展中国家所需要的是大规模的经济变化和结构的改进。凯恩斯经济学从发达国家的条件出发，把经济周期的原因归结为有效需求不足和储蓄过多，而发展中国家贫困和失业的主要原因则是储蓄不足、资本短缺、供给不足。因此，经济增长理论和发展经济学以其更适合发展中国家经济现状的理论特点，以及在分析方法上的实证性和比较分析的特点，对中国宏观经济理论的发展产生了较广泛的影响。另外，经济增长理论和发展经济学认为，在发展中国家，工业化基本上是由政府启动的，加之经济的市场化、社会化程度低，现代性因素积累缓慢，所以要使经济高速增长，实现工业化，要经历一个国家干预强化阶段。这一政策主张也是符合中国的经济现状的。

到了80年代末90年代初，西方经济学引入和研究的特征又发生了变化，表现为以介绍和研究西方新制度经济学、产权经济学理论为重点。科斯、德姆塞茨、阿尔钦、诺思、戴维斯、布坎南、威廉姆森、奈特、张五常、库特等经济学家的著作大量翻译到中国，可以说80年代末90年代初，中国经济学界掀起了一股“产权热”，新制度经济学或产权经济学的思路和方法产生了广泛的影响。

产权经济学的制度分析之所以会在中国经济学界引起极大反响，并受到较大的重视，从方法论角度看是有其特定原因的。西方古典及新古典经济学一般将经济增长看作是资本投入及技术进步的函数，在这类模型中，产权制度、经济制度被视为一种既定因素或外生变量。产权经济学认为，制度的创新对经济发展有着巨大的影响。现代社会依靠产权机制或产权制度，能够提供某种有效的激励或减少浪费的约束，使稀缺资源得到最优配置。产权经济学认为，制度变迁（而不是技术变迁）是收入增长的更本质的源泉，并将制度变迁作为一种内生变量引入现代经济学的分析框架，这种理论对于中国经济理论具有相当启迪意义。从中国的情况看，由于经济历史演进的跳跃式发展以及经济体制的历史性错位，中国经济发展的制度条件与西方发达国家有很大的不同。西方发达国家的工业化和现代化与市场经济制度及企业制度的发育和成熟是一个同生同长的自然历史过程，生产力发展与制度的变革基本上是互相适应、循序渐进的，没有发生过大的跨越和大的错位。而中国未形成统一的、完善的市场体系以及与之相适应的产权制度、企业制度，加之长期推行行政性的计划经济体制，所以经济发展受着严重的制度障碍。在这种背景下，中国的经济发展进程不仅表现为总量增长和结构转换，同时还表现为制度的变革和创新，而且相对于边际的、增量的调节，改善制度供给条件对经济发展更具重要意义。这是我国，也是其他一些后发工业化国家经济成长的显著特点。中国的经济体制改革就是一场历史性的制度变革和创新，其实质在于变革不适宜或阻碍生产力发展的制度和行为方式，推进社会经济的进步和现代化。正是由于中国的经济成长和制度变革的特性与产权经济学的理论逻辑和分析方法相契合，所以产权经济学的理论和方法才在中国大为流行。

产权经济学以交易成本为基本分析工具，对传统的微观经济学进行修正和补充，被认为是西方经济学的又一次"革命"。产权经济学在西方国家也是从20世纪二三十年代兴起，到20世纪六七十年代才渐趋成熟的，属于经济学前沿学科。中国经济学界对这一理论的研究和运用，不仅在理论和分析方法上具有创新意义，而且对经济体制改革和社会主义政治经济学的发展也有一定的借鉴意义。

20世纪90年代和21世纪10年代，对西方经济学前沿理论及最新研究成果做了引进研究，包括信息不对称、信息经济学和博弈论，以哈耶克为代表的新自由主义经济理论，新经济增长理论（包括内生增长前沿理论研究、贸易与经济增长关系前沿理论研究等），行为经济学，新经济地理学，公共经济学等，以及微观、宏观经济学的新研究成果，行为福利经济学前沿理论研究，产业组织及规制前沿理论研究，契约理论研究新进展等。引进研究的国外经济理论还包括一些著名经济学家的最新研究成果以及诺贝尔经济学奖得主的获奖经济理论等。到21世纪10年代末，中国对西方经济学引进研究基本可以把握西方现代经济学发展的现状及理论创新。

二、西方经济学对中国社会主义政治经济学的影响

首先，西方经济学的实证方法对经济学学科界定及研究方法的影响。

中国社会主义政治经济学在相当长时期内的主流观点认为，政治经济学是一门研究社会经济关系和生产关系的社会科学，或者说主要是规范经济学。所谓规范经济学，是指以一定的价值判断为基础，提出某些标准作为分析的尺度，确立经济理论的前提，并研究如何才能符合这些标准。它具有两个特点：第一，不考虑经济实际是如何运行的，而关心经济应该如何运行，即回答"应该是什么"的问题；第二，它所研究的内容缺少客观性，给出的观点或结论无法通过经验检验。西方经济学则标榜是"经济科学"，即所谓实证经济学。实证经济学企图超脱或排斥一切价值判断，只考虑建立经济变量之间关系的规律，并在这些规律作用下，分析和预测经济活动的效果。实证经济学也有两个特点：第一，它只表述和分析现实状况，并尽可能做出准确的定量描述，即主要回答"是什么"的问题；第二，它所研究的内容具有客观性，其推导的结论一般可以通过经验事实进行检验。在经济学说史上，对经济学的学科界定一直是有争论的。西方古典政治经济学也有规范经济学传统，而且一些学科如福利经济学就是规范经济学。但西方经济学或现代经济学的主流是实证经济学。西方经济学的实证经济学界定、特别是实证经济学所具有的对经济现实的解释功能，对中国社会主义政治经济学的影响是比较大的。

有学者分析了从20世纪90年代到21世纪10年代末在《经济研究》上发表的论文，认为在21世纪10年代末，所发表的论文吸收了西方经济学界通用的构建数学模型来表述因果逻辑和用计量方法来进行经验检验的方法，和国际主流的经济学期刊发表的文章已经没有多大的差异①。也有学者认为，中国社会主义政治经济学在经济运行分析方面做出了创新。经济运行层面主要涉及资源配置方式和供求关系的分析。在相当长时期内，经济运行分析的话语权一直在西方经济学那里，中国的市场化改革推动政治经济学的研究扩展到经济运行领域，这是中国特色社会主义政治经济学的重大贡献②。中国经济学界从事实证研究的学者不少已基本掌握了相应的分析工具，在国际主流经济学期刊上发表论文的数量趋于增多。

他们认为，经济学作为一门实证科学，在分析中，假定个体的偏好是给定的，在给定的价值标准条件下研究人们的经济行为及其影响。但对于经济学的实证经济学界定及"道德中性"假设，中国政治经济学界一直是

---

① 林毅夫．中国经济学理论发展与创新思考［J］．经济研究，2017（5）．

② 洪银兴．以创新的理论构建中国特色社会主义政治经济学的理论体系［J］．经济研究，2016（4）．

有争议的。特别是在中国特色社会主义政治经济学的讨论中，有论者强调，马克思主义政治经济学，最重要的是讲政治，不能仅仅把经济问题看成纯粹的物与物之间的关系，经济学实际上反映了人和人之间的经济关系和社会关系，特别是所有制关系、分配关系，当然也包括一切生产流通消费环节中人与人之间的关系。马克思主义政治经济学主要是从生产关系分析入手来看问题，主要从分析生产资料所有制这个根本问题出发来看问题。西方经济学回避政治原则问题，把经济学抽象为纯粹的物与物之间的关系，回避人与人之间关系的研究，其真正目的是掩盖资本主义剥削的本质，进而为生产资料私有制辩护，为资本主义制度辩护①。西方古典政治经济学、马克思主义政治经济学都是以社会生产关系为主要研究对象，讨论社会生产和分配关系及价值理论。马克思主义政治经济学更是从生产关系、生产力、生产方式等范畴研究社会形态演变。但西方经济学自19世纪70年代"边际革命"开始的变革和转型，除了已有较多分析的意识形态和阶级辩护原因，也有经济学发展的技术方面的原因。古典政治经济学使经济学成为一门独立的学科，并有经典的经济学说，但古典政治经济学的一些基本范畴如价值与价格、劳动与劳动力、利息与利润、自由竞争与"看不见的手"等均缺少严密的定义和逻辑论证，在表达和理解上容易引起含混和分歧②。受1859年达尔文发表的《物种起源》的影响，西方人文、社会科学出现了追求精确科学分析的思潮，这种思潮在经济学领域尤为显著。"边际革命"以后，西方经济学从古典政治经济学以生产关系、交换关系、价值理论为基本命题转而以资源有效配置为基本命题，用"科学分析"论证均衡价格的运动及实现，并力图在分析技术方面更趋近于科学分析标准，使经济学成为一门实证科学。其实，规范经济学和实证经济学是不可能截然分开的。马克思主义政治经济学对分工、生产、交换、利润、利息、地租等范畴的考察和分析是相当实证的，很多都有实际案例支持。西方经济学也不是绝对的实证化，随着福利经济学融入微观经济学以及制度分析的发展，实证和规范在西方经济学中也有一定程度的融合。但中国经济思想或政治经济学研究有着规范研究的传统，在"科学共同体""学科范式""分析技术及路径"等方面难以形成通识的标准和话语，研究和讨论中的立论、推论、结论显得宽泛而散漫，对现实经济的联系和解释力

① 王伟光．马克思主义政治经济学是坚持和发展马克思主义的必修课［J］．经济研究，2016（3）．

② 胡寄窗．一八七〇年以来的西方经济学说［M］．北京：经济科学出版社，1988．

也有约束。所以，在规范研究积习较深的情况下，在经济学的学科界定和研究方法上注重引入实证因素，注重规范与实证的结合是相当必要的。

其次，西方经济学的结构分析方法对宏观经济分析和经济增长分析的影响。结构分析在方法论上的意义在于从“经济整体”的角度考察社会经济的发展过程，以经济过程内部结构变化作为划分经济发展阶段的标准，认为经济发展过程质的变化是通过结构转换而实现的。从宏观经济考察，总量增长在一定程度上取决于结构状态，总量增长到一定程度就必然引致结构的循序变动和转换，如果结构因某种扭曲而不能顺利转换，总量增长必然受阻。大抵在20世纪80年代末以后，中国在经济结构调整研究和宏观经济分析等领域都发生了向结构主义理论思路转变的趋向，经济学界一般认为，决定经济成长阶段性特征的是产业结构的不同发展高度以及与之相联系的结构效益。结构主义思路还影响了政府的产业政策、宏观调控政策以及国民经济和社会发展五年规划的制定。如《中共中央关于制定国民经济和社会发展第十二个五年规划的建议》就明确坚持把经济结构战略性调整作为加快转变经济发展方式的主攻方向，并将经济结构战略性调整取得重大进展作为经济社会发展的主要目标之一①。《中共中央关于制定国民经济和社会发展第十三个五年规划的建议》也将加大结构性改革力度，加快转变经济发展方式，实现更高质量、更有效率、更加公平、更可持续的发展作为必须遵循的原则之一②。

再次，西方经济学的制度分析方法对经济体制改革、转型研究的影响。20世纪中叶以来，西方新制度经济学派给出了一个用于分析制度的理论框架，通过将制度纳入新古典模型的约束框架，建立起制度制约与个人选择的联系，从而实现了制度方法与新古典经济理论的整合。新制度经济学从制度变迁的角度认为，有效率的经济组织是经济增长的关键，而有效组织的产生需要在制度上做出安排和确立产权以便对人的经济活动造成一种激励效应，根据对交易费用大小的比较使私人收益接近社会收益，使社会福利趋于极大。一个社会如果没有实现经济增长，那就是因为这个社会没有为经济方面的创新活动提供激励，也就是说，没有从制度方面去保证创新活动的行为主体应该得到的报酬或收益。美国经济学家亨利·勒帕日

---

① 中共中央关于制定国民经济和社会发展第十二个五年规划的建议［M］. 北京：人民出版社，2010.

② 中共中央关于制定国民经济和社会发展第十三个五年规划的建议［M］. 北京：人民出版社，2015.

分析到，经济学中的“产权运动”有四大支柱，即交易费用概念、产权经济学、比较经济组织研究和制度分析[①]。其实，无论是在方法论上，还是在理论根据上，这“四大支柱”是互相交叉、难以区分的。例如，运用交易费用的概念和产权理论，可以有效地解释历史上各种经济组织形式交替（如企业替代市场），而经济组织形式的变革会引起经济学意义上的制度（institution）即规则程序和道德伦理的行为规范的变迁（如公司制所引起的产权结构和管理制度的变化）。根据这一逻辑，既定的制度也可以影响甚至决定交易费用的大小。正如美国经济学家诺思所说的：制度理论集中考察的是制度在决定交易费用中的作用。制度经济学的目标是研究制度背景下人们如何在现实世界中做出决定和这些决定又如何改变世界[②]。

制度分析及新制度经济学对中国的经济现实更具有特殊意义。新制度经济学以交易为分析单元，以交易费用为主要分析工具，以产权界定为资源配置的核心，以经济制度作为经济增长的重要变量，并且将交易费用的大小与经济制度运行的效率相联系，这些都对中国经济理论以及中国的经济改革有一定的借鉴意义。

三、中国社会主义政治经济学与西方经济学关系的讨论

西方经济理论在中国的引进和传播比马克思主义经济理论的引进与传播要早。19世纪80年代，中国的一批早期资产阶级改良主义者就开始传播西方经济知识。此后，康有为、梁启超、严复、孙中山等资产阶级改良派和革命者又较为系统地翻译、介绍、研究、阐述了西方古典经济思想及近代经济思想。从19世纪80年代到20世纪40年代，西方经济理论在中国的引入和传播虽然时间较长，但从总体上看这方面的学术研究水平不高，甚至还没有做到将西方经济学说完整、系统地翻译介绍进来。据考证，当时一些到国外研习经济学的留学生，大多不愿以基本原理作为专业方向，而多选择应用经济学科。这样，就使得西方经济学基本理论的引入和研究受到影响，在理论上有创见的研究成果更罕见[③]。

1949年以后一直到20世纪70年代末，西方经济理论的引入和研究是十分有限的。据统计，从1949年到1979年，从西方国家翻译的经济学论

---

① ［美］亨利·勒帕日．美国新自由主义经济学［M］．北京：北京大学出版社，1985：9－15.

② ［美］诺思．经济史中的结构与变迁［M］．上海：上海三联书店，1994.

③ 胡寄窗．中国近代经济思想史大纲［M］．北京：中国社会科学出版社，1984：416－422.

著一共只有68部，其中英、美两国占52部。在这些翻译的论著中，古典经济学的原著占有很大比重①。

另据研究，自1952年中国高校院系调整起，中国大学中的经济学科建设摒弃了西方资产阶级经济学的传统，倒向苏联的学术体系，除在个别大学（如北京大学、武汉大学等）被允许保留部分关于西方资产阶级经济学的课程和师资外，大部分高校都取消了，取而代之的是经苏联改造和解释过的马克思主义经济理论，并据此构建了经济学教学体系②。

80年代以后，西方经济学的引入、传播、研究、应用进入一个大发展时期。随着中国市场化改革的推进，同时由于西方文化的日渐传播，有一部分中青年学者对西方经济学持基本接受的态度。他们认为，中国传统社会主义政治经济学过于抽象和空泛，不能解释现实经济现象，无力解决经济发展过程中出现的各种矛盾。西方经济学的实证分析及概念范畴至少可以解释现实经济，并能说明人们经济行为的动机和目标。西方经济学对研究对象和前提条件有严密的定义和规范，而且在逻辑上建立了完整的理论框架。随着中国经济商品化、市场化的深入，西方经济学的适用性越来越大。但比较主流的观点认为，现代西方经济学是西方资本主义制度的产物，由于社会制度的根本不同，现代西方经济学作为一个体系不能照抄照搬，不能成为中国国民经济和经济改革的指导理论。但在若干方面，现代西方经济学对于促进经济现代化和市场化改革有值得参考、借鉴、利用之处。也有一些观点认为，西方经济学对于中国经济而言，除了描述经济现象的资料和计量方法外，其他内容基本无用。特别是在中国特色社会主义政治经济学的讨论中，有观点认为，西方主流经济学与马克思主义经济学、与中国特色社会主义政治经济学的根本区别在于立场和认识论的分歧。西方经济学维护资本主义生产方式及其经济制度，其认识论是唯心主义的先验论；中国特色社会主义政治经济学揭示在中国建设社会主义经济的发展规律，其认识论是辩证唯物主义的实践论。但西方经济学的分析框架和研究范式形成了一套比较成熟的话语体系，中国经济学研究在西方经济学学术体系的强烈影响下，要想走出一条反映中国特色社会主义经济发展规律的、中国风格和中国气派的理论发展道路，确实任重道远③。

---

① 赵晓雷．新中国经济理论史［M］．上海：上海财经大学出版社，1999：38－40.

② 刘伟．在马克思主义与中国实践结合中发展中国特色社会主义政治经济学［J］．经济研究，2016（5）.

③ 裴长洪．中国特色开放型经济理论研究纲要［J］．经济研究，2016（4）.

中国社会主义政治经济学的构建和发展与西方经济学的关系会是一个长期讨论的话题。从20世纪80年代末到21世纪10年代，中国社会主义政治经济学与西方经济学有一定程度的融合趋势。这种融合既表现在一些从事社会主义政治经济学研究的学者涉猎西方经济学，一些从事西方经济学研究的学者也感兴趣于中国政治经济学的建设；还表现在西方经济学的概念、范畴和方法被社会主义政治经济学应用，马克思主义经济学的原理和方法也被用于审视、评析西方经济理论。社会主义政治经济学和西方经济学是两个理论体系。前者的基本范畴是商品、价值、资本、剩余价值；后者的基本范畴是需求、供给、效用、利润。两大体系的基本前提、基本方法和基本内容都有很大的差异，要融为一体是不可能的。现在的政治经济学教科书在“资本主义部分”中加进了均衡价格、成本收益、垄断竞争等范畴；在“社会主义部分”中加进了消费函数、乘数原理、市场均衡等范畴。但社会主义政治经济学只要是以社会生产关系的演变为基点，而不是以现实的社会经济运行为基点，那么这一理论体系就不可能与西方经济学融为一体。

其实，中国特色社会主义政治经济学在学科界定和理论框架上可以既包括社会生产关系、生产力、生产方式范畴，也包括市场经济运行、资源配置、社会福利增长范畴。经济学作为研究人类社会经济关系和经济行为的社会科学，本身具有一般规定性，它的一些基本原理和方法并不因为国家的差别而有什么不同。因为资源稀缺及其有效配置是任何社会都要遇到的问题，实现经济福利的最大化也是任何社会发展的目标。在使稀缺资源最优配置的目的和手段上，不同国家、不同社会之间是有相同之处的。在中国长期存在着过分强调经济学的特定阶级属性的倾向，而忽视了经济学的一般性，其实在社会科学中，经济学的一般性是很明显的。从中国的发展趋势看，只要市场化改革不发生逆转，西方经济学的一些基本理论和分析方法可以纳入中国社会主义政治经济学的理论框架。

西方经济学与经济学的“实证科学”定位和分析工具，对中国经济学研究具有广泛影响，对此应从两个方面进行考察，以避免极端化倾向。首先，经济学终究是一门社会科学，它不像自然科学那样能用“科学方法”（有控制的实验）来检验其理论。因为经济学研究的是人们的行为，每个人的偏好及行为不可能像试管中的化学元素一样永远是一样的，效用也不可能绝对地用数学方法计量和比较。我们可以通过统计或其他的方式检验某种商品的市场价格降低后对它的需求会增长，但不能绝对地测定需求量必然增长几个百分点。经济学中所阐述的“规律”只能是一种“趋势”，反映经济活动的大致变化方向，而不能说百分之百就是这样。但数学应用的要求是非常严格的，数学不断要求有更弱的假设、更强的论证、更广泛的适用性。在这种要求下，经济学也就要追求更强的普遍性、准确性和简洁性。但数学毕竟不能代替经济学，数学原理也不能普遍适用于人们的经济行为。经济学永远需要一些最基本的假定，虽然这些假定应当可以被经验和逻辑所证实或证伪。诺贝尔经济学奖得主罗纳德·科斯就一直批评数学在经济学中广泛运用的状况，认为数学固然使经济学变得精密而优美，但同时也使经济学成为一种看不懂的和无法使用的理论，使经济分析变成了一种游戏。其次，对于中国的经济理论研究而言，似乎更应强调分析方法和理论范式的变革。经济学与其他社会科学学科不同的一个最大特点在于它的很强的实验性，经济学直接产生于现实经济生活，并且要能够经受现实经济生活的检验。但中国社会主义政治经济学的一个传统缺陷就在于不能解释经济生活：一方面，理论不能从本质上说明现实经济关系；另一方面，现实经济生活在很多地方与理论的阐述不尽相符。其根本原因就在于经济理论在很多情况下不是以现实经济生活而是以一些空泛的概念为分析起点，从概念到概念推导出结论。要改变这种状况，需要在经济学的学科定位、理论范式和分析方法上借鉴西方经济学，并进行相应的变革。

第三章 社会主义初级阶段理论与商品经济思想

第一节 社会主义初级阶段的含义及其理论特征

一、社会主义初级阶段的基本含义

1981年6月，中共十一届六中全会《关于建国以来党的若干问题的决议》提出："我们的社会主义制度还是处于初级的阶段。"1982年9月，中共十二大报告又重申"我国的社会主义社会现在还处在初级发展阶段"。1986年9月，中共十二届六中全会《关于社会主义精神文明建设指导方针的决议》再次提出"我国还处于社会主义的初级阶段"。1987年11月，中共十三大报告在中国共产党的纲领性文件中，第一次比较系统地提出和比较详细地论述了中国社会主义初级阶段的理论、路线、战略和各项基本政策，指出"我国正处在社会主义的初级阶段"。社会主义初级阶段不是泛指任何国家进入社会主义都会经历的起始阶段，而是特指在生产力落后、商品经济不发达条件下建设社会主义必然要经历的阶段。中国从20世纪50年代生产资料私有制的社会主义改造基本完成，到社会主义现代化的基本实现，至少需要上百年时间，都属于社会主义初级阶段。这个阶段，既不同于社会主义经济基础尚未奠定的过渡时期，又不同于已经实现社会主义现代化的阶段。中国在现阶段的主要矛盾，是人民日益增长的物质文化需要同落后的社会生产力之间的矛盾。阶级斗争在一定范围内还会长期存在，但已经不是主要矛盾。此后，理论界关于这一问题的研究和讨论逐步趋向高潮。社会主义初级阶段理论的最重大意义在于从中国的国情出发，对社会主义做了新的认识和研究。它不仅为中国社会主义经济学的研究和发展奠定了一个新的理论基础，也为国家制定正确的路线、方针和政策提供了科学依据。

1992 年 10 月，党的十四大报告把社会主义初级阶段理论作为邓小平理论的重要组成部分加以阐述，再次强调了社会主义初级阶段是一个至少上百年的历史阶段。1997 年 9 月，中共十五大确立了社会主义初级阶段的基本路线和纲领，并将初级阶段理论视作邓小平理论及中国特色社会主义理论的基本构成部分。进一步强调中国现在处于并将长期处于社会主义初级阶段。十五大报告从九个方面对社会主义初级阶段的基本特征进行了全面系统的阐述，指出："社会主义初级阶段，是逐步摆脱不发达状态，基本实现社会主义现代化的历史阶段；是由农业人口占很大比重、主要依靠手工劳动的农业国，逐步转变为非农业人口占多数、包含现代农业和现代服务业的工业化国家的历史阶段；是由自然经济半自然经济占很大比重，逐步转变为经济市场化程度较高的历史阶段；是由文盲半文盲人口占很大比重、科技教育文化落后，逐步转变为科技教育文化比较发达的历史阶段；是由贫困人口占很大比重、人民生活水平比较低，逐步转变为全体人民比较富裕的历史阶段；是由地区经济文化很不平衡，通过有先有后的发展，逐步缩小差距的历史阶段；是通过改革和探索，建立和完善比较成熟的充满活力的社会主义市场经济体制、社会主义民主政治体制和其他方面体制的历史阶段；是广大人民牢固树立建设中国特色社会主义的共同理想，自强不息，锐意进取，艰苦奋斗，勤俭建国，在建设物质文明的同时努力建设精神文明的历史阶段；是逐步缩小同世界先进水平的差距，在社会主义基础上实现中华民族伟大复兴的历史阶段。"2002 年 11 月，中共十六大进一步丰富和发展了社会主义初级阶段理论。指出："我国正处于并将长期处于社会主义初级阶段，现在达到的小康还是低水平的、不全面的、发展很不平衡的小康，人民日益增长的物质文化需要同落后社会生产之间的矛盾仍然是我国社会的主要矛盾。"同时，对关于 21 世纪头二十年的划分和全面建设小康社会的奋斗目标进行了系统的论述，深化了邓小平关于分阶段、有步骤地实现现代化的战略思想，从而进一步丰富和发展了我们党关于社会主义初级阶段的理论。2005 年 10 月 8 日，党的十六届五中全会指出："必须清醒地认识到，我国处于并将长期处于初级阶段，生产力不发达，城乡区域发展不平衡……解决三农问题的任务相当艰巨；就业压力依然较大，收入分配中的矛盾较多；影响发展的体制机制问题亟待解决，处理好社会利益关系的难度加大。"中国共产党提出的科学发展观、构建社会主义和谐社会、建设社会主义新农村的理论，是对社会主义初级阶段理论的进一步丰富，给社会主义初级阶段理论增添了新见解。2007年10月，胡锦涛在党的十七大报告中进一步指出："我国仍处于并将长期处于社会主义初级阶段的基本国情没有变，当前我国发展的阶段特征，是社会主义初级阶段基本国情在新世纪新阶段的具体表现。强调认清社会主义初级阶段基本国情……是坚持把它作为推进改革、谋划发展的根本依据，我们一定要戒骄戒躁、艰苦奋斗，牢记社会主义初级阶段基本国情，为党和人民事业不懈努力……为战胜一切艰难险阻、推动党和人民事业取得新的更大胜利提供强大力量。"

二、社会主义初级阶段的基本特征和基本任务

社会主义初级阶段的基本经济特征是，生产资料所有制形式应是以公有制为主体的多种经济成分并存；分配应是以按劳分配为主体的多种分配方式并存；应当大力发展商品经济，在共同富裕的目标下鼓励一部分人通过劳动和合法经营先富起来。社会主义初级阶段的基本任务是，大力发展生产力，实现工业化和生产的商品化、社会化、现代化。把实现生产的商品化与实现工业化、生产的社会化联系起来，既反映了中国社会主义初级阶段商品经济不发达的客观现实，又突出了建立以商品经济为基础的经济体制改革的任务。

中国社会主义初级阶段的确立，是以生产关系一定要适合生产力发展水平的规律为依据的。社会主义初级阶段理论是中国特色社会主义的出发点。改革开放以后，邓小平多次指出，在社会主义发展道路问题上，要走自己的路，不要把书本当教条，不要照搬外国模式，应该以马克思主义为指导，以实践作为检验真理的唯一标准，解放思想，实事求是，从实际出发，建设有中国特色的社会主义。中共十三大着重总结了改革开放以来社会主义建设实践的经验，比较系统地论述了社会主义初级阶段理论，并以此为依据明确概括和全面阐述了党的基本路线，提出了经济建设发展的战略、经济体制和政治体制改革的原则，构建了中国特色社会主义的理论框架。所以，社会主义初级阶段理论是对科学社会主义理论的发展，对社会主义思想及实践都具有重要意义。总的来说，中国社会主义初级阶段，是逐步摆脱贫穷、摆脱落后的阶段；是由农业人口占多数的手工劳动为基础的农业国，逐步变为非农业人口占多数的现代化的工业国的阶段；是由自然经济半自然经济占很大比重，变为商品经济高度发达的阶段；是通过改

革和探索，建立和发展充满活力的社会主义经济、政治、文化体制的阶段；是全民奋起，艰苦创业，实现中华民族伟大复兴的阶段。社会主义初级阶段基本国情是建设和发展中国特色社会主义的认识基础和现实根基。建设中国特色社会主义必须从中国的实际出发，从中国现在处于并将长期处于社会主义初级阶段这一最大实际出发。党的十五大报告对社会主义初级阶段的基本纲领、发展进程、主要矛盾和根本任务等方面做了更加系统的论述。

三、社会主义初级阶段理论是马克思主义与中国实际相结合的创新

社会主义初级阶段理论与中国特色社会主义的理论和实践密切相关，同时与马克思主义和科学社会主义传统又存在着深厚的历史和理论传承关系。社会主义初级阶段理论是邓小平理论的基石，是中国特色社会主义理论体系的重要组成部分。邓小平指出，我们坚信马克思主义，但马克思主义必须与中国实际相结合。只有结合中国实际的马克思主义，才是我们所需要的真正的马克思主义。只有解放思想，坚持实事求是，一切从实际出发，理论联系实际，我们的社会主义现代化建设才能顺利进行，我们党的马列主义、毛泽东思想的理论也才能顺利发展。解放思想，实事求是，就是在社会主义建设中坚持一切从中国国情出发，敢于和善于走自己的路，建设有中国特色的社会主义。中国还处于社会主义初级阶段，就是对中国基本国情的科学判断①。

社会主义初级阶段的论断包括几层含义：第一，中国已进入社会主义社会，我们必须坚持而不能离开社会主义。中国在社会主义改造基本完成以后，就具备了社会主义的一般特征。当今中国已经建立起以生产资料公有制为主体的社会主义所有制关系和以按劳分配为主体的社会主义分配制度；已经建立起了社会主义工业化的基础；劳动人民当家作主的国家主权得到巩固；社会主义精神文明已经得到初步发展。第二，中国的社会主义社会还处在初级阶段，我们必须从这个实际出发，而不能超越这个阶段。在这里“初级阶段”强调的是中国在社会主义发展进程中所处的历史方位，即“不发达阶段”，初级阶段的根本特点就是不发达，根本原因是中

---

① 全国干部培训教材编审指导委员会．邓小平理论基本问题［M］．北京：人民出版社，2002.

国社会主义社会脱胎于半殖民地半封建社会，没有经过资本主义阶段生产力充分发展。我们必须正视而不能超越这个阶段。前者表明中国社会的性质有着与社会主义其他阶段共同的本质；后者表明中国社会主义的发展程度有着不同于已经实现现代化的历史阶段的特殊性。

21世纪以来，理论界对社会主义初级阶段理论与马克思主义理论的关系进行了探讨。有学者从马克思主义的社会形态理论出发，一般性地把握社会主义初级阶段理论，指出社会主义初级阶段特指中国在生产力落后、商品经济不发达条件下建设社会主义必然要经历的特定阶段，也就是不发达的社会主义阶段，它与马克思主义的社会形态理论是特殊与一般的关系①。中国社会主义初级阶段是“有待于吸收资本主义肯定性成果”的不发达或不够格的社会主义，它区别于“建立在资本主义肯定性成就基础上”的发达的合格的社会主义②。

在中国这样一个经济文化比较落后的大国建设社会主义，是社会主义发展史上的新课题。我们面对的情况，既不是马克思主义创始人设想的在资本主义高度发展的基础上建设社会主义，也不完全相同于其他社会主义国家。我们必须从中国国情出发，把马克思主义基本原理同中国实际相结合，开创有中国特色的社会主义现代化建设道路。有学者指出，社会主义初级阶段具有长期性，从社会主义初级阶段的实际出发，确定和阐述了党在社会主义初级阶段的基本路线、基本国策和基本方针。“社会主义初级阶段论”，是属于中国特色社会主义理论范畴的一项基础性的理论创新，从而坚持和发展了科学社会主义③。社会主义初级阶段理论之所以成为中国特色社会主义的理论基石和总依据，一是它开辟了创新的中国马克思主义理论，即对于在中国这样一个落后的东方大国如何建设社会主义这一问题给出了创造性的解答；二是它奠定了原创性的社会主义市场经济体制，即实现了社会主义与市场经济体制的创造性结合，从而掀开了科学社会主义实践的崭新一页；三是它走出了一条原创性的社会主义现代化道路，破解了中国转型的百年难题并开创了中国发展的百年机遇④。

---

① 王力军. 马克思的社会形态理论和我国的社会主义初级阶段［J］. 东方论坛，2004（3）.

② 张凌云. 从马克思社会经济形态理论看社会主义初级阶段的历史定位［J］. 马克思主义研究，2013（1）.

③ 李崇富. 论社会主义初级阶段的本质、过程和方向把握［J］. 马克思主义研究，2017（10）.

④ 方松华，陈祥勤. 2003年以来社会主义初级阶段理论研究述评［J］. 毛泽东邓小平理论研究，2014（7）.

四、社会主义初级阶段与科学社会主义理论创新

科学社会主义是一种思想体系，同时也是一种社会制度。19 世纪中叶，马克思和恩格斯在批判地吸取各种空想社会主义理论的基础上，为科学社会主义的创立奠定了理论基础——唯物史观和剩余价值学说。唯物史观揭示了社会发展的客观规律，为人们认识人类社会的发展提供了科学的方法论。唯物史观的最基本观点是社会存在决定社会意识，并在这个基本观点的基础上阐述了生产力和生产关系的矛盾作用是社会发展的根本动力，生产方式的变革是社会发展的决定力量。唯物史观阐明了阶级社会的历史是阶级斗争的历史，阶级斗争是阶级社会发展的直接动力，揭示了阶级斗争在社会发展中的作用。唯物史观肯定了人民群众的社会历史地位，宣称人民群众是历史的创造者。

剩余价值学说揭示了资本主义剥削的秘密，论证了资本主义将被社会主义代替的历史必然性。在资本主义社会，随着对剩余价值无止境的追求，生产的社会化和生产资料的私人占有这一基本矛盾使得阶级矛盾日趋激烈；另一方面，随着生产的社会化，生产资料的社会所有也越来越成为全社会的共同要求，所以用社会主义公有制代替资本主义私有制将是历史发展的必然趋势。唯物史观和剩余价值学说，第一次揭示了社会主义代替资本主义的客观必然性，把社会主义建立在真正科学的基础上。1848 年 2 月，第一部系统的、纲领性的科学社会主义著作——《共产党宣言》出版，标志着科学社会主义理论体系的初步形成。

马克思和恩格斯创立了科学社会主义理论。但由于历史条件的局限，他们未能对社会主义实践做出详尽规划。俄国社会主义革命的胜利是对科学社会主义理论的第一次发展，不仅将社会主义从理论变成了现实，而且在实践中把对社会主义的认识大大推进了一步。以后，斯大林坚持和发展了列宁首创的社会主义首先可以在一国胜利、在一国建设的理论，提出了社会主义工业化和农业集体化的方针，全面总结了苏联社会主义建设的经验，丰富和发展了科学社会主义理论。1949 年中华人民共和国成立后，中国共产党提出并实践的社会主义建设的理论、路线、政策及中国理论界关于社会主义的多方面研究也推进了科学社会主义理论的发展。

中国改革开放以后，邓小平多次指出，在社会主义发展道路问题上，要走自己的路，不要把书本当教条，不要照搬外国模式，应该以马克思主义为指导，以实践作为检验真理的唯一标准，解放思想，实事求是，从实

际出发，建设有中国特色的社会主义。中共十三大着重总结了改革开放以来社会主义建设实践的经验，比较系统地论述了社会主义初级阶段理论，并以此为依据明确概括和全面阐述了党的基本路线，提出了经济建设发展的战略、经济体制和政治体制改革的原则，构建了中国特色社会主义的理论框架。所以，社会主义初级阶段理论是对科学社会主义理论的发展，对社会主义思想及实践都具有重要意义。

五、"社会主义初级阶段论"的深化和完善

中共十八大报告再次强调了社会主义初级阶段是中国的现实国情，是建设中国特色社会主义的总依据。十八大报告指出：尽管改革开放以来我们取得了重大的进展，但"我国仍处于并将长期处于社会主义初级阶段的基本国情没有变，人民日益增长的物质文化需要同落后的社会生产之间的矛盾这一社会主要矛盾没有变，我国是世界最大发展中国家的国际地位没有变。在任何情况下都要牢牢把握社会主义初级阶段这个最大国情，推进任何方面的改革发展都要牢牢立足社会主义初级阶段这个最大实际"①。在社会主义初级阶段的实践进程中，对初级阶段的认识在不断深化。十八大报告强调："发展中国特色社会主义是一项长期的艰巨的历史任务，必须准备进行具有许多新的历史特点的伟大斗争。我们一定要毫不动摇坚持与时俱进发展中国特色社会主义，不断丰富中国特色社会主义的实践特色、理论特色、民族特色、时代特色。"② "毫不动摇坚持"和"与时俱进发展"的辩证统一充分显示了中国特色社会主义理论体系的活力，是对社会主义初级阶段理论的深化、丰富和发展。2013年中共十八届三中全会《中共中央关于全面深化改革若干重大问题的决定》对中国特色社会主义初级阶段的制度特征做出了坚定的回答，经济体制改革必须以社会主义初级阶段的实际为依据，着力解决两大重要问题：一是坚持社会主义市场经济改革方向；二是坚持社会主义初级阶段基本经济制度。在这两大问题上，《中共中央关于全面深化改革若干重大问题的决定》从初级阶段的实际出发，对原有理论做出了重大创新，为全面深化改革奠定了中国特色社会主

---

① 胡锦涛．坚定不移沿着中国特色社会主义道路前进，为全面建成小康社会而奋斗［N］．人民日报，2012-11-09.

② 胡锦涛．坚定不移沿着中国特色社会主义道路前进，为全面建成小康社会而奋斗［N］．人民日报，2012-11-09.

义政治经济学的理论依据①。

2017年7月26日，习近平在省部级主要领导干部研讨班开班式作重要讲话，指出要牢牢把握社会主义初级阶段这个最大国情，牢牢立足社会主义初级阶段这个最大实际，更准确地把握我国社会主义初级阶段不断变化的特点。这表明，牢牢把握社会主义初级阶段这个最大国情包含两方面内容：一方面，要认识到中国正处于并将长期处于社会主义初级阶段；另一方面，要认识到中国社会主义初级阶段出现了许多新特点，中国特色社会主义进入了新的发展阶段。基于社会主义初级阶段不断变化的特征，习近平在中共十九大报告中系统地提出了新时代社会主义初级阶段的主要矛盾、党在新时代的基本路线、发展战略等方面的新论断，指出中国社会主要矛盾已发生变化，但仍将长期处于社会主义初级阶段。习近平关于社会主义初级阶段理论的新判断，是建设什么样的新时代中国特色社会主义，怎样建设新时代中国特色社会主义的根本出发点和落脚点。

第二节　社会主义商品经济理论体系

一、社会主义商品经济理论的探索

（一）社会主义商品经济理论的形成

社会主义商品经济理论是社会主义市场经济理论的前期探索。改革开放之前，中国经济学界对社会主义商品经济理论的探索与争鸣主要集中在社会主义制度下的商品生产、价值规律和价格领域。这实际上是对社会主义生产关系和经济制度的创新研究。马克思主义经典著作没有将社会主义生产方式与商品生产相联系。苏联的政治经济学也只是承认社会主义社会有极其有限的商品交换关系。而中国的理论研究突破了这些框框，广泛探讨了社会主义社会的商品范畴、商品生产存在的原因、全民所有制经济内部交换的生产资料是不是商品，以及社会主义经济运行与价值规律的关系等理论问题，并提出了一些卓越的观点。但是由于社会历史条件的局限，这种理论研究难以正常发展。

1979年4月，中国社会科学院经济研究所在无锡召开了社会主义经济

---

① 顾钰民．从理论上把握习近平关于社会主义初级阶段的基本思想和科学内涵［J］．毛泽东邓小平理论研究，2017（5）．

中价值规律作用问题的理论讨论会。当时有许多代表认为，不仅生活资料是商品，生产资料也是商品；不仅两种所有制之间交换的产品是商品，全民所有制内部企业之间交换的产品也是商品；价值规律在整个社会主义经济中有不可忽视的作用。这次讨论突破了苏联的理论框架，在社会主义商品经济理论的形成中具有重要意义。此后，理论界对社会主义与商品经济、计划经济与商品经济、计划调节与市场调节的关系问题展开了广泛的讨论。1979年11月，邓小平在与美国和加拿大学者的谈话中说："说市场经济只存在于资本主义社会，只有资本主义的市场经济，这肯定是不正确的。社会主义为什么不可以搞市场经济，这个不能说是资本主义。我们是计划经济为主，也结合市场经济，但这是社会主义的市场经济。虽然方法上基本上和资本主义社会的相似，但也有不同，是全民所有制之间的关系，当然也有同集体所有制之间的关系，也有同外国资本主义的关系，但是归根到底是社会主义的，是社会主义社会的。……这是社会主义利用这种方法来发展社会生产力。把这当作方法，不会影响整个社会主义，不会重新回到资本主义。"[①] 这段话集中反映了邓小平关于社会主义与商品经济相结合的认识和观点，他从以下几个方面发展了马克思主义的商品经济理论：①肯定了价值规律对生产起调节作用，承认价格波动成为合理配置资源的基本力量，认可生产方向要由市场来引导；②突出了全民所有制经济内部的商品关系。③强调不能把市场经济等同于资本主义。④正因为只把市场经济当作一种方法，一种为社会主义发展生产力的方法，因而也就排除了把计划与市场对立起来的观点。⑤正因为邓小平只把市场经济作为一种发展生产力的方法来利用，所以他认为市场经济不会导致资本主义制度[②]。

20世纪80年代初期，不少论者提出社会主义商品经济的观点，强调商品生产是人类社会发展到一定历史阶段的产物。如果人类社会的经济发展可以划分为自然经济、商品经济、计划经济三个阶段，那么目前全世界还处在商品经济阶段。在废除资本主义所有制时，不能同时废除商品经济，不能把商品经济和资本主义等同起来，就像不能把货币和资本等同一样。有论者进一步分析，同商品经济相对立的是自然经济，而不是计划经济。计划经济在现代中国还只能建立在商品经济的基础上。如果离开了交

---

① 邓小平．邓小平文选：第2卷［M］．北京：人民出版社，1994：236.

② 胡钧．社会主义商品经济理论的探索和发展［J］．思想理论教育导刊，2000（4）.

换的关系，在现代中国的各个经济单位之间，就无法建立分工协作的关系，整个社会就无法结成整体，也就无计划可言。1982 年，也有论者批评“有计划商品经济”的提法，认为社会主义经济的落脚点应放在计划经济上，而不应放在商品经济上①。

（二）《中共中央关于经济体制改革的决定》在社会主义商品经济理论上的突破

1984 年 10 月，中共十二届三中全会通过了《中共中央关于经济体制改革的决定》（下称《决定》）。《决定》指出，改革计划经济体制，首先要突破把计划经济同商品经济对立起来的传统观念，明确认识社会主义计划经济必须自觉依据和运用价值规律，是在公有制基础上的有计划的商品经济。商品经济的充分发展，是社会经济发展不可逾越的阶段，是实现中国经济现代化的必要条件，只有充分发展商品经济，才能把经济真正搞活，促使各个企业提高效率，灵活经营，灵敏地适应复杂多变的社会需求，而这是单纯依靠行政手段和指令性计划所不能做到的。同时也应该看到，即使是社会主义的商品经济，它的广泛发展也会产生某种盲目性，必须有计划的指导、调节和行政管理，这在社会主义条件下是能够做到的。因此，实行计划经济同运用价值规律、发展商品经济，不是互相排斥的，而是统一的，把它们对立起来是错误的。

《决定》在社会主义商品经济理论上的突破主要表现在以下几方面。

第一，突破了将社会主义与商品经济相对立的观念，认识到商品性是社会主义生产关系的基本特征，而不是一种资本主义因素。价值规律作为商品经济的基本规律，其调节作用贯穿于社会主义经济的运动过程；商品货币关系扩展到整个经济范围。

第二，社会主义商品经济范畴不是指社会主义经济中存在商品生产和商品交换，而应理解为是社会主义生产形式，即社会主义经济是建立在公有制基础上的有计划的商品经济。

第三，认识到商品经济的充分发展是社会发展不可逾越的阶段。社会主义发展不可能越过商品经济走向繁荣。发展社会主义商品经济是社会主义现代化建设的必由之路。

---

① 《中国社会科学》经济编辑室．经济学文集（1980 年）［M］．杭州：浙江人民出版社，1981；《中国社会科学》经济编辑室．经济学文集（1981 年）［M］．杭州：浙江人民出版社，1982；《中国社会科学》经济编辑室．经济学文集（1982 年）［M］．杭州：浙江人民出版社，1983.

（三）中共十三大提出的“国家调节市场，市场引导企业”的经济运行机制

1987年10月，中共十三大报告《沿着有中国特色的社会主义道路前进》指出：党的十二届三中全会通过的《中共中央关于经济体制改革的决定》所提出的“社会主义经济是公有制基础上的有计划的商品经济”，是中国共产党对社会主义经济做出的科学概括，是对马克思主义的重大发展，是中国经济体制改革的基本理论依据。十三大报告对社会主义有计划商品经济的体制和运行机制做了阐述：

社会主义有计划商品经济的体制，应该是计划与市场内在统一的体制。在这个问题上，需要明确几个基本观念：第一，社会主义商品经济同资本主义商品经济的本质区别，在于所有制基础不同。建立在公有制基础上的社会主义商品经济为在全社会自觉保持国民经济的协调发展提供了可能，我们的任务就是要善于运用计划调节和市场调节这两种形式和手段，把这种可能变为现实。社会主义商品经济的发展离不开市场的发育和完善，利用市场调节决不等于搞资本主义。第二，必须把计划工作建立在商品交换和价值规律的基础上。以指令性计划为主的直接管理方式，不能适应社会主义商品经济发展的要求。不能把计划调节和指令性计划等同起来。应当通过国家和企业之间、企业和企业之间按照等价交换原则签订订货合同等多种办法，逐步缩小指令性计划的范围。新的经济运行机制，总体上来说应当是“国家调节市场，市场引导企业”的机制。国家运用经济手段、法律手段和必要的行政手段，调节市场供求关系，创造适宜的经济和社会环境，以此引导企业正确地进行经营决策。

（四）学术界关于“有计划商品经济”的探索

20世纪70年代末、80年代初，经济学界形成的主流意见认为，中国的社会主义经济应当是有计划的商品经济。骆耕漠在1979年就指出：“商品经济可以被区分为资本主义商品经济和社会主义商品经济”；“如果把社会主义经济的客观计划性的特征表述在内，又可以称社会主义经济为有计划的商品经济。”[①] 谢佑权和胡培兆在同年明确指出：“社会主义经济是建立在公有制基础上的有计划的商品经济。这样概括是比较符合客观实际的。因为这样既可以区别于资本主义无政府状态的商品经济，又可以区别

① 骆耕漠．关于计划经济、市场经济及其他［J］．经济研究，1979（12）．

于共产主义无商品的计划经济，显示了这种经济的过渡性。”① 马洪在1981年发表的《关于经济体制改革的几个问题》一文中也明确指出：“我认为，现阶段我国是有计划的商品经济。”② “有计划商品经济”的概念在决策层被正式肯定后，经济学家们在原来研究的基础上，对有计划商品经济进行了充分的理论阐释③。大多数学者对这一提法给予肯定。于光远认为，这一重要论述肯定了社会主义计划经济必须是在公有制基础上的有计划的商品经济，这是马克思主义政治经济学上的一个突破，有利于社会主义生产力的发展④。马洪阐述了有计划商品经济对于搞活经济，推动社会生产力发展方面的意义。他指出，只有承认社会主义经济具有商品经济的属性，从而自觉地依据和运用价值规律的作用，才能把我们的经济工作真正转移到以提高经济效益为中心的轨道上来，加强国家对整个国民经济的计划指导，取得更大的宏观经济效益⑤。但是，对于有计划商品经济的重点是“计划经济”还是“商品经济”，学术界还是存在不同的理解。少数学者认为，有计划商品经济本质上仍然是计划经济，大部分学者并不同意。何炼成认为，商品经济既然是社会主义生产方式内在的本质联系，因此它不仅是一个基本经济特征，而且是一个重要的经济特征，是仅次于生产资料公有制的一个经济特征⑥。1984年以后，经济学界对社会主义商品经济存在的原因做了进一步的解释。主要观点包括：第一，认为社会主义商品经济的存在是由于不同所有制劳动者之间存在着物质利益差别。第二，认为社会主义商品经济的存在是由生产力发展水平所决定的。第三，认为实行计划的可能性与现实性的矛盾是社会主义商品经济存在的原因。将社会主义生产关系（尤其是社会主义公有制）与商品、货币关系相融合，将社会主义经济确认为是公有制基础上有计划的商品经济，无论在马克思主义经济理论方面，还是在科学社会主义理论方面，都是一种重要的发展。

---

① 谢佑权，胡培兆．从实际出发正确认识和有计划地利用价值规律［J］．经济研究，1979（12）．

② 马洪．关于经济管理体制改革的几个问题［J］．经济研究，1981（7）．

③ 白永秀，马小勇．建国60年我国市场经济（商品经济）理论研究综述［J］．贵州社会科学，2009（7）．

④ 于光远．社会主义商品经济体制是新经济体制的基础和中心［J］．经济研究，1988（1）．

⑤ 马洪．关于社会主义制度下我国商品经济的再探索［J］．经济研究，1984（12）．

⑥ 何炼成．再论社会主义商品经济［J］．经济研究，1985（5）．

二、关于社会主义计划经济、商品经济、市场经济关系的讨论

20世纪80年代末，理论界对社会主义商品经济的认识曾发生过一些反复，又引发了热烈讨论，大体上有三种代表性观点。

（一）社会主义经济是计划经济

这一观点认为，社会主义经济是计划经济，即社会主义国民经济是按照计划或在计划指导下发展的。国家对于国民经济运行和发展的过程，要按经济计划或以经济计划为指导并结合市场调节去调控，以使国民经济运动和发展达到计划预期的目的，这就是社会主义计划经济的实质。资本主义的国民经济由市场自发地进行调节；社会主义国民经济则是由计划进行调节。社会主义的计划经济不只是某一经济部门、分部门、行业、地区和企业的计划，而是整个国民经济的计划。国民经济计划是国民经济的整体计划，是经济计划的体系，既包括各经济部门、分部门、行业、地区和企业的计划，也包括生产、流通、分配和消费各个环节的计划。社会主义能够实行计划经济，是由社会主义生产资料的公有制和生产社会化这两种经济条件决定的。但是，生产社会化只是计划经济的必要条件；生产资料公有制才是计划经济的根本条件。这一观点还强调，调节社会主义经济运行的是有计划按比例规律，而不是价值规律①。

有观点论证了社会主义经济运行的特点是计划经济。指出社会主义经济制度之所以能优于资本主义经济制度，重要的一点就是社会主义拥有比资本主义更优良的经济运行机制，而作为社会主义经济运行机制的特点之一，就是计划经济。可以说，否定计划经济，就是从一个侧面否定社会主义。从总体看，社会主义经济不能不是一种有计划发展的经济。如果在改革的思路与决策中想抹掉计划机制，那么，最后被否定的必将是社会利益、公有制与社会主义②。

（二）社会主义经济首先是商品经济

有论者将“社会主义有计划商品经济”理解为“有计划发展的商品经济”，认为有计划商品经济理论阐明了社会主义计划经济的特点，从而划清了社会主义计划经济与共产主义计划经济的界线，区别了社会主义商品

---

① 宋涛．社会主义经济是计划经济［J］．经济理论与经济管理，1991（3）．

② 袁恩桢，顾光青．计划经济不能不是社会主义经济的重要特征［J］．党政论坛，1991（2）．

经济与资本主义商品经济的关系。社会主义商品经济是一种新型的商品经济，它是以公有制为基础的，商品生产者之间的根本利益是一致的，整个社会的商品生产和商品流通是有计划发展的，而不是无政府状态的。社会主义经济是计划经济和商品经济的统一体，一方面，是存在商品生产和商品交换的计划经济；另一方面，是有计划发展的商品经济①。

有论者将"社会主义有计划商品经济"落在商品经济上，指出商品经济的充分发展是实现中国经济现代化的必要条件。商品经济可使资源配置优化，提高经济效益，促进生产力发展。有观点讨论了公有制与商品经济的相容性，指出商品经济要求企业必须成为独立的商品生产者和经营者，具有完全的自主经营权，这是商品经济的内在要求。商品经济条件下的任何生产资料所有制形式，无论是私有制还是公有制，都必须满足商品经济的内在要求。商品经济作为可以被私有制利用，也可以被公有制利用的一般经济形式，根本不具有改造任何所有制形式的功能，而只能作为经济运行形式而被任何所有制形式当作运行外壳来使用。因此，使公有制更好地满足商品经济的内在要求，不仅不会损伤公有制性质，而且还会使公有制能更充分地利用商品经济，形成有机统一的公有制经济体制，促进社会生产力的快速发展②。

另有观点认为，计划不是社会主义经济的本质属性，计划与市场一样，只是一种经济手段，所以改革不应再受计划经济是社会主义本质属性这一传统观念的束缚。虽然社会主义经济是一种有计划的商品经济，但计划到何种程度，却要看社会主义大生产和商品经济发展的程度。计划经济不过是从经济运行方式的角度考察产品经济所作的概括，是产品经济的派生特征。计划经济的现实含义应归结为计划调节，而不是什么经济体制③。

（三）社会主义经济改革是市场取向

中国社会主义经济改革选择市场取向，坚持与市场相结合，已经成为不可逆转的客观趋势。因为它是与当代社会化生产性质相适应的，是社会主义自身发展规律的要求。社会主义是建立在公有制基础上的有计划的商品经济；市场和市场机制是现代社会化商品经济固有的、合理配置资源的调控者；传统计划体制的主要弊端就在于它排斥和否定市场和市场机制。

① 舒化鲁．社会主义经济必须是有计划的商品经济［J］．湖北社会科学，1989（12）．

② 于祖尧．近年来关于计划与市场关系问题讨论述评［J］．经济学动态，1991（3）．

③ 付廷臣．计划是否是社会主义的本质属性［J］．经济学动态，1992（6）；王一鸣、刘有源．计划经济不是一种独立的经济制度［J］．改革论坛，1991（4）．

因此，改革只能选择市场取向，别无他途。所谓市场取向，其内容就是《中共中央关于经济体制改革的决定》所提出的建立社会主义商品经济体制的目标模式，以及改革企业机制、建立和完善市场体系和以间接调控为主的宏观调节体系三个方面。

世界经济发展的历史和现状表明，计划与市场是现代社会化商品经济共有的起互补作用的运行机制，是超越社会制度的实现合理资源配置的共同调节者。实现计划与市场的有机结合或计划市场一体化，有助于经济协调稳定增长。中国改革的成功在于坚持社会主义市场取向①。

三、公有制与商品经济的兼容性

（一）社会主义条件下存在商品经济的必然性

20世纪80年代中期，关于社会主义商品经济存在的必然性，理论界展开了讨论，主要有以下几种观点②。第一种观点认为，社会主义条件下存在商品经济的主要原因是利益差别的存在。在社会主义社会，不仅存在公有制的不同形式，还存在以公有制为主体的多种所有制形式，它们之间需要通过商品交换来建立彼此的经济联系，它们之间经济利益的差别和矛盾，必须按照等价交换的商品经济原则来调节，从而必然存在商品货币关系。第二种观点认为，社会主义条件下存在商品经济的主要原因，在于生产资料的不同所有制。要寻找社会主义条件下商品经济存在的原因，必须从所有制出发。企业所有制是公有制的新形式，是所有制从阶级、集团占有向社会占有的过渡，即从国家所有制向自由人联合体的过渡形式。它有别于集体所有制，是社会主义条件下存在商品经济的原因。第三种观点认为，社会主义条件下存在商品经济的主要原因，在于劳动力的个人所有。第四种观点认为，社会主义条件下存在商品经济的主要原因，在于生产资料公有制和劳动力个人所有制的同时并存。社会主义条件下存在商品经济的原因，应该从劳动者和生产资料社会主义的结合方式来说明。对劳动力具有个人所有权的劳动者和劳动者公共所有的生产资料，是社会主义生产的两个要素。第五种观点认为，劳动社会性质的变异是商品产生存在的根本原因。只要人类劳动的变异现象存在，商品经济就是人类互换劳动的一种必然形式。

---

① 吴敬琏．计划与市场关系的讨论和我国经济体制改革的取向［J］．改革，1991（1）．

② 韩志国．商品经济：新的起点上的探索与选择［J］．中国社会科学，1986（6）．

（二）关于商品经济与公有制兼容性的讨论

20 世纪 80 年代末，随着经济体制改革的深入，商品经济与公有制的兼容性逐渐引起了理论界的注意，并对这一问题进行了探讨。有学者认为，劳动者是被组织在企业中共同进行劳动的，承认劳动者的个人物质利益，也就不能不承认联合在企业中的劳动者的集体物质利益。这种由劳动的谋生手段引起的物质利益差别，恰恰是社会主义商品经济存在的根源。既然商品经济植根于社会主义公有制经济内部，说明即使从深层的利益关系来说，公有制与商品经济也是可以兼容的①。还有学者提出，商品经济与公有制不相容的错误观点的根源在于混淆了商品经济产生与存在的条件。商品经济存在的条件是社会分工和生产资料属于不同物质利益的所有者。在社会主义社会中，具有不同物质利益的所有者都是相互独立的商品生产者，具有不同的物质利益，在社会主义公有制的基础上发展商品经济是必要的，也是可能的②。

1991 年 5 月，在浙江金华召开了“全国社会主义公有制和商品经济结合理论讨论会”。关于公有制与商品经济的关系，理论界有不同的观点。一种观点认为，社会主义公有制与商品经济可以结合，社会主义经济和商品经济不能结合。所有制和商品交换都是生产关系的某个侧面，因此社会主义公有制同商品经济结合的提法是可以接受的。社会主义可以包容商品经济，甚至社会主义经济本身就是一种商品经济。但是，社会主义经济和商品经济结合的提法就不能接受了。社会主义公有制和商品经济结合，是社会主义经济可以包容商品经济，或者社会主义经济本身就是一种商品经济。第二种观点认为，社会主义公有制与商品经济在本质上不相容。如果公有制与商品经济相容，从逻辑上讲只要把商品经济放在既有的制度基础上就可以了。但如果要经过改革，把公有制形式改革得与商品经济相容，也就最终改变了公有制。从理论逻辑分析看，商品经济的产生和充分发展，必然与私有制相联系。在公有制经济中，商品经济充分发展的条件都不具备，需要进行产权改革，而产权改革在公有制前提下又是无法展开的。因而商品经济与公有制在本质上是不相容的，两者即使结合，也仅是外在形式上的结合。第三种观点认为，社会主义商品经济是“准商品经济”。所谓“准商品经济”，是从属于社会主义，并受制于公有制的。“准

---

① 谷书堂，常修泽．社会主义商品经济论纲［J］．经济研究，1990（6）．

② 白永秀．论公有制与商品经济兼容的理论与实践［J］．经济体制改革，1990（2）．

商品经济”的提法其意义在于：一是可以避免单纯地为了发展商品经济而可能发生的种种消极现象；二是可以纠正公有制与商品经济相容论所造成的理论误解，以及那些难以自圆其说的种种牵强论证。按照“相容论”者的逻辑，只要把商品经济放在既有的公有制上就行了，这显然与马克思主义经济理论不相符合。第四种观点认为，公有制和商品经济可以调适结合。公有制和商品经济结构是有矛盾的，只有相互调适结合才有出路。公有制和商品经济不是同一的经济关系，各自都有自身本质特征的规定性。两者本质特征的规定性，其区别集中到一点，就是公有制的平等原则所体现的“等劳交换”和商品经济“等价交换”之间的差异。在生产力发展的现阶段，比较充分的“等劳交换”还只能在不同的公有制经济利益主体内实现，在全社会范围内必须实行等价交换原则，这就出现了等劳交换和等价交换的结合和转换，在经济运行中，这种结合是有矛盾和摩擦的。从这一点来说，公有制和商品经济的结合，只能是相互调适的结合，即公有制要适应商品经济的发展，充分利用价值规律；商品经济要适应公有制的要求，坚持共同富裕的方向。但是应当看到，在生产力比较落后的国家建设社会主义，应着重解决公有制如何适应商品经济发展的要求，其关键就是要改造传统的公有制模式①。

第三节　社会主义商品经济运行机制

一、计划为主、市场为辅的改革政策及运行模式

（一）对计划经济体制进行根本改革的决策

1978年12月13日，邓小平在中共中央工作会议闭幕会上作了《解放思想、实事求是，团结一致向前看》的讲话，指出：“现在我国的经济体制权力过于集中，应该有计划地大胆下放，否则不利于充分发挥国家、地方、企业和劳动者个人四个方面的积极性，也不利于实现现代化的经济管理和提高劳动生产率。应该让地方和企业、生产队有更多的经营管理的自主权。我国有这么多省、市、自治区，一个中等的省相当于欧洲一个大国，有必要在统一认识、统一政策、统一计划、统一指挥、统一行动之

---

① 李义平、张文多．社会主义公有制与商品经济结合理论研讨会综述［J］．经济学动态，1991（7）；钟述．全国社会主义公有制和商品经济结合理论研讨会综述［J］．党政论坛，1991（7）．

下，在经济计划和财政、外贸等方面给予更多的自主权。”① 这是“文革”以后中央正式提出要对经济体制进行改革。

邓小平讲话几天后（1978 年 12 月 18 日），中共十一届三中全会召开。全会公报指出：“现在我国经济管理体制的一个严重缺点是权力过于集中，应该有领导地大胆下放，让地方和工农业在国家统一计划的指导下有更多的经营管理自主权；应该着手大力精简各级经济行政机构，把它们的大部分职权转交给企业性的专业公司和联合公司；应该坚决实行按经济规律办事，重视经济规律的作用，注意把思想政治工作和经济手段结合起来，充分调动干部和劳动者的生产积极性；应该在党的一元化领导之下，认真解决党政企不分、以党代政、以政代企的现象，实行分级分工分人负责，加强管理机构和管理人员的权限和责任，减少会议公文，提高工作效率，认真实行考核、奖惩、升降制度。采取这些措施，才能充分发挥中央部门、地方、企业和劳动者个人四个方面的主动性、积极性、创造性，使社会主义经济的各个部门各个环节普遍的蓬蓬勃勃地发展起来。”

党的十一届三中全会公报阐明了中央对经济体制改革的决策，以及改革的方向、内容及基本措施。邓小平讲话及全会公报对经济体制改革的论述在一些方面突破了以往的改革范畴，如强调按经济规律办事，加强党、政、企分开，强调发挥中央、地方、企业和劳动者个人四个方面的积极性等。因此十一届三中全会虽然没有提出一个完整、具体的改革方案，但它对经济体制改革的推动意义在于明确了以发展生产力为中心，确立了解放思想、实事求是的思想路线。这就为经济体制改革的科学探索和大胆实践开辟了道路。中国 20 世纪 80 年代的经济体制改革浪潮正是以此为起点，蓬勃发展。

（二）计划经济为主、市场调节为辅的政策演变

陈云在 1979 年 3 月 8 日的一次讲话中谈到计划与市场问题。他指出：以前计划工作制度中的缺点是只有有计划按比例这一条，没有市场调节这一条。所谓市场调节，就是按价值规律调节。他认为，整个社会主义时期的经济必须有两个部分：①计划经济部分（有计划按比例部分）；②市场调节部分（即不做计划，让它根据市场供求的变化进行生产，即带有“盲目”调节部分）。第一部分是基础的必要的；第二部分是从属的次要的，但又是必需的。他指出，在今后经济的调节和体制的改革中，计划经济和

---

① 邓小平．邓小平文选：第 2 卷［M］．北京：人民出版社，1994：145.

市场调节这两个部分的比例的调整，将占很大的比重①。邓小平赞同和支持陈云的上述思想，他在1980年1月16日的一篇讲话中阐发寻求一条合乎中国实际的经济发展道路时指出，应该“计划调节和市场调节相结合”②。

1979年3月12日，邓力群在国家经委企业管理研究班的讲话较早地提出从商品经济的角度讨论计划经济与市场调节相结合的问题。他说：我国现在的经济是计划发展的社会主义经济，同时又是很不发达的社会主义商品经济。发展商品经济，就是要尊重商品经济的规律，按照价值规律办事，这是发展商品经济的前提。在这个基础上可以考虑，对国民经济的调节采取两种形式：对全社会所必需的、关系国计民生的这一部分生产和建设，实行严格的计划，除此之外，就通过市场去调节。实行严格计划的部分，同样是建立在商品经济的基础上，同样必须正确地反映和适应价值规律的要求；通过市场调节的部分，也要运用价格、税收、信贷等政策，以及采取合同制、经济立法等手段，即按照经济的办法，去加强引导，使其沿着正确的轨道健康发展。邓力群还从生产力发展的角度论述了计划经济。他指出：实行全社会统一的计划，有两个必要条件：一是社会生产力的高度发展；二是整个生产资料为全社会所有。因此，计划的范围，计划的科学性，归根到底是由生产力发展的水平决定的。没有充分发展的生产力，没有占统治地位的社会化大生产，没有普遍应用的现代化技术，就难以在全国范围内实行严密的、包揽一切的计划。从中国的情况看，我们的经济还没有发展到把全社会的生产无所不包地、准确地纳入计划的阶段。关于体制改革的模式，邓力群指出：过去我们讲分权集权、“块块”“条条”的关系问题，始终没有越出中央和地方权利的转移和分配的范围，没有越出中央和地方对于企业的隶属关系的范围，体制改革过去没有多少效果。现在看来，经济改革中的一个重要环节，就是要保证企业的自主权和物质利益。必须使企业成为相对独立的经营主体，具有自主权利，这样才能从根本上解决问题。邓力群还提出了计划体制、计划方法和计划指标的改革问题。他认为，要使计划部分正确反映和适应价值规律的要求，就需要用销售总额来衡量企业经营成果的大小，销售额是已经实现了的价值，以此作为考核指标，就迫使企业要掌握市场供求关系的变化，以销定产，

① 中共中央文献研究室．三中全会以来重要文献选编：上［M］．北京：人民出版社，1982：65.

② 邓小平．邓小平文选：第2卷［M］．北京：人民出版社，1994：247.

提高产品质量，降低生产成本，提高经营效益①。

邓力群的这一讲话应该说是经济体制改革理论认识上的较大发展。其突出表现在于：一是以生产力为基点讨论计划经济；二是将体制改革与商品经济相联系，主张计划经济和市场调节都建立在价值规律的基础上；三是主张体制改革越出中央和地方权力的转移和分配这一模式，将其重心转到使企业成为相对独立的经营主体这一轨道上来。

1981 年 6 月，中共十一届六中全会的决议正式提出：必须在公有制基础上实行计划经济，同时发挥市场调节的辅助作用。同年 12 月，赵紫阳在第五届全国人大第四次会议上所作的题为《当前经济形势和今后经济建设的方针》的政府工作报告中指出，中国经济体制改革的基本方向应当是：在坚持实行社会主义计划经济的前提下，发挥市场调节的辅助作用，国家在制订计划时要充分考虑和运用价值规律；要把经济手段和行政手段结合起来，注意运用经济杠杆、经济法规来管理经济。报告强调，正确认识和处理计划经济和市场调节的关系，是改革中的一个关键问题。

1982 年 9 月，胡耀邦在中共十二大报告中具体阐述了计划经济为主、市场调节为辅的内涵："我国在公有制基础上实行计划经济。有计划的生产和流通，是我国国民经济的主体。同时，允许对于部分产品的生产和流通不做计划，由市场来调节，也就是说，根据不同时期的具体情况，由国家统一计划划出一定的范围，由价值规律自发地起调节作用。这一部分是有计划生产和流通的补充，是从属的、次要的，但又是必需的、有益的。"报告强调指出："正确贯彻计划经济为主、市场调节为辅的原则，是经济体制改革中的一个根本性问题。"十二大报告进一步明确了计划经济与市场调节的范围，第一次划分了指令性计划、指导性计划和市场调节各自的范围和界限，将国民经济的管理分为三大块，大的方面用计划管住，小的方面放开。这是贯彻计划经济为主、市场调节为辅原则的具体操作规范。

1983 年 6 月，赵紫阳在第六届全国人大第一次会议上作政府工作报告指出，"七五"期间将全面展开经济体制改革。改革的中心环节是改革计划体制，加强国家对国民经济的有效管理和指导。要根据计划经济为主、市场调节为辅的原则，按照企业、产品和任务的不同，分别采取指令性计划、指导性计划和市场调节三种管理办法。

---

① 邓力群．商品经济的规律和计划［A］．//中国经济年鉴编委会．1981 中国经济年鉴［J］．经济管理杂志社，1981（4）：52.

1984年9月，赵紫阳向中央政治局常委提交了《关于经济体制改革中三个问题的意见》。该《意见》认为，计划体制问题是经济体制改革的核心。建议把中国的计划体制概括为以下四层意思：①中国实行计划经济，不是市场经济。②自发地盲目地通过市场进行调节的生产和交换，只限于小商品、三类农副产品和服务修理行业，它们在整个国民经济中起辅助作用。③计划经济不等于指令性计划为主。指令性计划和指导性计划都是计划经济的具体形式。在当前和今后相当长的时期内，我们的方针应该是逐步缩小指令性计划，扩大指导性计划。④指导性计划主要用经济手段调节，指令性计划也必须考虑经济规律特别是价值规律的作用。社会主义经济是有计划的商品经济。计划要通过价值规律来实现，要运用价值规律为计划服务。

（三）计划、市场相联系的理论探讨

1982年初开始，国家体改委和国务院经济中心共同组织发起了经济体制改革的理论问题讨论。重点是计划经济与市场调节的关系，因为正确处理这两者的关系是经济体制改革的核心问题。

讨论中一般认为，社会主义经济的特征是计划经济，而这种计划经济又是与商品、市场相联系的，二者可以统一，而不是截然对立的。因此经济体制改革必须坚持计划经济为主、市场调节为辅的原则。中共十二大报告对此做了精辟阐述，明确指出，在社会主义公有制基础上实行计划经济，同时，允许对一部分产品的生产和流通不做计划，由市场来调节。这是对计划经济与市场调节关系问题的讨论所做的全面总结。关于这一问题，也有不同的意见：

（1）如何科学地表述社会主义经济。大体上有两类意见：一类意见认为，社会主义经济的基本特征是计划经济，不是商品经济。有的表述为“在生产资料公有制基础上存在商品生产和商品交换的计划经济”；有的称之为“商品性的计划经济”或“商品型与产品型相结合的计划经济”等。另一类意见认为，社会主义经济是计划商品经济。有的说，社会主义经济既是计划经济又是商品经济。两者均同社会主义经济的基本特征有着密切联系。在社会主义条件下，既然存在着商品生产和商品交换，也就是存在着商品经济。

（2）如何认识计划经济的本质特征。有的认为，指令性计划是计划经济的一个重要特征，是计划经济的基本形式。指令性计划是社会主义计划经济的一种标志。只有坚持指令性计划，才能使国家对生产资料的所有权和使用权统一起来；促进全民所有制经济主导地位不断加强，才能划清社会主义经济同资本主义国家的界限。也有的观点认为，计划经济的本质特征是通过预先的计划安排，自觉地实现国民经济按比例发展。至于采取什么方式实现按比例发展，那是具体方法问题。根据实践经验，多种计划指导方式比单一指令性计划能够更有效地保证国民经济按比例发展，使计划经济更加完善，更加有效。

（3）如何确定指令性计划、指导性计划和市场调节的范围和界限。对划分指令性计划的范围，大体有三种意见：一种意见是按企业来划分。大型企业和全民所有制企业下达指令性计划。第二种意见是按产品来划分。关系到国计民生的重要产品下达指令性计划，由国家统配调拨。第三种意见是按任务的重要程度来划分。国家重点任务需要的物资，不管是重要产品还是一般产品，也不管是大型企业生产的还是中小企业生产的，原则上都由国家下达指令性计划安排生产，产品统一分配。对市场调节也有不同看法，有的主张把利用经济杠杆实行计划管理的产品都看成是市场调节；有的认为市场调节只限于不便统一计划管理、产值小、品种繁多、由小企业和个体劳动者生产的小商品①。

二、有计划商品经济体制改革目标及运行模式

（一）有计划商品经济体制改革目标的确定

1984 年 10 月，中共十二届三中全会通过了《中共中央关于经济体制改革的决定》（下称《决定》）。《决定》明确指出：社会主义计划经济必须自觉依据和运用价值规律，是在公有制基础上的有计划的商品经济。在此基础上，《决定》进一步阐明了中国经济体制改革的方向，指出，为了从根本上改变束缚生产力发展的经济体制，必须认真总结中国的历史经验，认真研究中国经济的实际状况和发展要求，同时必须吸收和借鉴当今世界各国包括资本主义发达国家的一切反映现代社会化生产规律的先进经营管理方法，建立起具有中国特色的，充满生机和活力的社会主义经济体制，促进社会生产力的发展。这就是中国经济体制改革的基本任务。

关于体制改革的中心，《决定》指出，增强企业活力，特别是增强全民所有制的大、中型企业的活力，是以城市为重点的整个经济体制改革的中心环节。围绕这个中心环节，主要应该解决两个方面的关系问题，即确

---

① 中国经济年鉴编委会 .1983 中国经济年鉴［M］. 北京：经济管理出版社，1983：Ⅶ－3.

立国家和全民所有制企业之间的正确关系，扩大企业自主权；确立职工和企业之间的正确关系，保证劳动者在企业中的主人翁地位。《决定》还明确提出，根据马克思主义的理论和社会主义的实践，所有权同经营权是可以适当分开的。“两权分离”的目的在于使企业真正成为相对独立的经济实体，成为自主经营、自负盈亏的社会主义生产者和经营者，具有自我改造和自我发展的能力，成为具有一定权利和一定义务的法人。关于计划经济和商品经济的关系，《决定》认为，首先要突破把计划经济与商品经济对立起来的传统观念，明确认识社会主义经济是在公有制基础上的有计划的商品经济。实行计划经济同运用价值规律、发展商品经济不是互相排斥的，而是统一的，把它们对立起来是错误的。

《决定》对中国计划经济体制的基本点做了如下概括：第一，就总体说，中国实行的是计划经济，而不是那种完全由市场调节的市场经济；第二，完全由市场调节的生产和交换，主要是部分农副产品、日用小商品和服务修理行业的劳动活动，它们在国民经济中起辅助的但不可缺少的作用；第三，实行计划经济不等于指令性计划为主，指令性计划和指导性计划都是计划经济的具体形式；第四，指导性计划主要依靠运用经济杠杆的作用来实现，指令性计划则是必须执行的，但也必须运用经济规律。

1985 年 9 月 23 日，陈云在中国共产党全国代表会议上发表讲话。他指出：现在进行的社会主义经济体制改革，是社会主义制度的自我完善和发展。经济体制改革，是为了发展生产力，逐步改善人民的生活。农村改革已经取得了明显的效果。城市的经济体制改革，总方向是正确的，具体的步骤措施，正在探索中。要走一步，看一步，随时总结经验。坚持把改革搞好。陈云认为，从全国工作来看，计划经济为主，市场调节为辅，这话现在没有过时。指导性计划并不等于市场调节。市场调节，就是不做计划，只根据市场供求的变化进行生产，即带有盲目性的调节。计划是宏观控制的主要依据。搞好宏观调控，才有利于搞好微观，做到活而不乱①。

有计划商品经济理论的提出，是对传统计划经济理论的一次重大超越：第一，肯定了社会主义经济是商品经济，商品经济被看成是社会主义的内在属性；第二，否定了把指令性计划当成社会主义公有制经济的根本特征的传统观念，从而从根本上动摇了社会主义计划经济的基础。不足之处在：一是承认商品经济但不承认市场经济，把市场经济当作资本主义的

---

① 中国经济年鉴编委会.1986 中国经济年鉴［M］. 北京：经济管理出版社，1986：1－26.

东西；二是把发展市场体系只理解为发展商品市场，因此对市场机制的理解还比较简单片面。

（二）国家调节市场、市场引导企业的经济运行模式

1987年10月25日，赵紫阳在中共十三大上作《沿着有中国特色的社会主义道路前进》的报告。报告的第四部分详细地论述了经济体制改革问题。报告指出，社会主义有计划商品经济的体制，应该是计划与市场内在统一的体制。在这个问题上，需要明确几个基本观点：第一，社会主义商品经济同资本主义商品经济的本质区别在于所有制基础不同。第二，必须把计划工作建立在商品交换和价值规律的基础之上。第三，计划和市场的作用范围都是覆盖全社会的。新的经济运行机制，总体上说应该是“国家调节市场，市场引导企业”的机制，国家运用经济手段、法律手段和必要的行政手段，调节市场供求关系，创造适宜的经济和社会环境，以此引导企业正确地进行经营决策。报告指出，当前深化改革的任务主要是围绕转变企业经营机制这个中心环节，分阶段地进行计划、投资、财政、金融、外贸等方面体制的配套改革，逐步建立起有计划商品经济新体制的基本框架。十三大报告对随着社会化大生产和商品经济发展而必然出现的经济现象如生产资料市场、技术市场、劳务市场以及股份制、债券等都进行了肯定，认为这是建立社会主义市场体系、健全宏观调控体系以及搞活企业所必需的。

“国家调节市场，市场引导企业”这一改革模式的提出，是对有计划商品经济理论的一次重大发展：第一，首次明确指出社会主义与资本主义的区别不在于市场与计划的多少，而在于所有制的不同，把制度与体制区别开；第二，在这一模式中，计划是建立在市场机制基础上的间接计划，市场机制是经济运行的基础，大大提高了市场的社会地位；第三，明确提出了社会主义市场体系的全方位全领域性质，这就从根本上突破了长期存在的“半商品经济”传统观念和改革之初所形成的“半市场”意识。但这一模式仍未能跳出从所有制角度看待市场经济社会属性的思维框框，尽管如此，十三大对市场问题的认识已接近社会主义市场经济的认识水平。

中共十三大提出“国家调节市场、市场引导企业”的改革模式后，理论界对此展开了激烈的讨论，主要围绕以下问题提出了各种观点。

1. “国家调节市场、市场引导企业”经济运行体制的基础

多数意见认为，要使“国家调节市场、市场引导企业”这一体制健康运行，必须按照社会主义商品经济的要求，以市场为前提进行国家调控和

市场引导。为此，建立完善的市场体系，培育商品市场，是这一体制运行的基础。还有观点指出，“国家调节市场、市场引导企业”模式比之“计划经济为主，市场调节为辅”模式是在理论上的进步，但仍然没有摆脱计划与市场的束缚。按照社会主义商品经济的要求，应当把新的运行体制概括为“企业依靠市场自主经营，国家依据市场间接调控”，即要以市场为中心，而不能以计划为中心。

2. 国家、市场、企业三者的关系

第一种观点是国家主体论。认为，国家作为所有权的代表和行政事务的组织者，是经济调控的主体。只有国家发挥调控作用，才能保证企业、市场的健康运行。第二种观点是企业主体论。认为，企业作为国民经济的细胞，是经济运行体制的主体或基础，没有企业也就没有市场，也就没有代表企业根本利益的国家。在国家、市场、企业相互关系中，企业的活力和效益是关键环节。第三种观点是市场中心论。这种观点强调国家、市场、企业运行的统一性，指出三元联动的运行轨道是：国家通过计划调节对市场供求施以影响，引起市场结构朝着有利于国家调控的意图转变，从而通过市场参数发出信号，引导企业按照国家计划的意图进行生产经营。

3. 计划与市场的关系

第一种观点是内在统一论。认为，计划调节与市场调节既不是板块式结合，也不是渗透式结合，而是两者有机的统一。这种有机的统一具有三个特点：一是调节范围的层次性，计划调节是宏观层次，市场调节是微观层次；二是市场机制的枢纽性；三是国家调控的间接性。第二种观点是相互排斥论。这种观点有两种不同的表述。一种表述为，在经济发展的一定阶段，商品经济和计划经济不可兼容，要么完全是计划经济，要么完全是商品经济，不存在计划经济和商品经济的统一。另一种表述为，计划与市场并不是作为经济形式互相对立的，而是作为调节形式互相对立的。严格说，经济运行只存在行政机制和市场机制，不存在计划机制。与此相联系，国家调控也分为两大类型，一是行政性计划调控；二是市场性计划调控①。

从经济体制改革的实践看，到1987年，国家指令性计划和统一价格范围逐步缩小，农副产品市场和工业消费品市场基本形成，生产资料市场和短期资金市场有了一定的发展。中央直接管理的工业产品从120多种减少

---

① 中国经济年鉴编委会. 1989中国经济年鉴［M］. 北京：经济管理出版社，1989.

到60种，统配物资从180多种减少到22种。从各类商品的价格看，已实行国家指导价和市场调节价的比重，农副产品占65%，工业消费品占55%，生产资料占40%①。价值规律在衔接产需、调节供求平衡方面的作用明显加强。

三、计划经济与市场调节相结合的运行机制

20世纪80年代末到90年代初，中国理论界的主流观点认为，中国社会主义经济是公有制基础上有计划的商品经济。中国经济体制改革的主要目标，是适应有计划商品经济的发展要求，构造一种适合中国国情的、计划经济与市场调节相结合的经济体制和运行机制。围绕这一问题的讨论以及所产生的成果对于传统社会主义经济运行而言，具有一定的创新意义。

（一）计划经济与市场调节相结合的内涵

大多数观点认为，计划经济是社会主义的基本经济制度，市场调节是商品经济运行的基本调节形式。实行计划经济与市场调节相结合，就是指在计划经济制度中引入市场调节机制，充分发挥市场机制的调节作用，以更有效地实现计划经济，其含义具体表现为：第一，体现社会主义有计划商品经济制度的特征。既然计划经济是社会主义的基本经济制度，而现阶段中国社会主义经济又是公有制基础上的有计划商品经济，计划经济与市场调节相结合的经济运行机制也就自然成为社会主义经济的运行机制。第二，体现社会主义新经济运行机制的特点。由于引入市场机制，计划经济从依靠指令性计划来实现变为主要运用经济手段来实现。为了实现计划经济，计划调节应居于主导地位，为市场调节导向。有许多论者对计划经济，市场经济和计划调节、市场调节做了区分，认为市场经济是指建立在生产资料私有制基础上的、经济运行在总体上是以市场为中心而由价值规律自发调节的经济制度。它反映的是资本主义经济的本质特征。计划经济和市场经济是根本对立的两种不同经济制度和经济运行类型，它们不是中性的经济范畴。计划调节与市场调节是经济运行机制采取的两种主要调节手段。所谓计划调节是指宏观经济管理部门按照政府所期望达到的目标，通过国民经济计划的制订和实施，调节经济运行的行为。所谓市场调节，是指由商品经济条件下客观存在的价值规律自发地调节经济运行。计划调节与市场调节不具有明显的社会性或阶级性，属于中性概念。它们可以相

---

① 中国经济年鉴编委会. 1988年中国经济年鉴［M］. 北京：经济管理出版社，1986：Ⅲ-3.

互结合，共存于同一社会条件下发挥各自的功能①。

（二）计划经济与市场调节相结合的改革思想

1989年，邓小平重申改革开放这一基本点的正确性时说："我们要继续坚持计划经济与市场调节相结合，这个不能改。实际工作中，在调整时期，我们可以加强或者多一点计划性，而在另一个时候多一点市场调节，搞得更灵活一些。以后还是计划经济与市场调节相结合。"② 1989年9月，江泽民《在庆祝中华人民共和国成立四十周年大会上的讲话》中阐明了邓小平的这一观点，他说："十年来，我们在实行计划指导的同时，发挥市场调节的积极作用，取得了促进国民经济发展，繁荣市场，提高人民生活水平的显著效果。……我们要在实践中不断探索，努力创造一种适合中国情况的、把计划经济和市场调节有机结合起来的社会主义商品经济运行机制。计划经济和市场调节结合的程度、方式和范围，要经常根据实际情况进行调整和改进。这是一个重大的理论问题和实践问题。"

中共十三届四中全会以后，对经济体制改革使用了"计划经济与市场调节相结合"的提法。1990年12月，中共十三届七中全会通过了《中共中央关于制定国民经济和社会发展十年规划和"八五"计划的建议》。关于经济体制改革，《建议》指出：按照发展社会主义有计划发展经济的要求，建立计划经济和市场调节相结合，需要进一步明确和把握以下几点：①计划经济可以总体上保持国民经济按比例发展和资源合理配置，市场调节可以发挥优胜劣汰机制的作用和增强经济发展活力，实行两者的结合就是要把它们的优点和长处都能发挥出来，以促进国民经济的持续、稳定、协调发展。②计划经济不限于指令性计划，指令性和指导性计划都是实行计划经济的具体形式。③大体说来，属于总量控制、经济结构和经济布局的调整以及关系全局的重大经济活动，主要发挥计划的作用；企业日常的生产经营、一般性技术改造和小型建设等经济活动，主要由市场调节。④国民经济管理的主要任务，是合理确定国民经济发展的计划、规划和宏观调控目标，制定正确的产业政策，做好综合平衡，协调重大比例关系，综合配套的运用经济、法律和行政手段引导和调整经济运行。

1991年7月1日，江泽民《在庆祝中国共产党成立七十周年大会上的讲话》中，把"建立适应社会主义有计划商品经济发展的、计划经济与市

① 熊俊．计划经济与市场调节相结合十大观点评述［J］．当代财经，1991（4）．

② 邓小平．邓小平文选：第3卷［M］．北京：人民出版社，1993：306.

场调节相结合的经济体制和运行机制”，作为建设有中国特色的社会主义经济的一个基本特征。指出，这是商品经济的一般规律和社会主义经济的特有规律的客观要求。他说：“坚持实行计划经济与市场调节相结合，是一项开创性的工作。我们在前几年的改革实践中，已经取得了一定进展，积累了一些经验，也面临着许多新问题，今后要继续探索，进一步寻求结合的具体途径、形式、办法和措施，保证我国经济持续稳定协调发展。”

“计划经济和市场调节相结合”的提法是在治理整顿的背景下提出的，与当时的特定政治、经济情况相联系，这一提法既有加强国家计划管理与宏观调控的作用，又有防止私有化及片面强调市场经济倾向的意图。但是，对于这一提法，当时也出现了不同意见。理论界有些观点认为，计划经济与市场调节不是一个层次的问题，习惯的提法是计划经济和市场经济并列，属于市场经济制度层次；计划调节和市场调节并列，属于经济运行方式和机制层次。而现在将计划经济和市场调节并列，隐含着强调社会主义经济制度是计划经济以及否定市场经济的意蕴，而这是对“有计划商品经济”理论的倒退。

（三）计划经济与市场调节相结合的方式

1. 板块式结合论

1982 年的无锡会议上，有论点提出“计划与市场相结合”，即板块式结合。这种论点把国民经济分为两大板块，一块由计划调节，另一块由市场调节。从国民经济总体上看是两者并列的，作板块结合①。这种观点突破了计划经济一统天下的状况，是计划与市场相结合的最初探索。但它仍然留有旧体制的痕迹，实际上还是认为计划与市场是互相排斥、互相分割的。这种“板块论”后来发展成为“主辅论”“笼鸟论”“梯度结合论”等。

2. 胶体结合论

这一观点与“板块论”相对立，认为国民经济不能分为两大块，计划调节和市场调节是互相交融、合成一体的。在统一的胶合体内，两者相互作用，相互影响，构成统一的经济运行机制。计划与市场的统一性表现在：两者作用方向是一致的，都要反映客观经济规律的要求，根据社会需要在国民经济各部门中按比例分配社会总劳动，使社会劳动得到合理、有

① 《经济研究》编辑部．中国社会主义经济理论的回顾与展望［M］．北京：中国经济出版社，1986.

效的利用；两者作用范围也是一致的，都覆盖整个国民经济。但在目前要建立这种调节机制是困难的，因为现行企业体制、市场体制、宏观体制尚不健全，很难使计划与市场完全融合于一体①。

3. 渗透及有机结合论

这种观点认为，国民经济在总体上仍分为两大块，一块由计划调节，一块由市场调节。同时每种调节部分都渗透有另一种调节的因素，即两大块交叉部分由计划与市场共同调节。在社会主义条件下，完全的自由市场是不存在的。市场本身就内在地存在着计划性，计划与市场是有机地结合在一起的。没有市场，计划调节就失去依存；市场调节也应有国家计划的指导和参与。因此计划是导向，市场是基础，二者是有机结合在一起的②。还有学者提出了“计划—市场一体论”的观点，认为从计划调节因素与市场调节因素的结合形式看，价值规律是它们二者的结合部，通过价值规律这一中间环节把它们有机地融为一体③。

（四）计划调节要通过市场机制发挥作用

以上分析说明，在社会主义商品经济的运行中，计划调节和市场调节是可以而且应当互相结合的。但是，两者如何结合，即如何根据计划调节和市场调节的内在关联性使两者的调节作用在经济运行中达到有机统一，仍是一个需要联系现实经济进行说明的问题。中国当时比较公认的社会主义有计划商品经济运行的理论模式是国家（计划）调节市场，市场（调节）引导企业（经济主体）。对这一理论模式似应从以下几方面去理解。

首先，在有计划商品经济中，经济运行在总体（宏观）上是以计划调节为主。这是因为：第一，计划调节是宏观经济管理的有效手段。马克思指出：“只有在生产受到社会实际的预定的控制的地方，社会才会在用来生产某种物品的社会劳动时间的数量，和要由这种物品来满足的社会需要的规模之间，建立起联系。”④ 所以，计划调节能从社会经济发展的全局以及社会总体利益的全局出发，在全社会范围内统一地、有计划地分配社会

① 申善清．当前经济理论界提出的若干争论性观点概述［J］．社会科学述评，1991（4）．

② 于祖尧．近年来关于计划与市场关系问题讨论述评［J］．经济学动态，1991（3）；刘诗白．论计划与市场相结合［J］．经济纵横，1991（5）；马洪．关于计划与市场关系［J］．改革，1991（1）；柳随年．再论计划经济与市场调节相结合的问题［J］．计划经济研究，1991（7）．

③ 白永秀．计划市场经济论［J］．人文杂志，1989（1）；逄锦聚．计划经济、商品经济和有计划的商品经济［J］．南开经济研究，1985（1）；肖欣．对计划与市场相结合模式的解剖［J］．经济研究，1987（3）．

④ 马克思，恩格斯．马克思恩格斯全集：第25卷［M］．北京：人民出版社，1975：209.

劳动以适应社会需求。第二，在社会主义商品经济中，劳动者经济利益在根本上的一致性以及生产社会化的发展将社会经济活动联结为一个相对统一的整体。社会主义经济的统一性和整体性一方面要求在宏观上对社会经济活动进行有计划的管理和调节，另一方面也为社会统一地、有计划地对国民经济进行有效的管理和调节，以使经济平衡发展提供可行性条件。第三，在社会主义利益关系中，还存在着个人利益、局部利益与整体利益的矛盾，短期利益与长期利益的矛盾，微观效益与宏观效益的矛盾。因此，就必须在宏观上对各种利益关系进行科学的计划调节，限制或避免人们在利益追求上的盲目性，并通过计划安排将个人利益、局部利益和整体利益最大限度地统一起来，使人们的利益追求纳入一定的社会规范体系，成为推动经济发展的能量。

其次，在社会主义商品经济中，计划调节作为宏观经济管理手段，必须通过与市场的经济联系才能有效发挥作用。这种联系的客观规定性有两个方面，一方面，计划与市场实质上是一种信息互换关系。计划不是纯主观的产物，它的客观依据是市场状况。计划决策是根据对市场信息的收集和判断而做出的，市场信息决定了计划内容，计划指标的规定性以及计划目标的可行性，任何脱离实际市场的经济计划要么根本行不通，要么引起经济生活的混乱。另一方面，从商品经济的特性看，人们在社会生产过程中的经济联系，普遍的社会物质、能量变换和多方面的需求，是迂回地通过价值的形式，在市场交换活动中实现的。市场的实质就是以等价交换为法规的社会经济联系。在市场上，各经济主体只承认价值规律，只接受与其经济利益直接联系的市场机制的调节。因此，在社会主义商品经济中，计划调节不可能撇开价值规律而只能在这一规律的基础上对市场活动发生作用；计划调节也不能代替市场机制而只能通过市场机制对经济主体切身利益的刺激和制约来调节他们的经济行为。换言之，市场机制是计划调节与经济主体联系的中介，计划调节只有在市场过程内部通过市场机制的传导才能对经济主体的行为发生效应。市场机制作为商品经济运行的一般机制，它与经济主体之经济利益的必然的、直接的联系是不可分割的，不然，经济运行将偏离价值规律轨道，失去活力和效率。

最后，以上关于计划调节和市场调节内在关系的分析决定了计划调节与市场调节相结合的特点，即计划的制订和实施要以市场为依据并通过市场推行；市场的运行又应当体现计划的意旨。概而言之，对社会主义商品经济进行计划调节，就是从经济运行的宏观层次出发，在充分认识社会主义经济有计划发展规律及商品经济基本规律的基础上，自觉地、有效地用符合这种客观规律的经济计划和经济手段对市场活动进行调节和校正，提高国民经济运行的质量。

（五）计划经济与市场调节相结合的运行机制

计划经济与市场调节相结合是一种原则性的提法。要使这一表述具有实践意义，必须解决两个理论上的难点：一是计划经济与市场调节相结合体制的运行是建立在什么经济机制上？二是计划经济与市场调节相结合的具体模式如何选择？首先必须明确经济体制和经济机制的概念区别。经济体制是由一定的社会生产方式所决定的经济运行和管理体系的构造形式，它包括的内容有：一定的生产关系及利益关系结构；一定的经济管理方式和方法（包括一系列的法律、法规、政策和相应的执行机构）；以及经济体制运动的机理过程。一定的经济体制与一定的经济机制自然有着密切的联系。但是经济机制作为经济运行层次上的机理过程，它与现实的生产力发展以及现实的社会经济利益关系有更直接的关联性，因此较之经济体制有更大的张力。比如，市场机制既适用于市场经济体制，也能在计划经济体制中发挥作用。

在中国经济体制改革的讨论中，一个未曾解决的问题是：计划经济与市场调节相结合的经济体制的运行究竟是建立在计划机制上，还是市场机制上，抑或是两种机制同时发生作用。从逻辑上说，任何社会经济的运行在一定时期内只能是建立在一种经济机制上，不可能是两种机制同时发生作用。而社会主义商品经济的运行是建立在哪一种经济机制上，则要对社会经济利益关系做深层分析。

从抽象意义上说，社会经济运行过程就是人们利用经济资源，通过劳动和交换，以满足人们对各种不同使用价值的需要。在这一过程中，通过某种利益制约因素，人们就在某种特殊方式下，使各种资源之间、各种生产活动之间、各种生产与各种需要之间的关系比较合理、比较协调、比较有效率，以保证整个社会生产的顺利进行及效率的提高。这种使资源配置趋于合理而有效的利用制约因素是一种最基本的社会经济关系。它是一种契机，联结人们的生产活动与他们的物质需要的满足，协调人们的利益关系。它说明人们为了通过自己的生产活动实现自己的特殊的经济利益，必须使自己的生产活动遵循某种客观的、自然的法则或者规律。因此，从个人经济行为的角度考察，经济利益构成经济行为的基本动机或基本目标。

通过人们的经济利益追求使各种经济行为发生关系，使各种生产活动协调，启动社会生产过程以一定方式运行的机制，就是经济运行机制。经济机制在根本上是一种利益激励和制约机制，它通过人们的经济利益追求而使各种经济行为发生联系，启动社会经济以一定方式运转，并在客观上使各种经济活动之间的关系趋于合理，趋于协调。任何经济机制必然是与人们的经济利益追求直接关联的，否则就不是经济体制。市场机制，计划机制都是特殊形式的经济机制，它们之所以不同，并不在于它们与人们的经济利益有没有联系，而在于它们是通过怎样一种社会经济利益关系与人们的经济利益发生联系的。

马克思主义经济学认为，在生产资料全社会共同占有的社会主义生产方式中，合理配置社会劳动的手段是计划经济。计划经济的作用机制自然是计划机制。计划机制也是经济性的，即必须以人们对经济利益的追求为契机启动经济运转，调节经济运行。以计划机制作为经济运行的基点，一个基本要求是全社会成员的经济利益的高度一致性，即社会成员的个人利益与社会总体利益在任何层次上都是统一的，社会各成员之间、社会成员与社会总体之间基本上不存在利益差异。因此，社会就可以直接按照社会总体利益的要求制订计划，并据此管理和调节经济运行。在这种情况下，计划机制对社会成员的经济行为有直接的、有效的激励和制约作用。因为社会各成员所追求的经济利益与计划目标是一致的，计划机制与人们的利益追求是契合的，人们从自己的经济利益出发，必然自觉地遵循计划的意旨，如此，整个社会经济活动便统一地纳入计划轨道。

在中国社会主义发展的现阶段，社会利益关系的这种高度统一性显然是不存在的。既然不具备这种利益关系的高度一致性，那么计划机制与社会成员千差万别的特殊经济利益就无法契合，它对社会成员的经济行为也就没有调节效应。新中国成立后相当一段时间里，我们施行的计划经济并非建立在经济性的计划机制上，而基本上是靠行政手段推行的。其结果必然是僵化和低效率，综观现已实行的几个五年计划，计划指标与执行结果差距甚大，原因就在于此。市场机制作为商品经济运行机制，是价值规律作用机理的现实描述。在商品经济中，社会各成员之间的利益差异较大，而市场机制是与社会利益关系的差异性相契合的经济机制。只要一个社会经济是商品经济，那么社会成员在经济利益上必然是相对分离的，这就需要运用价值规律及市场机制通过对人们特殊经济利益的激励和制约来调节他们的经济行为，进而调节社会经济运行。所以，社会主义商品经济的运行应该建立在市场机制的基点上。

第四章　中国特色社会主义经济理论形成与发展

第一节　中国特色社会主义经济理论内涵、逻辑体系及发展阶段

1992 年以后，随着中国改革开放全面、深入展开，中国特色社会主义理论趋于成型，社会主义市场经济制度框架基本形成，改革开放从经济层面为主向社会各方面、各领域推进。这一时期，经济思想的发展延续了前一阶段的基本特征和基本状态，但在概念转述、学科范式、研究方法等技术层面上力求符合现代经济学框架，以有利于分析技术的积累和理论的发展。

一、中国特色社会主义理论的形成

研究中国特色社会主义经济理论体系的形成和发展，对于构建中国特色社会主义理论体系、创建中国特色社会主义经济学、继承和发展马克思主义经济理论具有重要意义，也是继续推进中国特色社会主义经济建设，把中国特色社会主义伟大实践不断推向前进的客观要求。党的十七大郑重、鲜明、完整地提出了高举中国特色社会主义伟大旗帜，并将其载入党章。中国特色社会主义是中国共产党人在社会主义建设问题上的伟大创造，是中国共产党人在长期探索中国社会主义发展道路的过程中，把马克思主义基本原理同当代中国实际和时代特征相结合形成的重大理论成果和实践成果。

党的十五大对什么是中国特色社会主义经济做了这样的概括："建设有中国特色社会主义的经济，就是在社会主义条件下发展市场经济，不断

解放和发展生产力。这就要坚持和完善社会主义公有制为主体、多种所有制经济共同发展的基本经济制度；坚持和完善社会主义市场经济体制，使市场在国家宏观调控下对资源配置起基础性作用；坚持和完善按劳分配为主体的多种分配方式，允许一部分地区一部分人先富起来，带动和帮助后富，逐步走向共同富裕；坚持和完善对外开放，积极参与国际经济合作和竞争。保证国民经济持续健康发展，人民共享经济繁荣成果。”中国特色社会主义首次对改革开放新时期形成的正确道路进行了科学界定，明确阐述了中国特色社会主义道路的科学内涵，并强调在当代中国，坚持中国特色社会主义道路，就是真正坚持社会主义；首次对改革开放新时期的理论创新成果进行了科学总结，明确提出了中国特色社会主义理论体系，并强调在当代中国，坚持中国特色社会主义理论体系，就是真正坚持马克思主义；首次明确提出了高举中国特色社会主义伟大旗帜，最根本的就是要坚持中国特色社会主义道路和中国特色社会主义理论体系，并强调这是改革开放以来我们取得一切成绩和进步的根本原因。

中国特色社会主义理论体系是同马克思列宁主义、毛泽东思想既一脉相承又与时俱进的科学理论体系。理论界对中国特色社会主义理论体系在马克思主义发展史上的地位进行了深入分析。马克思主义理论是完整的科学体系，具有历史的严整性和逻辑的严整性。马克思主义理论科学体系的发展，从主要和基本的方面说，有两种情况：一是在理论内容和逻辑思维上，对马克思主义理论体系中原有的内容进行了新的挖掘、阐述、论证和创造性运用；二是提出了全新的理论、公式，做出了新的结论。中国特色社会主义理论对整个马克思主义理论科学体系的新贡献包含了上述两种情况。

二、中国特色社会主义经济理论体系

中国特色社会主义经济理论是中国特色社会主义理论的重要组成部分，是马克思主义经济理论与中国社会发展实际相结合，即马克思主义经济学中国化的集中体现。中国特色社会主义经济理论充分反映了社会主义的本质要求，始终以发展为主题。关于中国特色社会主义经济理论涵盖的内容，主流观点提出，中国特色社会主义建设事业需要中国自己的经济理论指导和解释，改革开放历程中重要的理论推进，中国学者总结为各种经济理论，包括社会主义市场经济理论、社会主义初级阶段理论、中国对外开放理论、社会主义基本经济制度理论、按劳分配和按其他生产要素分配相结合理论、中国式经济增长理论、转变经济发展方式理论、渐进式改革理论等，并将其合并在一起统称为“中国特色社会主义经济理论”①。还有学者指出，毛泽东经济思想是中国特色社会主义经济理论的坚实基础，毛泽东在领导中国社会主义革命和社会主义建设过程中，创造性地把马克思主义政治经济学理论同中国的具体实践结合起来，丰富并发展了马克思主义政治经济学理论，开创了探索中国特色社会主义经济理论之先河。邓小平经济理论是中国特色社会主义经济理论的“主体框架”，邓小平经济理论是在中国改革开放的新的历史条件下，中国经济体制由计划经济向市场经济转型，中国社会主义建设实践发生巨大而深刻变化的情况下产生并发展起来的，充分体现了中国国情，反映了中国社会主义经济新发展阶段的特色，在社会发展理论、生产力理论、所有制理论、计划经济与市场经济关系理论、改革理论、收入分配理论、农业经济理论、经济增长与发展理论等方面进行了一系列的创新。“三个代表”思想及科学发展观是对中国特色社会主义经济理论体系的丰富与贡献，“三个代表”思想把最广大人民群众的利益作为一切行动的出发点与归宿，这从本质上发展了马克思主义政治经济学理论。科学发展观科学地体现了发展的本质要求和目标，是对马克思主义经济社会发展理论的一个重大创新和发展②。习近平新时代中国特色社会主义思想是解决当代中国前途命运问题的科学理论指引，是当代中国的马克思主义，是引领中国特色社会主义新时代的纲领，其核心要义是坚持和发展中国特色社会主义。

随着中国改革开放的不断发展和经济转型的逐渐深入，中国特色社会主义经济理论也在不断拓展、深化与完善。从改革开放开始到现在，概括起来，对中国特色社会主义经济理论体系的认识有以下几种代表性的思路：一是按照马克思《资本论》的体系，从社会主义生产、流通和分配方面进行阐述的理论体系。这种思路在改革初期比较流行，以许涤新的《论社会主义的生产、流通与分配——读〈资本论〉笔记》一书为代表。20世纪80年代初，比较流行的一些政治经济学教材如谷书堂和宋则行主编的《政治经济学（社会主义部分）》（即北方本）也是按照这种体系组织起来的。二是按照给定体制下的经济运行、经济和社会发展的目标以及人的地位三个层次来阐述的理论体系，这种观点以厉以宁的《社会主义政治经济

① 张卓元．新中国经济学史纲［M］．北京：中国社会科学出版社，2012.

② 潘石．中国特色社会主义经济理论体系论纲［J］．吉林大学社会科学学报，2008（6）.

学》为代表。三是把马克思主义政治经济学体系与西方经济学的体系相结合，按照本质、运行、发展三个层次进行阐述的理论体系，其中本质层次包括了制度和体制两个方面，运行层次又分为微观和宏观两个部分。从20世纪80年代后期开始，一些比较流行的政治经济学教科书都是按这种体系建立的，比如吴树青等主编的《政治经济学（社会主义部分）》、谷书堂主编的《社会主义经济学通论》、逄锦聚等主编的《政治经济学》教材的社会主义部分的体系，基本上都是按照这种思路建立的。四是按照中国特色社会主义经济理论体系发展的历史进程和内在逻辑来阐述的理论体系，内容包括：社会主义基本经济制度、社会主义市场经济、社会主义分配制度、国有企业改革与发展、社会主义经济发展、全球化与对外开放、政府职能与政府调节等，这种思路以卫兴华、张宇的《社会主义经济理论》为代表[①]。

现阶段的中国特色社会主义经济理论体系应包括哪些具体内容，理论界有不同的概括和论述。作为马克思主义经济学时代化的产物，中国特色社会主义经济理论是一个整体的经济理论，既包括生产关系完善，也包括生产力科学的发展，还包括优化上层建筑的反作用。同时，相关的一系列理论又必然是相互联系、相互依存的，只有在此原则下进行探索与发展所形成的各种理论方能成为一个有机的整体，中国特色社会主义经济理论也才真正可称为“理论体系”[②]。有观点指出，中国特色社会主义经济学应包括中国特色社会主义生产论、中国特色社会主义流通论、中国特色社会主义分配论、中国特色社会主义消费论[③]。还有观点认为，其主要内容包括：社会主义经济本质理论、社会主义初级阶段基本经济制度理论、社会主义分配理论、经济体制改革理论、社会主义市场经济理论、中国特色的经济发展理论、经济全球化与对外开放理论，自主创新和建立创新型国家的理论等[④]。也有观点认为，中国特色的社会主义经济理论范式的基本理论包括：改革是解放和发展生产力的必由之路的理论，经济制度和经济体制区分的理论，社会主义初级阶段的理论，社会主义商品经济和市场经济的理

---

① 张宇．中国特色社会主义经济理论体系的发展与创新［J］．教学与研究，2007（11）．

② 顾海良．中国特色社会主义经济学的时代篇章——新时期中国共产党对马克思主义经济学的创新［J］．经济理论与经济管理，2011（7）．

③ 何炼成．简论中国特色社会主义经济学［J］．陕西师范大学学报（哲学社会科学版），2008（4）．

④ 张宇．马克思主义经济学中国化的集中体现［J］．学术月刊，2008（3）．

论，社会主义企业改革的理论，社会主义市场经济的宏观调控理论①。有学者提出，中国特色社会主义经济理论体系包括十大问题：一是社会主义本质论，二是社会主义经济是公有制基础上的有计划的商品经济论，三是社会主义市场经济论，四是社会主义初级阶段基本经济制度论，五是按劳分配为主体多种分配方式并存论，六是社会主义公平与效率统一与并重论，七是三条“是否有利于”的判断标准论，八是转变经济发展方式与科学发展论，九是坚持独立自主同扩大开放、参与经济全球化相结合论，十是改革、发展、稳定三者关系统一论②。有学者认为，中国特色社会主义经济理论体系包括：社会主义经济的本质的理论、社会主义初级阶段基本经济制度的理论、社会主义分配理论、社会主义市场经济理论、中国特色的经济发展理论③。有学者提出，中国特色社会主义经济理论是适用于社会主义初级阶段的、具有丰富内容的、包括生产力发展特点和生产关系体系特点的较为完整的理论体系，中国特色社会主义机构及制度以中国特色社会主义经济理论为指导，中国特色社会主义经济理论体系包含：社会主义本质论、社会主义市场经济理论、社会主义初级阶段基本经济制度论、社会主义公平与效率统一与并重论、三条“是否有利于”的判断标准论、转变经济发展方式与科学发展论等。有学者指出，中国特色社会主义经济理论，是在总结国内外社会主义经济实践得失成败的基础上，经过不断探索与发展而确立的，这一理论体系的内容，从经济制度和经济体制的角度看，主要有三个方面：其一是社会主义经济与商品经济内在关系的理论创新，明确社会主义经济是公有制基础上有计划的商品经济。在中国，商品经济与市场经济是既相联系又有区别的不同概念。其二是社会主义市场经济理论的确立与发展。其三是社会主义初级阶段基本经济制度的创立。这一理论的创立经过了一个长期的思想解放和理论发展过程④。有学者认为，中国特色社会主义经济理论体系的主要内容概括起来有六个方面：第一，社会主义经济本质的理论；第二，社会主义初级阶段基本经济制度的理论；第三，社会主义分配理论；第四，社会主义市场经济理论；第五，中国特色的经济发展理论；第六，经济全球化与对外开放的理论⑤。

---

① 张洪平．论有中国特色社会主义经济理论范式［J］．当代经济研究，1998（3）．
② 卫兴华．中国特色社会主义经济理论体系十大要点［OL］．人民网，2009－10－23．
③ 张宇．中国特色社会主义经济理论体系的发展与创新［J］．教学与研究，2007（11）．
④ 卫兴华．中国特色社会主义经济理论体系研究［J］．经济学动态，2011（5）．
⑤ 张宇．中国特色社会主义经济理论体系的发展与创新［J］．教学与研究，2007（11）．

中国特色社会主义经济理论的重要贡献在于：

第一，创立了社会主义本质理论。改革开放以来，中国共产党从中国国情出发，发展并创新了对社会主义本质的认识：一是邓小平指出："社会主义的本质，是解放生产力，发展生产力，消灭剥削，消除两极分化，最终达到共同富裕。"① 二是有中国特色的社会主义经济制度形成了完整的体系，它包括以公有制为主体的多种所有制经济，完善并建立社会主义市场经济体制，按劳分配为主体，多种分配方式并存的分配制度。三是提出中国特色社会主义的本质是中国共产党的领导这一重要论断，这是在总结中国社会主义建设长期历史经验后得出的基本结论。

第二，创立了有中国特色的社会主义市场经济理论。

第三，突破了马克思和恩格斯的单一所有制设想，创立了有中国特色的社会主义基本经济制度。

第四，突破了马克思和恩格斯的单一分配方式，确立了有中国特色的社会主义分配制度。

三、中国特色社会主义经济理论发展阶段

从中华人民共和国成立到党的十一届三中全会，是探索中国特色社会主义经济建设道路和中国特色社会主义经济理论体系的起步阶段。党的十一届三中全会以后，以邓小平为代表的中国共产党人坚持把马克思主义基本原理与中国具体实践相结合，总结社会主义经济建设中正反两方面的经验，开辟了有中国特色社会主义经济建设的道路，创立了有中国特色社会主义经济理论，这是中国特色社会主义经济理论体系的形成阶段。2003 年 10 月，党的十六届三中全会通过的《中共中央关于完善社会主义市场经济体制若干问题的决定》指出：中国经济体制改革在理论和实践上取得重大进展。中国的社会主义市场经济体制初步建立，公有制为主体、多种所有制经济共同发展的基本经济制度已经确立，全方位、宽领域、多层次的对外开放格局基本形成。这个判断，标志着中国特色社会主义经济制度和经济理论体系已经基本成形。从学术层面看，这一时期对社会主义经济理论体系的探索和研究出现了空前繁荣的局面，取得了许多重要的突破和进展，如 20 世纪 80 年代初期关于生产力与生产关系、社会主义生产目的、经济效果、按劳分配、计划与市场的关系、农村土地所有制等问题的讨

---

① 邓小平．邓小平文选：第 3 卷［M］．北京：人民出版社，1993：111.

论；20世纪80年代中期以后，关于社会主义有计划商品经济、企业行为与企业改革、经济运行机制和运行模式、经济改革的整体思路、通货膨胀与经济增长的关系等问题的讨论；20世纪90年代以后，关于社会主义市场经济的实质与特征、国有经济的地位与作用、现代企业制度的内涵和形式、社会主义条件下深化对劳动和劳动价值理论的认识、按劳分配与按生产要素分配的关系、经济全球化的实质与对外开放的战略和走新型工业化道路等问题的讨论。党的十六大以来，以胡锦涛为总书记的党中央准确分析了中国改革和发展所面临的新形势和新任务，创造性地提出了科学发展观、构建社会主义和谐社会、完善社会主义市场经济体制、建设社会主义新农村、建设创新型国家和实现公平正义等重大战略思想，特别是党的十七大报告系统地总结了中国特色社会主义建设的成功经验，科学阐述了中国特色社会主义理论体系的基本内容和历史地位，极大地丰富和完善了中国特色社会主义理论体系。这是中国特色社会主义经济理论体系的完善阶段①。学术界早在20世纪50年代就开始探讨这一问题，当时就有学者提出，社会主义的生产目的即最大限度地满足社会需要是政治经济学社会主义部分的中心，是贯穿整个社会主义生产的一条红线，应当以此为中心构建社会主义经济理论体系。还有的学者提出，应当从分析社会产品出发建立社会主义经济理论体系。改革开放以后，特别是20世纪80年代，对这一问题的讨论更加深入具体，有学者认为，中华人民共和国成立到改革开放前为中国特色社会主义经济理论的萌芽阶段、改革开放到20世纪后半期为中国特色社会主义经济发展理论体系的奠基阶段、20世纪末至今为中国特色社会主义经济发展理论体系的形成与发展阶段②。

也有学者提出，中国特色社会主义经济理论是马克思主义经济学中国化的最新成果，其形成与发展可以划分为以下三个阶段：邓小平经济理论确立了中国特色社会主义经济理论的基本内容、理论范畴和体系框架；"三个代表"重要思想既是对邓小平经济理论的继承和发展，又丰富和发展了中国特色社会主义经济理论；党的十六大以后，以胡锦涛为总书记的新一届中央领导集体对中国特色社会主义经济理论有新的贡献③。党的十八大以来，党中央根据时代和实践的要求，把马克思主义政治经济学与中

---

① 张宇．中国特色社会主义经济理论体系的发展与创新［J］．教学与研究，2007（11）．

② 卢阳春．中国特色社会主义经济发展理论研究述评［J］．现代经济探讨，2008（11）．

③ 金伟，崔雪莲．中国特色社会主义经济理论形成与发展的历史进程及基本规律［J］．学习论坛，2010（9）．

国改革开放和经济建设的最新实践结合起来，围绕社会主义经济建设提出了一系列新的重大战略思想和理论观点，推进了中国特色社会主义经济理论创新，书写了中国特色社会主义经济理论体系的新篇章。党的十九大报告提出了一系列创新性的理论思想，是对中国特色社会主义经济理论的创新与发展，十九大明确提出贯彻新发展理念，建设现代化经济体系；着力构建市场机制有效、微观主体有活力、宏观调控有度的经济体制，不断增强中国经济创新力和竞争力。可见，中国特色社会主义经济理论是随着中国特色社会主义经济建设不断深化发展的，是一个不断进步和创新的过程。

四、中国特色社会主义经济理论体系的逻辑架构

对中国特色社会主义经济理论体系的逻辑架构包括逻辑起点、基本范畴、主要线索的认识是随着中国特色社会主义理论与实践的发展而发展的。这一问题在 20 世纪 50 年代就有讨论，改革开放以后，讨论更加深入、具体。例如，关于社会主义经济理论的起点问题，有的主张从社会主义公有制开始，有的主张从社会产品开始，有的主张从商品开始，有的主张从劳动开始，有的主张从企业开始，有的主张从消费需要开始等。关于社会主义经济理论的红线问题，有的主张是社会主义基本经济规律，有的主张是经济效益，有的主张是经济利益，有的主张是剩余劳动规律，有的主张是必要价值规律等。关于社会主义经济理论的基本范畴，有的主张是净产品，有的主张是奖金，有的主张是 V + M，有的主张是自主劳动等①。这些均反映了对社会主义经济本质和发展规律的不同认识。

对中国特色社会主义理论体系逻辑架构的认识有以下几种不同的思路：一是以许涤新的《论社会主义的生产、流通与分配——读〈资本论〉笔记》一书为代表，从社会主义生产、流通和分配几个方面来阐述的理论体系，这一体系比较符合马克思主义政治经济学的方法论和逻辑体系。二是按照给定体制下的经济运行、经济和社会发展的目标以及人的地位三个层次来阐述的理论体系，这种观点以厉以宁的《社会主义政治经济学》为代表。它借鉴了现代西方经济学的分析方法，同时特别强调对人的关心和培养是社会主义的生产目的，认为只有从分析社会主义经济运行，进而分析社会主义社会的发展目标和分析人在社会主义社会中的地位，才能真正

---

① 张朝尊．政治经济学社会主义部分［A］．//《经济研究》编辑部．中国社会主义经济理论的回顾和展望［M］．北京：经济日报出版社，1986.

分析社会主义经济的运动规律。三是把马克思主义政治经济学体系与西方经济学体系相结合，按照本质、运行、发展的三个层次进行阐述的理论体系。20世纪80年代后期编写的一些政治经济学教科书基本上都是按照这一逻辑结构来编排体例的，包括吴树青等主编的《政治经济学（社会主义部分)》、谷书堂主编的《社会主义经济学通论》、逄锦聚等主编的《政治经济学》教材的社会主义部分等。四是按照中国特色社会主义经济理论体系发展的历史进程和内在逻辑来阐述的理论体系，内容包括：社会主义基本经济制度、社会主义市场经济、社会主义分配制度、国有企业改革与发展、社会主义经济发展、全球化与对外开放、政府职能与政府调节等，以卫兴华、张宇著的《社会主义经济理论》为代表。这一思路的主要特点是，坚持用马克思主义的立场、观点和方法分析现实问题，紧密结合中国特色社会主义建设的具体实践，比较全面地反映了中国特色社会主义经济理论和实践发展的最新动态和历史进程。

第二节　马克思主义经济学中国化与中国特色社会主义经济理论

一、中国特色社会主义经济学及其与马克思主义经济理论之间的关系

学术界和理论界围绕什么是中国特色社会主义经济学进行了充分讨论。在对中国特色社会主义经济学及其研究内容的界定中，对其与马克思主义经济理论之间的关系也进行了深入研究。中国特色社会主义经济理论不仅应该是对马克思主义经济学的坚持与继承，同时也应是对其的突破与发展。

有学者认为，中国特色社会主义经济学是在中国化马克思主义指导下，对中国社会主义经济建设实践、发展趋势和经济规律进行系统研究的经济科学，具有实践性、规律性、开放性、前瞻性，形成指导中国现代化建设的独特的经济理论。中国特色社会主义经济学既有突出的中国个性，又带有时代特征，体现解放思想、实事求是、与时俱进的品格，成为同其他经济学不同的马克思主义中国化的经济学，构成当代中国化马克思主义的重要组成部分①。还有学者指出，中国特色社会主义经济理论体系是在

① 杨承训．中国特色社会主义经济学［M］．北京：人民出版社，2009.

马克思主义理论的指导下产生和发展起来的，马克思主义理论为中国特色社会主义经济理论的产生与发展提供了科学的世界观和方法论、正确的立场或价值观、完整的理论体系和分析框架以及基本的制度规范。中国特色社会主义经济理论体系是马克思主义中国化的重要组成部分。“马克思的整个世界观不是教义，而是方法。它提供的不是现成的教条，而是进一步研究的出发点和供这种研究使用的方法”①。另有学者认为，中国特色社会主义经济学是关于中国特色社会主义经济运行的理论概括，研究中国特色社会主义历史阶段生产力与生产关系的矛盾及其运动规律。创建中国特色社会主义经济学，必须以马克思主义为指导，以实现共同富裕和人的全面发展为基点，以发展和揭示中国特色社会主义经济运行的主要规律②。还有一种观点概括中国特色社会主义经济理论体系是马克思主义经济学在当代中国的集中表现，主要包括：社会主义经济本质理论、社会主义初级阶段基本经济制度理论、社会主义分配理论、经济体制改革理论、社会主义市场经济理论、中国特色经济发展理论、经济全球化与对外开放理论、自主创新和建设创新型国家的理论③。

马克思主义经济学中国化的最新成果包括：社会主义市场经济理论、社会主义所有制理论的创新与发展、股份制理论与企业改革理论、按劳分配与按生产要素分配相结合的分配理论、公平与效率的关系及其良性循环机制构建理论、经济发展理论的探索及科学发展观的理论贡献等④。也有研究试图构建中国特色社会主义经济学的新体系，以五个基本经济范畴为支柱，架构中国新经济学。这五个范畴是：社会主义本质、科学发展、社会主义自我完善、社会主义市场经济、社会主义初级阶段，连贯五大范畴的主线是“社会化生产方式及交换方式运动组合的客观经济规律”。要构建整体经济学，即把生产力、生产关系、交换关系和上层建筑的主要领域作为一个互相作用的运行整体，配置各种经济和非经济的“资源”，实现整体良性循环，突出“四位一体”的建设思想，体现社会化历史趋势同中国国情结合的规律性及其整体效应。有学者认为，中国特色社会主义经济学主要研究中国特色社会主义制度下的生产力与生产关系及其相互关系的发展规律问题，论证中国社会主义初级阶段生产力和生产关系及其相互关

---

① 张宇．中国特色社会主义经济理论体系的发展与创新［J］．教学与研究，2007（11）.

② 于连坤．当代中国特色社会主义经济学思想研究［M］．北京：人民出版社，2005.

③ 张宇．马克思主义经济学中国化的集中表现［J］．学术月刊，2008（3）.

④ 杨承训．中国特色社会主义经济学［M］．北京：人民出版社，2009.

系发展的特色问题①。

中国特色社会主义经济理论应始终沿着马克思主义经济学这个分支发展前行。马克思主义经济学代表的是创造财富主体的劳动人民的利益，而劳动人民的财富创造活动是生产力发展最重要的动力，因此这种经济学必然具有最强的科学性和最大的包容性②。还有学者认为，在马克思、列宁生活的时代，不能因为亚当·斯密、李嘉图、西斯蒙第和霍布森等资产阶级和小资产阶级经济学家阐述了某些正确的道理我们就直接提出用他们的基本理论和基本方法来认识资本主义社会，驾驭和指导工人阶级的革命斗争，而应该批判地吸收西方经济学理论的合理成分并创新马克思列宁主义。同样，在现阶段，要用发展了的马克思主义，包括扬弃和超越了现代西方经济学的现代政治经济学理论，来驾驭和指导社会主义经济改革，实践开放和发展③。

二、中国特色社会主义经济理论对马克思主义的继承与创新

中国特色社会主义理论体系作为马克思主义中国化第二次历史性飞跃的重大理论成果，是包括邓小平理论、“三个代表”重要思想以及科学发展观、习近平新时代中国特色社会主义思想等重大战略思想在内的科学理论体系。中国特色社会主义经济理论既坚持了马克思主义关于社会主义本质特征的基本原理和科学社会主义的基本原则，又根据中国实际国情和时代特征突破了马克思主义经典理论的某些具体结论，实现了马克思主义理论一系列重大的创新与发展，成功地实现了对马克思主义科学坚持与创新发展的有机结合与内在统一。

中国特色社会主义经济理论体系是在马克思主义的指导下产生和发展起来的，集中体现了马列主义、毛泽东思想、邓小平理论和“三个代表”重要思想、科学发展观以及习近平新时代中国特色社会主义思想的精神实质和根本要求。马克思主义为中国特色社会主义经济理论的产生与发展提供了科学的世界观和方法论、正确的立场或价值观、完整的理论体系和分析框架以及基本的制度规范。马克思主义的指导地位既是在中国社会主义革命和社会主义建设的历史上形成的，也是建设中国特色社会主义经济的

---

① 何炼成、李忠民．中国特色社会主义经济问题研究［M］．北京：人民出版社，2010.

② 裴小革．马克思主义经济学中国化的意义［J］．学术月刊，2008（3）.

③ 程恩富．用什么经济理论驾驭中国特色社会主义经济建设——与王东京教授商榷［J］．高校理论战线，2004（9）.

实践所要求的，只有坚持马克思主义的指导地位，才能使中国特色社会主义在科学社会主义的旗帜下坚定不移地走向前进。中国特色社会主义经济理论体系是马克思主义中国化的重要组成部分。马克思主义经济学中国化的过程，也是马克思主义经济学从内容到形式与中国社会主义实践相结合的过程。中国改革开放40年的实践已经建立了具有中国特色的经济学派，其内容就是在改革开放实践中形成的社会主义初级阶段基本经济制度理论、社会主义市场经济理论和收入分配理论等，形成了中国特色社会主义经济理论体系。因此，坚持马克思主义的指导并不是要坚持其中的某一个具体的观点或结论，而是要坚持马克思主义的立场和方法论原则，并以此为指导研究中国的具体情况，用发展着的马克思主义指导新的实践。把马克思主义基本理论与中国具体实践相结合，建设中国特色社会主义经济，是中国特色社会主义经济理论体系特有的主题、活的灵魂和不竭的源泉。中国特色社会主义经济理论体系集中体现了中国特色社会主义建设的光辉历史、系统经验和丰富的实践，它既继承了科学社会主义的基本理论，又反映了中国特色社会主义经济建设的新的伟大实践，不断推动着马克思主义经济理论的创新和发展。

《资本论》的理论是中国特色社会主义经济理论体系的重要基础。中国特色社会主义经济理论体系一方面坚持了《资本论》提出的科学的世界观、方法论和基本的经济理论，坚持了《资本论》中提出的包括人的全面发展、生产资料公有制、有计划发展等在内的关于社会主义经济的基本理论；另一方面又根据中国的实际和时代的特征赋予其鲜明的中国特色。它的主要内容包括以人为本、全面协调可持续发展的科学发展观；以公有制为主体、多种所有制经济共同发展的社会主义初级阶段的基本经济制度；社会主义基本制度与市场经济相结合的社会主义市场经济体制；以按劳分配为主体、多种分配方式并存和公平与效率统一的收入分配制度；坚持对外开放、积极参与经济全球化进程与独立自主、自力更生和维护国家经济安全相结合的开放战略等。中国特色社会主义经济建设的伟大成就充分体现了马克思《资本论》的科学价值①。

中国特色社会主义经济理论体系继承和发展了科学社会主义的基本原

---

① 卫兴华，张宇.《资本论》与中国特色社会主义经济理论体系的发展［J］.经济学动态，2007（12）.

则，主要反映在七个方面[①]。

第一，科学的世界观和方法论。中国特色社会主义经济理论，正是依靠马克思主义的科学世界观，坚持辩证唯物主义和历史唯物主义为基础的实践的观点、实事求是的观点、生产力首要性的观点、与时俱进的观点，制定了社会主义初级阶段的基本路线和基本纲领，做出了改革开放的关键性抉择，深化了对社会主义本质的认识，开辟了中国特色社会主义经济发展道路。

第二，正确的立场和价值观。科学社会主义就是关于无产阶级和全人类解放条件和任务的学说，它具有鲜明的阶级立场。在当代中国，坚持科学社会主义的立场和价值观，就是要把最广大人民的根本利益作为我们考虑一切问题的出发点和落脚点。就是要坚持马克思主义的社会理想，以促进和实现人的全面发展为目标，把促进经济社会发展与促进人的全面发展统一起来。

第三，社会主义基本经济制度。十一届三中全会以来，中国共产党从实际出发调整和改革了中国的所有制结构，逐步形成了以公有制为主、多种所有制共同发展的新格局。社会主义初级阶段基本经济制度的确立指明了现阶段中国经济制度的根本性质，为中国特色社会主义的发展奠定了可靠的经济基础。

第四，社会主义分配理论。改革开放以来形成的中国特色的社会主义分配理论从三个方面继承和发展了上述分配原则：坚持以按劳分配为主体、多种分配方式并存；劳动、资本、技术和管理等生产要素按贡献参与分配；坚持效率与公平的统一，在经济发展的基础上更加关注社会公平，实现社会的共同富裕。

第五，社会主义市场经济理论。社会主义市场经济，是中国共产党人对马克思主义发展做出的历史性贡献。在社会主义市场经济体制形成与不断完善的过程中，中国特色的社会主义市场经济理论也逐步形成和不断完善。

第六，社会主义经济发展理论。改革开放以来，中国共产党坚持把发展作为当代中国的主题、当作中国共产党执政兴国的第一要务，形成了有中国特色的经济发展理论，深化了对中国特色社会主义经济发展规律的认

---

① 张宇．中国特色社会主义经济理论体系对科学社会主义基本原则的继承与发展［J］．四川大学学报，2008（6）．

识，赋予马克思主义关于发展的理论以新的时代内涵和实践要求。

第七，经济全球化与对外开放的理论。改革开放以来，中国共产党确立了对外开放和积极参与经济全球化进程的基本国策，形成了全方位、宽领域、多层次的对外开放格局，中国特色的社会主义经济开放理论也在实践中逐步建立和完善。

总之，科学社会主义基本原则与中国具体国情相结合的历史过程，既是科学社会主义基本原则在中国的具体实践和具体运用的过程，也是科学社会主义的基本原则在中国的实践中得到不断发展和创新的过程，中国特色社会主义经济理论与科学社会主义的经典理论是一脉相承而又与时俱进的，是马克思主义中国化的集中体现。

中国特色社会主义经济理论体系极大地丰富和发展了马克思列宁主义的社会主义的经济学说，为科学社会主义理论增添了新的内容。在社会主义市场经济方面，一方面，市场经济理论揭示了社会主义基本制度与市场经济体制相结合的必然性、可行性和兼容性，否定了计划经济和市场经济是社会基本制度属性的认识，突破了市场经济必然以私有制为基础、公有制与市场经济不相容的传统认识。另一方面，社会主义市场经济理论正确解决了在社会主义基本制度下计划与市场关系的问题，突破了把计划经济与市场经济对立起来的传统观念。在所有制结构方面，把公有制为主体、多种所有制共同发展明确为中国社会主义初级阶段的一项基本制度，是所有制理论的一大突破，等等①。改革开放以来，中国共产党努力分清哪些是必须坚持的马克思主义基本原理，哪些是应当突破和创新的具体结论，哪些是强加在马克思主义名下的错误观点。在此基础上，坚持以马克思主义关于社会主义本质特征的基本原理为科学指南，努力搞清楚“什么是社会主义、怎样建设社会主义”这一重大问题。从邓小平理论到“三个代表”重要思想和科学发展观，都努力科学地解答社会主义建设与发展的一系列根本性问题。改革开放以来，我们不仅坚持了马克思主义基本原理和科学社会主义基本原则，而且从中国实际国情和发展要求出发提出了贯彻科学社会主义基本原则的具体形式和具体措施，形成了一系列体现中国特色、反映时代特征的新观点，实现了许多重大的理论创新和制度创新，极大地丰富和发展了马克思主义。中国特色社会主义理论对马克思主义某些

---

① 柯健．中国特色社会主义经济理论体系的特征与时代意义［J］．黑龙江社会科学，2010（2）．

具体结论的突破与创新包括“社会主义初级阶段”与“中国特色社会主义”理论、中国特色社会主义经济体制理论、中国特色社会主义基本经济制度论、中国特色社会主义分配理论等①。

有观点强调了社会主义经济理论“源”和“流”的统一。中国特色社会主义是对马克思主义科学社会主义的继承、坚持与发展、创新，两者之间是源与流的关系。社会主义不同阶段的中国特色社会主义经济理论体系，其本质规定和核心内容应具有共同性。这一共同性的“源”，应是来自马克思主义的科学社会主义理论，诸如大力发展生产力，以公有制（社会所有制）为基础，劳动者是生产和社会的主人，自觉地有计划地发展社会主义经济，实行按劳分配，消除两极分化，实现共同富裕等。没有这些内容的社会主义，不是科学社会主义，也不是中国特色社会主义。但是，又不能教条主义地对待马克思主义的社会主义理论。要从中国国情出发，结合中国革命和建设实际，结合中国改革开放的历史和现实实际，运用和发展科学社会主义经济理论。而发展和创新，就要增加新的内容。这种具有新内容的经济理论，就是中国特色社会主义经济理论②。

有学者提出，中国特色社会主义政治经济学的理论主题是在当今经济全球化加快发展、世界政治经济格局发生重大变化的复杂环境下，探讨中国这样的经济文化比较落后的国家以怎样的方式发展社会主义经济，怎样构建“系统化的经济学”。这一理论主题是对马克思主义政治经济学理论主题的创新和发展。中国特色社会主义政治经济学的理论主题主要表现在“双重维度”上，即对中国特色社会主义“生产关系多层次”的研究与对“具体经济制度多层次”的研究并存。另一方面，中国特色社会主义政治经济学“以人民为中心”的研究立场和具有“双重维度”的理论主题，决定其必须坚持和运用唯物辩证法。面向中国的国情和经济发展实践，中国特色社会主义政治经济学对新特点新规律的揭示，对经济发展实践规律性成果的提炼和总结，以及对“系统化的经济学说”的建设和发展，始终围绕生产力与生产关系的矛盾运动进行，围绕社会经济发展实践展开。中国特色社会主义政治经济学坚持马克思主义政治经济学的方法并做出了开创

---

① 张舰，等．中国特色社会主义经济理论对马克思主义的继承与创新［J］．云南财经大学学报，2010（5）．

② 卫兴华．中国特色社会主义经济理论体系研究［M］．北京：中国财政经济出版社，2015；卫兴华．中国特色社会主义经济理论体系研究［J］．经济学动态，2011（5）．

性的探索，形成了自身特有的方法体系①。

第三节 中国特色社会主义经济理论的发展与创新

一、关于中国特色社会主义经济理论认识中的若干重要问题

（一）关于重要概念的区分

中国特色社会主义经济理论发展中既有历史继承性又具有创新性，需要对不同理论范畴的含义进行厘清，对相关概念与思想进行辨析，在此基础上，才能实现中国特色社会主义经济理论的与时俱进。有学者从社会主义初级阶段和中国特色社会主义的关系，“社会主义经济”与“社会主义市场经济”概念的区别，不要混同公有制的存在及其实现形式，社会主义要把大力发展生产力和发展与完善社会主义生产关系结合起来，分清生产力决定论、生产力标准论与唯生产力论的区别，三条“是否有利于”的标准不是判断姓“社”姓“资”的标准，经济体制转向社会主义市场经济的是是非非，关于效率与公平的理论是非和贫富分化的根源问题，关于社会主义经济增长和经济发展的问题共九个方面，对中国特色社会主义认知中的诸多重要问题进行了理论上的剖析和澄清②。中国特色社会主义经济理论体系是不断发展的开放的理论体系，实践永无止境，创新永无止境，中国特色社会主义经济理论体系必须随着实践和认识的发展而不断发展。有学者指出，当前中国特色社会主义经济理论体系的发展中还存在着许多值得深入研究和探索的问题，包括：什么是社会主义经济的本质？在非公有制经济迅速发展的情况下，如何认识社会主义基本经济制度？是否应该坚持社会主义初级阶段收入分配的基本原则？如何把社会主义基本制度特别是社会主义基本经济制度与市场经济有机结合？如何处理好坚持独立自主和对外开放二者之间的关系？有学者从社会主义本质论，社会主义经济是公有制基础上的有计划的商品经济论，社会主义市场经济论，社会主义初级阶段基本经济制度论，按劳分配为主体、多种分配方式并存论，社会主义公平与效率统一与并重论，三条“是否有利于”判断标准论，转变经济

---

① 张雷声．论中国特色社会主义政治经济学的发展与创新［J］．马克思主义研究，2017（5）．

② 卫兴华．中国特色社会主义经济理论的坚持、发展与创新［J］．马克思主义研究，2015（10）．

发展方式与科学发展论，坚持独立自主同扩大开放、参与经济全球化相结合论，改革、发展、稳定三者关系统一论共十个方面对中国特色社会主义经济理论的重要原理进行了研究与阐述，又针对某些偏离马克思主义和中国特色社会主义本意的观点进行了解读与厘清[①]。对中国特色社会主义经济理论体系中的一些问题要进行仔细辨析[②]：中国特色社会主义发展多种所有制经济和多种分配方式，存在补新民主主义课的因素；不能把社会主义初级阶段的中国特色社会主义内容放大到中国特色社会主义的各个阶段；不能混同"社会主义经济制度"与"社会主义初级阶段的基本经济制度"的内容；"社会主义经济"与"社会主义市场经济"是两个既有联系又有区别的概念，不容混同；中国特色社会主义经济以公有制为主体，包括私营和个体经济，但私营和个体经济不是社会主义经济；社会主义应把大力发展生产力和发展与完善社会主义生产关系结合起来；应分清生产力决定论、生产力标准论同唯生产力标准和唯生产力论的区别；三个"是否有利于"标准不是判断姓"社"姓"资"的标准。

（二）基本经济制度理论

改革开放以来，社会主义初级阶段理论和"三个有利于"标准的提出，为社会主义初级阶段基本经济制度的形成和完善提供了科学的方法论和必要的理论准备。中共十一届三中全会提出全党工作重心要转移到经济建设上来，逐步改革生产关系和上层建筑中不适应生产力发展的环节和方面。1981年6月，党的十一届六中全会《关于建国以来党的若干历史问题的决议》提出："我们的社会主义制度还是处于初级的阶段。""社会主义生产关系的变革和完善必须适应于生产力的状况，有利于生产的发展。国营经济和集体经济是我国基本的经济形式，一定范围的劳动者个体经济是公有制经济的必要补充。"1982年党的十二大报告进一步论述了"坚持国营经济的主导地位和发展多种经济形式的方针"，并出现了国营经济、集体经济、个体经济和外资经济等多种经济形式，强调个体经济是公有制经济的必要补充。1987年党的十三大报告中进一步提出："社会主义初级阶段的所有制结构应以公有制为主体。目前全民所有制以外的其他经济成分，不是发展得太多了，而是还很不够。对于城乡合作经济、个体经济和私营经济，都要继续鼓励它们发展。公有制经济本身也有多种形式。除了

① 卫兴华．中国特色社会主义经济理论体系研究［J］．经济学动态，2011（5）．

② 卫兴华．有关中国特色社会主义经济理论体系的十三个理论是非问题［J］．经济纵横，2016（1）．

全民所有制、集体所有制以外，还应发展全民所有制和集体所有制联合建立的公有制企业，以及各地区、部门、企业互相参股等形式的公有制企业。在不同的经济领域，不同的地区，各种所有制经济所占的比重应当允许有所不同。”在此基础上，1993 年党的十四届三中全会和 1995 年党的十四届五中全会都提出了“坚持以公有制为主体、多种经济成分共同发展的方针”，1997 年党的十五大的召开标志着社会主义初级阶段的基本经济制度最终形成。党的十五大报告提出：“公有制为主体、多种所有制经济共同发展，是我国社会主义初级阶段的一项基本经济制度。”党的十五大报告对基本经济制度的概括实现了三个历史性飞跃：①从“多种经济成分”到“多种所有制经济”；②从“多种经济成分的补充地位”到“多种所有制经济的共同发展”；③从“方针”到“基本经济制度”。此后，党的十六大、十七大、十八大对坚持和完善公有制为主体、多种所有制经济共同发展的基本经济制度，发挥社会主义制度的优越性都进行了阐述。十八届三中全会《中共中央关于全面深化改革若干重大问题的决定》对进一步完善基本经济制度提出了若干创新性观点，指出：“公有制为主体、多种所有制经济共同发展的基本经济制度，是中国特色社会主义制度的重要支柱，也是社会主义市场经济体制的根基。公有制经济和非公有制经济都是社会主义市场经济的重要组成部分，都是我国经济社会发展的重要基础。必须毫不动摇巩固和发展公有制经济，坚持公有制主体地位，发挥国有经济主导作用，不断增强国有经济活力、控制力、影响力。必须毫不动摇鼓励、支持、引导非公有制经济发展，激发非公有制经济活力和创造力。”这和十三大对基本经济制度的表述不同之处在于：对非公有制经济已经不再作为公有制经济的补充，而是“公有制经济和非公有制经济都是社会主义市场经济的重要组成部分，都是我国经济社会发展的重要基础”。党的十九大报告指出：“必须坚持和完善我国社会主义基本经济制度和分配制度，毫不动摇巩固和发展公有制经济，毫不动摇鼓励、支持、引导非公有制经济发展。”

（三）关于经济体制改革的讨论与研究

社会主义市场经济体制是同社会主义基本制度结合在一起的。这一体制的基本框架是树立四个制度，即基本经济制度、现代企业制度、收入分配制度和社会保障制度；构建四个体系，即全国统一开放的市场体系、宏观调控体系、法律体系和社会管理体系。社会主义市场经济体制框架的设计、改革和完善是一项长期而复杂的工程。经济体制改革的基本经验，一是坚持了社会主义基本制度同发展市场经济相结合；二是关于以“结合”为显著标志的经济体制转型方法论；三是渐进式稳步改革模式。

20世纪80年代末到90年代初，理论界展开了对中国经济体制改革取向的讨论。相关讨论可归纳为三种思路，即计划取向论、市场取向论、计划与市场结合论。计划取向论者认为，过去几年宏观失控和经济生活中诸多弊端，直接或间接与强调市场作用有关，必须从市场经济回归到计划经济的轨道上来。市场取向论者则认为，经济生活中出现的宏观失控等不正常现象都直接或间接与传统计划体制有关，是改革旧的计划体制不彻底所致，搞计划取向是要回到旧体制上去。结合论者认为，上述两种论点都有偏颇之处，都把计划与市场看成是相互对立、不能结合的，或者用“主”“辅”论来探讨结合方式，因此，应采取计划与市场相结合的改革方向。但是，相当多的学者赞成市场取向的改革。第一，改革就是要大力扩展商品货币关系，发展市场关系，新旧体制的根本区别就在于发展还是排斥商品—市场关系。第二，市场机制是商品经济的内在机制，市场调节是商品经济运行的主要形式，要发展商品经济就必须充分发挥市场机制的作用①。1991年3月2日，《解放日报》发表署名皇甫平的文章《改革开放要有新思路》，提出要进一步解放思想，计划和市场只是资源配置的两种手段和形式，而不是划分社会主义与资本主义的标志。资本主义有计划，社会主义有市场。在改革深化、开放扩大的新形势下，要防止陷入某种“新的思想僵滞”。不能把发展社会主义商品经济和社会主义市场同资本主义简单等同起来，一讲市场调节就认为是资本主义。1991年7月，中国社会科学院经济学科各研究所、国务院发展研究中心、国家计委经济研究中心、国家统计局、中共中央党校、北京大学、中国人民大学、北京经济学院等单位的学者一起参加了“当前经济学领域若干重要理论问题”座谈会。会上，有学者认为，改革开放的目的是为了建设社会主义，但对一些具体措施，没有必要都用“社会主义”或“资本主义”来划分性质。从全局上说，一定要保证中国整个经济发展的社会主义方向；从具体问题说，不必囿于姓“资”还是姓“社”的诘难。与之相对的观点认为，实行改革开放，不能不问姓“资”姓“社”。不然，假改革之名，否定公有制，搞私

① 卫兴华．有关经济体制改革几个理论问题的探讨［J］．经济纵横，1991（10）；陆立军．“市场取向论”质疑［J］．真理的追求，1992（2）；李金早．论市场导向改革［J］．经济研究，1992（6）；吴敬琏．关于加改革步伐的几点思考［J］．经济研究，1992（4）；杨坚白．关于有计划商品经济和市场实现问题［J］．天津社会科学，1986（2）．

有化；否定计划经济，搞西方市场经济；否定按劳分配，搞两极分化，那就完全背离了社会主义方向和道路，转向了资本主义。不能把私营经济、个体私有制经济、外资经济都纳入社会主义商品经济范畴中，一律都姓“社”了①。

在对中国经济体制改革的讨论中，“宽松学派”和“产权改革派”都提出了自己的观点。“宽松学派”强调宏观经济管理要创造一个有利于改革和发展的宽松环境的理论主张。中国经济体制改革需要有一个宏观经济上比较协调，市场比较松动，国家的财力、物资、外汇等后备比较充裕的良好环境。在经历了1986—1987年“软着陆”的冲击，和1988年以后较长时间的市场疲软的磨难之后，“宽松学派”的代表们更加明确和进一步阐述了上述主张。“宽松学派”的形成和发展，是在同“非宽松学派”的论争中，并循着经济发展、经济改革、经济发展与经济改革相互关系三条线索展开的。在发展问题上，他们对传统发展战略及其作为定式的传统发展模式进行了深刻历史反思和严厉批评，继而在对“六五”时期经济发展情势和格局的全面总结的基础上，提出了由传统的数量型、速度型、外延型、倚重型、封闭型的战略及模式，向新的质量型、效率型、内涵型、协调型、开放型的战略及模式转换的观点，主张把保持适度经济增长率和采取供给略大于需求的反周期对策结合起来，坚持把“双向协同”与“稳中求进”统一起来的基本思路，反对扩张性“速度偏好”和转轨进程中强行起飞的理论观点和对策主张。在改革问题上，他们反对急于求成的“一揽子”方式和“一步到位”的做法，力主“双向协同、稳中求进”的改革思路。在改革与发展的关系上，他们反对为改革而改革的目标偏向，认为改革与发展是在相互联系和相互作用中进行的辩证统一关系，主张把双重体制模式的转换与双重发展模式的转换相互衔接和有机协调起来②。

1984年，世界银行中国经济考察团在考察了中国的经济改革之后，提出从财产关系入手，用股份制的形式来改革中国的国有企业。1985年，一些中青年学者对两权分离的承包制改革思路提出批评，主张进行所有制改革，使企业的所有权和经营权在企业内部相统一。随后，一些学者提出企

---

① 吴敬琏，卫兴华．在当前经济学领域若干重要理论问题座谈会上的发言［J］．经济研究，1991（8）．

② 刘国光，戴园晨．不宽松的现实与宽松的现实——双重体制下的宏观管理［M］．上海：上海人民出版社，1991；林雨．唯实求是的探索：发展中的“宽松学派”［J］．经济研究，1992（3）．

业产权问题，认为只有使企业有了明确的产权，才可能找到权力让渡的合理界限，解决政企职责分开问题[①]。但是，当时全国正热衷于推行各种形式的承包制，承包制的缺陷在实践中还没有充分暴露，因此产权概念并未引起广泛注意。直到1987年前后，经济中各种矛盾趋于尖锐，促使理论界从更深的层次来思考经济体制改革与产权的关系。产权改革理论认为，中国为建立社会主义商品经济新体制所进行的十年改革，虽然取得了举世瞩目的成就和进展，但是，无论是两权分离的微观基础再造，还是价格闯关的市场体系构造，抑或是宏观控制方式的转换，都没有从根本上触动传统经济体制的制度基础——大一统的公有产权结构，它们不仅没能使中国经济从传统体制下解脱出来，而且，随着改革的深入，双重体制、双重规则的摩擦使改革的社会成本越来越高。所以，产权制度改革已成为进一步推进中国经济体制改革的方向和主线。产权改革派的主流是在马克思主义经济学基本原理的指导下，吸收西方现代产权理论，在坚持公有制为主体的前提下探讨多元产权主体的产权结构，以构建社会主义商品经济的微观基础。在改革思路上，他们主张变革单一的国家所有制产权结构，分解国家职能和国有产权，使国有资产人格化、分散化，培植以公有制为主体的多元财产主体，形成有效的产权激励和约束机制。

（四）宏观调控政策思想

改革开放以来，中国经济体制由原来的计划经济逐步向社会主义市场经济转变，在宏观调控领域，一方面宏观调控的政策体系自身经历了一系列发展变化；另一方面，宏观调控体系在经济周期性波动的不同阶段，为应对不同的问题、矛盾而形成了政策操作实践，并对经济形势产生了一定的影响。经过数十年的市场化改革，中国社会经济的市场性因素有了很大增强，经济发展的市场化导向趋势已经确立。但是，中国从计划经济向社会主义市场经济转型的时间毕竟很短，市场体系的发育成熟还需要一个较长的历史阶段，价格机制配置资源的微观基础和制度条件仍有待于进一步健全。在这种情况下，为了避免经济社会转型过程中的剧烈震荡，为了保持经济平稳较快增长，为了对经济发展实行有利导向，就需要政府加强和改善宏观调控。

党的十四大报告指出，要建立社会主义市场经济体制，就是要使市场

---

① 世界银行1984年经济考察团．中国的长期发展问题和方案（主报告）［M］．北京：中国财政经济出版社，1985.

在社会主义国家宏观调控下对资源配置起基础性作用。市场有其自身的缺陷，必须加强和改善国家对经济的宏观调控。完善国家宏观调控是社会主义市场经济的本质要求。进入21世纪，随着中国经济高速增长、经济周期性波动以及经济运行中总量及结构问题的积累，关于宏观经济调控的研究也进一步深化。党的十六大确定了中国宏观调控的主要目标是促进经济增长、增加就业、稳定物价和保持国际收支平衡，这个宏观调控目标体系内涵丰富、覆盖面广。2003年10月，党的十六届三中全会通过《中共中央关于完善社会主义市场经济体制若干问题的决定》，提出完善国家宏观调控体系、转变政府经济管理职能的政策思想，进一步健全国家计划和财政政策、货币政策等相互配合的宏观调控体系。国家计划明确的宏观调控目标和总体要求，是制定财政政策和货币政策的主要依据。党的十八大报告提出“健全现代市场体系，加强宏观调控目标和政策手段机制化建设”。党的十九大报告提出“着力构建市场机制有效、微观主体有活力、宏观调控有度的经济体制”的目标，并且明确指出：创新和完善宏观调控，发挥国家发展规划的战略导向作用，健全财政、货币、产业、区域等经济政策协调机制。

宏观调控范畴的界定，在国内经济学界存在不同的观点。一类典型的观点认为，宏观调控是政府干预的总和，将政府针对市场失灵采取的所有经济措施都归入宏观调控的范畴。也就是说，宏观调控既包括为促进经济总量平衡而采取的财政货币政策，也包括为确保市场有序运行而针对企业行为进行的微观管制①。另一类典型观点是将宏观调控等同于西方市场国家的宏观经济政策，即运用财政政策和货币政策调节总供求②。宏观调控的对象是复杂变化的经济形势，决定了宏观调控目标和政策手段机制不能是建立固定不变的规则，而是要通过一系列机制化的设计和安排，使宏观调控政策对经济波动做出及时有效的反应，降低政策决策的随意性，更好地运用各类政策手段，以及在调控的最终目标、中间目标和政策手段间建立起有机的联系，使宏观调控兼具稳定性、连续性和灵活性、应变性，保

---

① 马洪．中国的社会主义市场经济［J］．管理世界，1993（2）；曹玉书．宏观调控机制创新的理论思考［J］．经济改革与发展，1995（9）

② 黄达．冷静思考经济紧缩带来的启示　重新审视我们对待经济、金融问题的思路［J］．财贸经济，1999（8）；汤在新．论社会主义基本经济制度［J］．经济学家，2004（6）；许小年．为宏观调控正名［N］．经济观察报，2007－12－22.

障宏观调控的实际效果与预期一致①。

在社会主义市场经济体制不同阶段，立足发展改革全局，宏观调控的理念与手段也不断与时俱进，先后创新实施区间调控、定向调控、相机调控，适时适度预调微调，调控的前瞻性、针对性、有效性明显加强，有力促进了经济平稳运行和结构优化升级。强调政府宏观调控的重要性时，还要强调对加强宏观调控和发挥市场机制作用关系的认识，注重运用经济手段和法律手段，发挥市场配置资源的基础性作用。经济的成长和市场发育是一个动态过程，宏观调控的一大宗旨是弥补市场缺陷，促进市场发育，即建立支持市场的制度，促进市场有效运行。中国的经济发展基础和态势决定了既要发挥宏观调控的作用，有助于社会经济的有序运行；又要注重调控方式、工具、手段的经济性和市场性，有利于市场经济体制的成长。党的十八大以来，中国宏观调控积累的丰富经验，为持续创新和完善宏观调控奠定了坚实基础；新发展理念引领经济发展新常态，要求进一步丰富和健全宏观调控目标体系；推进国家治理体系和治理能力现代化，要求进一步创新宏观调控方式及手段。新的历史阶段，要求把握供求关系的深刻变化，更好发挥财政、货币、消费、投资、产业、区域等政策工具的支撑作用，构建更加有效有力的宏观政策体系。

（五）经济增长方式转变相关讨论

2011年以后，中国的经济增长速度放缓，经济增长率降到8%以下，有学者认为，这是经济体在经济快速增长以后面临的结构性减速过程。另外，中国的“制度红利”和“人口红利”已经消失，与资源环境的矛盾一直未能缓解，这些都是阻碍经济快速增长的因素②。中国经济增速经历了连续的回落，表现出中国经济进入了由高速增长转向中高速增长的经济换挡期，中国经济发展进入新常态。如果经济持续下行，除了会影响市场信心和企业投资，也会影响财政收入的增长③。于是，如何防止经济“硬着陆”，实现经济的长期稳定增长，是经济学家探讨较多的问题。

以林毅夫为代表的“周期派”学者认为，经济减速是外部性周期因素，是世界经济的大环境导致的，通过比较新兴国家的经济增速，认为此

---

① 国家发改委经济研究所课题组．宏观调控目标和政策手段机制化研究［J］．经济研究参考，2014（7）．

② 沈坤荣，藤永乐．“结构性”减速下的中国经济增长［J］．经济学家，2013（4）．

③ 刘树成．防止经济增速一路下行——2015—2020年中国经济走势分析［J］．经济学动态，2015（3）．

次增速下降的主要原因是国际金融危机带来的负向需求冲击，且中国的增速依然明显好于其他国家，不存在“中国经济崩溃”一说[①]。另有学者认为，当前中国经济的减速和下滑趋势，不是周期现象，而是供给方、结构性因素导致的潜在增长率的下降[②]。还有学者认为，经济放缓的原因在于新阶段的经济约束条件发生了变化。从供给方面来说，多种生产要素（如土地、劳动、能源、矿产资源）的价格进入快速增长期，依靠增大要素投入量拉动经济增长已经不现实；需求方面，消费需求增长与国民经济均衡增长要求不相适应，消费率长期偏低，消费倾向下降，国际国内市场需求不足，在结构升级完成之前，投资需求难以扩大，出口需求也因为金融危机的冲击和国际贸易保护难以维持较高的增长率。同时我国面临着加速的通胀率，如果经济放缓持续下去，要警惕“滞胀”的风险[③]。有一些学者认为，对经济增长速率减缓的现象不用过分担心，要观察两个因素，一是居民收入不下降并有所提高，二是容纳就业人口多的服务业比重上升，只要这两点满足，就说明中国的宏观经济还在合理区间内，但要注意的是经济增长速度逼近下限的倾向明显，要加强对经济的宏观监测；“稳增长”的目的是保就业，经济增长存在结构问题，所以就业增长与经济增长之间没有固定的比例关系。他们认为，虽然现在经济增长速度下降了，但是就业情况没有恶化，只要能保就业，经济增长速度高一点或低一点，都没有什么关系[④]。

对于如何转变经济增长方式，理论界也提出了不同的观点。有学者认为，转变经济增长模式，要注意到全要素生产率的重要性，因为它可以打破资本的边际报酬递减规律，从而保持经济的持续增长。因此要有一个“创造性毁灭”机制，使低效率的企业被淘汰，高效率的企业占据主导地位，使微观生产效率在经济增长中起支配作用，从而实现可持续的经济增长[⑤]。有学者认为，要使转变经济增长方式得到好的效果，首先要求在要素市场进一步深化市场导向的改革，对政府和市场的边界有一个合理的界定，从而使要素配置是有效的；其次要鼓励和保护创新，改善民营经济的

---

① 林毅夫．中国经济稳定增长的路径［N］．人民日报，2014－07－11.

② 蔡昉．引领新常态才有中高速［J］．经济研究，2015（12）.

③ 刘伟．我国经济增长及失衡的新变化和新特征；经济学动态，2014（4）.

④ 洪银兴．论中高速增长新常态及其支撑常态［J］．经济学动态，2014（11）.

⑤ 蔡昉．中国经济增长如何转向全要素生产率驱动型［J］．中国社会科学，2013（1）.

发展环境，充分释放企业家精神①。另有学者提出，中国确实需要调整经济增长模式，将出口拉动型增长调整为内需拉动型增长。中国仍然存在很多经济和社会回报比较高的投资机会，要把这些潜力挖掘出来，就必须深化改革，消除双轨制遗留下来的收入分配问题，消除腐败等影响经济秩序和社会稳定的问题，充分发挥有效市场和有为政府的作用②。

二、中国特色社会主义经济理论体系的创新发展

（一）经济新常态与中国特色社会主义经济理论体系的创新发展

随着中国经济发展从高速增长进入中速增长，中国进入了全面建成小康社会和全面深化改革的新阶段，从以往的重点突破转向整体推进，指导经济发展的理论也要从单一理论转向系统理论。新常态下的新实践，呼唤新理念的引领和新理论的科学指导。如何进一步开拓当代中国马克思主义政治经济学新境界，从而形成中国特色社会主义经济理论新学说、新体系成为学界关注的问题。有学者指出，在长期的中国特色社会主义道路探索、经济建设、制度创新进程中，特别是改革开放以来，中国共产党在丰富的中国经验基础上已经总结提炼出一些中国特色社会主义经济理论的新理论、新观点，如社会主义初级阶段理论、社会主义的基本矛盾、社会主义基本经济制度、社会主义基本分配制度、社会主义市场经济理论、改革开放理论、转变经济发展方式理论、创新驱动发展理论、新型工业化理论、新型城镇化理论等。这些理论的形成和不断完善与发展，为构建中国特色社会主义经济理论新体系奠定了基础和前提。中国经济发展实践验证了中国特色社会主义理论的科学性、制度优越性和道路正确性，中国经济的成功发展理应孕育着与之相匹配的中国特色社会主义经济理论学说和体系③。2014 年 7 月，习近平提出“各级党委和政府要学好用好政治经济学”。2015 年 11 月，中共中央政治局第 28 次集体学习的主题为“马克思主义政治经济学的基本原理和方法论”，强调要提炼和总结中国经济发展实践的规律性成果，把实践经验上升为系统化的经济学说，不断开拓当代中国马克思主义政治经济学的新境界。2015 年中央经济工作会议又提出要

---

① 田国强，陈旭东．近现代中国的四次社会经济大变革——国企改革的镜鉴与反思［J］．探索与争鸣，2014（3）．

② 林毅夫．中国经济稳定增长的路径［N］．人民日报，2014－07－11.

③ 黄泰岩，张晓晨．构建中国特色社会主义经济理论新体系．南京大学学报（人文社科版），2016（2）．

坚持“中国特色社会主义政治经济学的重大原则”，包括以人民发展为中心的基本制度、社会主义市场经济、五大发展理念、社会主义对外开放、社会主义的根本任务是发展生产力等。党的十九大提出了一系列创新性的理论思想，是对中国特色社会主义政治经济学重要创新和发展。十九大报告提出，中国社会主要矛盾已经转化为人民日益增长的美好生活需要和不平衡不充分的发展之间的矛盾；论述了坚持新发展理念和以供给侧结构性改革为主线的发展思想；进一步提出加快完善社会主义市场经济体制；坚持按劳分配原则，完善按要素分配的体制机制等重要判断和观点。这些重要观点和重大原则都贯穿于中国改革、开放和发展的实践中。如何立足中国国情，把中国经验上升为系统化的理论，是理论界亟待关注和探讨的问题。有学者指出，中国特色社会主义经济理论体系是不断发展的开放的理论体系，实践永无止境，创新永无止境，中国特色社会主义经济理论体系必须随着实践和认识的发展而不断发展。当前，中国特色社会主义经济理论体系的发展中还存在着许多值得深入研究和探索的问题，包括：社会主义经济的本质、社会主义初级阶段基本经济制度、社会主义初级阶段的分配制度、市场经济、对外开放和独立自主等。中国特色社会主义经济理论体系只有在不断的发展和创新中，只有在不断应对各种理论和实践提出的挑战中，才能永葆自己的活力和青春，才能指导中国特色社会主义取得新的更加辉煌的成就①。

（二）中国特色社会主义理论创新体系的构建

改革开放40年，中国经济发展取得了举世瞩目的成就，中国的经济学理论也有重大创新和发展。最集中的体现是，基本形成了主要由社会主义经济本质理论、社会主义初级阶段理论、中国特色社会主义所有制理论、中国特色社会主义分配理论、社会主义市场经济理论、中国特色社会主义经济发展理论、社会主义经济改革理论、社会主义对外开放理论等构成的中国特色社会主义政治经济学。习近平指出，要立足中国国情和中国发展实践，揭示新特点新规律，提炼和总结中国经济发展实践的规律性成果，把实践经验上升为系统化的经济学说。

中国特色社会主义经济理论应凸显国内经济学者的创新品格。有学者认为，这种创新品格应体现在如下五个方面：一是坚持“马学”为魂、

---

① 张宇．完善中国特色社会主义经济理论体系需要深入研究的若干问题．经济学动态，2008（7）．

"中学"为体、"西学"为用，就是以马克思主义基本原理为指导，中国化的马克思主义经济学说为主体，同时吸收西方经济学中的有益成分为我所用；二是构建新的理论体系，不再照抄照搬以往政治经济学教科书的框子，更不能照搬西方经济学的范式；三是力争全面系统地梳理社会主义经济学说的发展脉络和演进历程，辩证地厘清坚持、继承和发展的关系；四是在理论建树上不断提出新论点，为中国经济学提供新鲜血液，而不要有教条气息；五是把意识形态与分析工具有效地统一起来，既鲜明地强化科学社会主义意识，又精巧地运用各种分析工具，将二者紧密地统一于马克思主义中国化的科学上①。创新绝不是脱离马克思主义经济学的方法论根基，尤其是唯物史观的基本信念与价值观、唯物辩证法的科学方法论及其理论体系，以及马克思主义经济学的基本假设条件②。有学者从国际化的角度提出了中国特色社会主义经济理论未来的发展方向，认为国际化有助于扩大中国特色社会主义经济理论的影响力；有助于澄清中国特色社会主义经济理论以及中国经济体制改革性质的认识误区；有助于促进中国特色社会主义经济理论不断繁荣发展，并使之充满生机活力。为推动中国特色社会主义经济理论国际化，有必要推动中国特色社会主义经济理论学术研究国际化、实现中国特色社会主义经济理论传播渠道国际化、展示中国特色社会主义经济理论的实践成果国际化③。还有学者提出，构建中国特色社会主义经济理论新体系，要解决几个关键问题：一是研究对象要与时俱进地加以扩展；二是以发展作为研究主线；三是研究框架应该包括发展理念、发展目的、发展动力、发展道路、发展资源、发展环境、发展制度、发展文化等方面④。也有学者提出，新时代中国特色社会主义经济理论的创新和发展需要澄清目前的一些模糊认识，未来的路径应以马克思主义的理论和范式研究中国现实的经济问题，并吸收西方现代经济学的优秀成果，尤其是在经济运行方面适合中国发展阶段和国情的有用成果，推动马克思主义在中国的创新和发展⑤。

---

① 刘国光. 论中国特色社会主义经济学三则［J］. 毛泽东邓小平理论研究，2009（3）.

② 刘灿，李萍，吴垠. 马克思主义经济学发展创新的时代任务和基本路径［J］. 经济学家，2011（5）.

③ 杜人淮. 推进中国特色社会主义经济理论国际化的必要性及路径［J］. 贵州财经学院学报，2011（2）.

④ 黄泰岩，张晓晨. 构建中国特色社会主义经济理论新体系［J］. 南京大学学报（人文社科版），2016（2）.

⑤ 简新华. 中国特色社会主义经济理论的重大成果和新时代的创新和发展［J］. 经济研究，2017（12）.

第四节　中国特色社会主义政治经济学的探索

一、社会主义政治经济学体系的扩充

（一）关于社会主义政治经济学体系的研究与探讨

进入20世纪80年代，中国相继出版了一批社会主义政治经济学方面的论著。但大体上看，在体系和内容上仍未能摆脱苏联《政治经济学教科书》的理论影响和框架束缚。1984年9月，中国社会科学院经济研究所组织召开了“社会主义政治经济学体系讨论会”，研究了已经出版的教科书的体系结构，探讨了建立社会主义政治经济学理论体系的问题。会上介绍了9部正在探索中的著作，这些著作根据其方法、体系、内容，大体上可分为两类：一类以揭示社会主义生产关系的本质及其运动规律为主要内容；另一类将社会主义经济运行机制、增长和发展作为理论分析的主要内容。这些著作在体系、结构、内容上突破了一些传统理论，但由于在社会主义政治经济学的研究对象的把握，社会主义经济关系的本质认识，以及所运用的研究方法上有较大的差异，所以并未形成完整的、逻辑严密的理论体系①。

20世纪80年代中期以后，中国关于社会主义政治经济学体系的研究和探讨，是与经济改革的实践和改革政策的推出相联系的。随着经济改革的深化，不断提出了新的理论、新的命题，要求经济学界论证、解释，因而社会主义政治经济学必须将这些重大的新问题纳入自己的体系，以全面反映社会主义经济的实际。比如，社会主义有计划商品经济的命题提出后，理论界普遍认为，必须将社会主义经济“是在公有制基础上的有计划的商品经济”的基本观点贯彻到社会主义生产、分配、交换和消费的全部经济过程的理论分析中，彻底抛弃社会主义产品经济论的观点，使社会主义政治经济学体系能够反映社会主义改革实践以及现阶段社会主义经济的特征。又如，有论者提出，社会主义是在一定的经济体制下发展的，经济体制是随着生产力的发展而变化的，因而只了解社会主义经济体制的本质而不了解这一制度的经济体制的变化，就不能使社会主义政治经济学更好

① 《经济研究》编辑部．中国社会主义经济理论的回顾与展望［M］．北京：中国经济出版社，1986.

地为社会主义建设服务。再如，社会主义全民所有制内部存在商品生产和商品交换的原因，这个问题对于社会主义政治经济学体系结构的建立具有十分重要的影响，不同的结论会导致不同的体系结构。而关于这一问题的研讨一直未能有一个科学、统一的意见，成为一个理论难点①。

综观20世纪80年代出版的社会主义政治经济学教科书和论著，一个共同的理论基点是社会主义商品经济理论。到90年代初，社会主义市场经济改革目标提出后，基本上又以社会主义市场经济作为理论基点。无论是社会主义商品经济还是社会主义市场经济，实际上主题是一样的，即建设有中国特色的社会主义。要研究这个主题，就必须在马克思主义基本原理的指导下，结合中国社会主义经济发展的实践，在理论范畴、内容结构、分析方法上进行科学的探索、研究和创新，建立起中国的社会主义政治经济学体系。这是一个艰苦的、长期的工作，根本上要以社会主义经济的发展、进步作为参照。但是，任何科学体系都不是在短期内成熟的，都有一个长期的发展过程。资本主义政治经济学如从重农学派算起，已有几百年的历史，其间经过多少代人的不断修正、补充和完善，才发展到现在的水平。从此意义上说，中国经济学界在社会主义政治经济学探索和研究上的任何一点成果，都是为这一体系的最终确立和发展成熟做出的贡献。

从20世纪80年代社会主义政治经济学体系的研究看，经济体制改革的实践不仅是经济理论研究的直接动力，而且传统体制的变革和新体制的创立，也使经济理论研究的内容和体系日渐完善，一些与经济体制改革相关的理论问题已成为社会主义政治经济学的重要研究内容。

（二）关于国家所有制改革的讨论

随着市场化改革的展开，如何对传统的国家所有制进行改革，使其符合社会主义商品经济和社会主义市场经济运行的需要，是理论界研究的一个热点问题。许多学者对中国国家所有制的现状进行了实证研究，认为企业预算软约束、行为短期化、效益低下的根源在于产权界定不清。提出要发展商品经济，就必须解决没有明确产权边界的国家所有制与要求有明确产权界定的商品经济不适应的矛盾。从产权角度来探讨国家所有制的改革，其理论意义在于使中国的所有制研究与世界经济学前沿理论相结合，同时也使所有制改革和企业改革的研究纳入了规范的经济学分析框架。

---

① 张薰华. 社会争鸣大家：社会主义经济理论卷［M］. 上海：上海人民出版社，1991；蒋学模. 社会主义政治经济学［M］. 上海：复旦大学出版社，1987；李泽中. 当代中国社会主义经济理论［M］. 北京：中国社会科学出版社，1989.

（三）市场机制和市场体系

统一的市场体系和健全的市场机制是连接企业改革和宏观经济体制改革的中心环节，理论界对市场问题的研究构成社会主义政治经济学学科建设的重要部分。中国计划经济理论认为，市场会引起经济失调，忽视市场促进社会分工的发展和优化配置资源、促进产业结构合理转换的功能。随着改革的深入，理论界对市场的认识突破了单一的商品市场的界限，确立了市场体系的概念，主张大力发展要素市场、技术市场、信息市场、产权市场等，通过要素市场实现经济资源的自由流动和有效配置。在理论研究上重视市场机制和市场体系的培育，不仅有助于改革实践的发展，而且也使社会主义政治经济学研究现实化、实证化。

（四）经济发展战略

经济发展战略的概念在中国的广泛使用是在20世纪80年代初。1982年，党的十二大制定了到2000年中国社会经济发展的战略以后，理论界对经济发展战略的研究逐渐形成热潮。当时的一般认识是，中国的经济发展战略应以提高经济效益、各产业协调发展、追求社会—经济综合发展效应为主要特征。经济发展战略主要讨论的是经济增长问题。它是一国对其社会经济发展所制定的全局性和长期性的发展目标，以及为实现这一总目标而规定的指导方针、基本原则和政策措施。但经济发展战略的制定又是基于一定的理论研究基础上的，尤其是经济增长理论、经济发展理论、产业理论等。因此，关于经济发展战略的研究有助于社会主义政治经济学体系的扩充和深化。

（五）企业改革

企业改革是中国经济体制改革的重要方面，20世纪80年代末以后成为改革的重点。企业改革主要有两个方面：一是企业内部的产权关系、组织形式、管理结构、经营机制的改革；二是企业外部的市场环境、法律制度、政府行为、经营条件的改革。这两个方面的改革涉及许多宏观、微观经济理论问题，也涉及社会主义政治经济学的一些基本概念和基本原理。所以，有关企业改革的理论研究构成中国社会主义政治经济学体系的重要内容，并且成为这一体系的重要组成部分。

二、社会主义宏观经济学相关探讨

20世纪80年代，一直到90年代初，中国经济保持着较高的增长速度。经济高速增长是经济体制改革的重要效应，但长期的经济过热也带来了一系列严重的问题，如经济总量失衡、结构失调、重复建设、粗放经营、效益低下等。所以，大抵从80年代中期前后开始，经济学界围绕国民经济宏观调控的中心，开展了对社会主义宏观经济学的探讨。

（一）计划经济的科学性与经济规律

20世纪80年代前期，中国的经济体制改革还处于初步发展阶段，当时对社会主义经济的认识仍是建立在生产资料公有制基础上的计划经济。国家通过制订统一的经济和社会发展计划，指导全社会经济和社会事业的发展。但当时对经济计划的认识与50—70年代大不一样了。理论界普遍认为，经济和社会发展计划是主观的、意识形态的产物。要使计划能对经济和社会发展起正确的指导作用，取得最大的经济效益，计划必须正确反映客观规律的要求。就是说，计划要能起正确的指导作用，要以它的科学性为前提，而要使经济计划具有科学性，计划就必须反映客观经济规律。也有论者认为，国民经济有计划发展规律并不存在。第一，马克思主义经典作家并没有说过社会主义经济中有一个有计划发展规律。第二，在商品生产条件下，社会主义基本经济规律是“计划价值规律”。第三，所谓有计划发展规律是真正发挥价值规律的主要障碍，它不仅在理论上造成一定程度的混乱，而且成为“左”的经济政策的理论依据①。

社会主义经济中存在一个经济规律体系，如社会主义基本经济规律，国民经济有计划按比例发展规律、按劳分配规律、价值规律、生产关系一定要适合生产力性质的规律、生产资料优先增长规律和劳动生产率不断提高规律，等等。因此，国民经济计划不能只反映某一个经济规律的要求，而要反映社会主义经济中诸规律的共同要求，对其中某些规律的作用考虑不周，计划安排不当，就会引起社会再生产比例关系的失调②。

要使经济和社会发展计划能正确地反映客观经济规律的要求，不仅要知道社会主义社会存在哪些经济规律，各个规律之间的关系，以及各个规律在社会主义现阶段发生作用的特点，而且还要按照经济规律的要求，进一步完善计划管理制度、方法和措施。这涉及如何确定计划目标和计划任务，如何搞好综合平衡，以及如何利用经济杠杆为实现计划目标和计划任

---

① 《中国社会科学》经济编辑室．经济学文集（1980年、1981年、1982年）［M］．杭州：浙江人民出版社，1981，1982，1983.

② 《中国社会科学》经济编辑室．经济学文集（1980年、1981年、1982年）［M］．杭州：浙江人民出版社1981，1982，1983；林子力．论新型等价交换［M］．北京：经济科学出版社，1987；何建章，王积业．中国计划管理问题［M］．北京：中国社会科学出版社，1984；厉以宁．国民经济管理学［M］．石家庄：河北人民出版社，1988.

务服务，等等①。

（二）宏观调控体制的变化与宏观经济学

随着经济体制改革的推进，中国的国民经济结构发生了重大变化。一是市场体系逐步发育，市场调控的范围日渐扩大；二是多种所有制并存，改变了单一的所有制结构的状况；三是政府的经济管理出现了专业化分工，调控手段也日趋经济性。由国民经济的变化所决定，宏观调控体制也发生了相应的变化。一是由高度集中的中央调控向中央与地方两级调控转变；二是由直接计划调控向以计划目标为中心的直接与间接相结合的调控转变；三是由单一的行政手段调控向综合运用经济杠杆，采取多种手段调控经济运行转变。正是在这种形势下，经济学界展开了关于社会主义宏观经济学的探讨。

宏观经济学不是像传统的政治经济学那样以经济关系作为研究对象，而是在经济关系既定的条件下以国民经济运行作为研究对象。因此，社会主义宏观经济学是从宏观角度研究社会主义商品经济的运行规律和运行机制的科学。社会主义宏观经济学的任务是阐明宏观经济运行过程的总供给、总需求、消费、投资、储蓄、税收、就业、货币供给、价格总水平这些经济总量及其相互之间的函数关系，找出导致宏观经济平衡和失衡的条件及其调节机制，探索影响国民经济增长和波动的各种因素，以及增长模式、适度增长的界限等。所有这些分析，都是为国家的宏观决策，如财政政策、信贷政策、收入政策、外汇政策等提供理论依据，以达到经济适度增长、价格稳定、充分就业、外汇收入平衡等宏观调控的目标。社会主义宏观经济学的研究方法是以马克思主义政治经济学原理为指导，并借鉴西方经济学的范畴、理论和方法，实证分析和规范分析相结合②。

（三）“新计划经济学派”介绍

1984年，中共中央发布了《中共中央关于经济体制改革的决定》，提出了“计划经济为主，市场调节为辅”的改革目标模式。理论界有不少观

① 《中国社会科学》经济编辑室．经济学文集（1980年、1981年、1982年）［M］．杭州：浙江人民出版社，1981，1982，1983；林子力．论新型等价交换［M］．北京：经济科学出版社，1987；何建章，王积业．中国计划管理问题［M］．北京：中国社会科学出版社，1984；厉以宁．国民经济管理学［M］．石家庄：河北人民出版社，1988.

② 蒋学模．社会主义宏观经济学的特点［J］．人文杂志，1989（6）；陈昕．经济体制改革与社会主义宏观经济学的新探索［J］．经济研究，1990（11）；马洪，等．改革与发展［M］．北京：经济管理出版社，1989；周叔莲．经济结构与经济效果［M］．广州：广东人民出版社，1982；刘国光．体制变革中的经济稳定增长［M］．北京：中国计划经济出版社，1990.

点据此认为，社会主义经济在总体上仍是计划经济，但这种计划经济又是同商品、市场相联系的。因此，经济体制改革和宏观调控必须坚持计划经济为主、市场调节为辅的原则。这种观点曾在当时被称之为“新计划经济学派”。“新计划经济学派”与传统经济理论的区别在于：第一，传统的旧计划经济学实际上是把社会主义全民所有制经济当作一个大工厂，否认全民所有制经济内部存在着实质性的商品交换关系；而新计划经济学派则认为，在全民所有制经济内部，由于分工日益加深的社会化大生产的要求，各个全民所有制企业必然要成为相对独立的商品生产者，因而社会主义全民所有制经济也是商品经济。只有把国家宏观控制的统一性与企业作为商品生产者的主动性、灵活性结合起来，才能使社会大生产中品种、规格繁复异常的供给与需求衔接起来，达到国民经济有计划按比例地发展。第二，传统的旧计划经济学认为，计划调节与市场机制是不相容的；而新计划经济学派不但承认价值规律的调节作用，而且认为必须自觉地运用它，使计划调节通过市场机制来实现。第三，旧的传统的计划经济学认为，指令性计划是计划调节的主要手段；新计划经济学派在强调指令性计划是不可缺少的同时，认为指导性计划在计划调节中占有重要的地位。

关于宏观经济调控，“新计划经济学派”认为，在有计划商品经济的运行中，在将要建立起来的新的经济管理体制中，国家计划调节的作用不能削弱。当然，指令性计划的范围将大为缩小，间接计划调节的范围将大为扩大。但这只是计划调节手段、方法的改变，丝毫不意味着国家计划调节职能的削弱。没有国家自觉实现的计划调节和行政管理，就不可能有“有计划的商品经济”，而只能是无政府状态的盲目性支配的商品经济。在当前新旧体制转轨的过程中，国家尤其要把改革的进程和经济的发展牢牢掌握在手中，避免失控，造成经济秩序的混乱①。

（四）社会主义宏观经济运行的机制构造

据研究，社会主义宏观经济运行机制是一个系统，所包括的主要机制有：经济运行目标导向机制、经济运行决策机制、经济运行动力机制、经济运行调控机制、经济运行信息传导机制、经济运行宏观应变机制、经济运行的发展机制、经济运行的约束机制。只有建立、启动、完善这些机制，才能保证社会主义经济持续、稳定、协调、高效地发展，实现社会经

① 冯宝兴. 介绍“新计划经济学派”[J]. 经济学动态，1989（4）.

济的良性循环[1]。

三、中国特色社会主义政治经济学探讨

（一）社会主义政治经济学始点范畴探讨

2015年12月，习近平在中央经济工作会议上提出“中国特色社会主义政治经济学”，此后理论界展开了热烈的讨论。事实上，在20世纪80年代，关于社会主义政治经济学就有过一系列研究和讨论。社会主义政治经济学作为一个理论体系，必定有始点范畴或逻辑起点。马克思主义经济学研究资本主义经济是以商品作为始点范畴，社会主义政治经济学应该如何确立始点范畴，经济理论界开展了探讨，有三种意见。

一是以“人的生产”为逻辑起点。认为在社会主义社会生活的生产中，人的生产是根本的，是目的，而物的生产是手段。因此，有中国特色的社会主义政治经济学的研究目的，是揭示社会主义社会生活的生产中物的生产适应人的生产的发展规律，即社会主义社会生活的生产的运动规律，使社会主义制度不断完善和巩固[2]。

二是以“必要产品”作为始点范畴。这一理论首先分析了“以生产资料公有制作为社会主义政治经济学始点范畴”的观点，指出所有制关系要通过生产、流通、分配和消费诸过程才能实现，所有制只能理解为生产关系的总和。社会主义政治经济学如果从社会主义公有制开始，就是从生产关系的总和开始，换言之，就是要把分析的结果作为分析的开始。他们认为，社会主义政治经济学以社会主义劳动产品作为始点范畴是较为适当的。在确立了始点范畴以后，该论点进一步讨论了社会主义基本经济范畴，认为基本范畴所反映的是社会主义生产关系最本质的特征，同社会主义生产过程的某一特殊成果相联系，最集中地体现社会主义劳动者的物质利益。因此，它必然地要成为社会主义经济运行的核心[3]。

三是以“社会主义所有制”作为始点范畴。在系统分析了社会主义所有制关系的基础上，展开社会主义生产过程、社会主义流通过程、社会主

---

① 樊纲，张曙光，杨仲伟. 公有制经济的两种运行机制［J］. 经济研究，1990（5）.

② 陈镜云. 简论有中国特色的社会主义政治经济学研究对象及其理论框架［J］. 黑龙江教育学院学报，1991（3）.

③ 雍文远，等. 社会主义政治经济学探索——社会必要产品论［M］. 上海：上海人民出版社，1985.

义生产总过程等的研究①。

（二）政治经济学中国化的探讨

所谓政治经济学中国化是指，在马克思主义政治经济学基本观点和方法论的指导下，批判地吸收其他经济学的科学成就，发掘、继承中国传统经济思想和学术方法中的精华，对中国现实经济进行深入系统的研究，揭示并论证客观规律，以指导中国经济学理论。这就是政治经济学中国化的实质。政治经济学中国化的过程，就是对中国经济矛盾的认识不断深化的过程，它的研究成果是以系统揭示、充分论证其经济规律的学说体系表现出来的。这一体系的建立，是政治经济学中国化成熟的标志，也是探讨和论证社会主义一般经济规律的基础条件。如果能深刻揭示中国现实经济矛盾的根源、发展趋势，并在概念体系上取得重大突破，便能逐步形成中国化的政治经济学体系②。

（三）新时期中国特色社会主义政治经济学创新与发展

党的十八大以来，习近平多次强调“不断开拓当代中国马克思主义政治经济学新境界”，并就“坚持和发展中国特色社会主义政治经济学”“坚持中国特色社会主义政治经济学的重大原则”“不断完善中国特色社会主义政治经济学理论体系”等重大理论和现实问题做了系统阐述。2014 年以后，对中国特色社会主义政治经济学的讨论进入了一个新的阶段，相继出版有《中国特色社会主义政治经济学》（张宇，2016）；《中国特色社会主义政治经济学十五讲》（编写组，2016）；《中国特色社会主义经济学》（陈伯庚等，2016）；《中国特色社会主义政治经济学》（张占斌，周跃辉，2016）；《中国特色社会主义政治经济学探索》（王立胜，裴长洪，2016）；《中国特色社会主义政治经济学理论体系构建》（洪银兴，2016）；《中国特色社会主义政治经济学通论》（逄锦聚，2017）；《中国特色社会主义政治经济学重大理论问题研究》（洪银兴，2017）；《新时代中国特色社会主义政治经济学》（国家行政学院经济学教研部，2018）；《中国特色社会主义政治经济学——以发展为主线》（周绍东，2018）等著作以及大量论文。讨论的内容包括中国特色社会主义政治经济学的理论渊源、内涵界定、基本特征、重大原则、研究方法、理论体系、发展创新等。

中国特色社会主义政治经济学是马克思主义政治经济学基本原理同中

① 蒋学模．社会主义政治经济学［M］．上海：复旦大学出版社，1987；何庆春．政治经济学社会主义部分理论体系初探［J］．辽宁师范大学学报（社科版），1991（2）．

② 刘永佶．实践呼唤着政治经济学的中国化［J］．经济研究，1989（6）．

国经济建设实际相结合的最新理论成果，是指导中国特色社会主义经济建设的理论基础。学界虽然对“中国特色社会主义政治经济学”的概念理解与表述不一，但是对马克思主义政治经济学中国化和时代化的认识逐步深化，概念的内涵和外延也逐步明确和具体。学界称之为“政治经济学社会主义部分”“社会主义政治经济学”“社会主义经济理论”“中国特色社会主义经济学”等。马克思主义政治经济学与中国特色社会主义政治经济学之间是“源”与“流”的关系①。有学者提出，毛泽东对中国社会主义政治经济学的探索为中国特色社会主义政治经济学的发展起到了奠基作用②。中国特色社会主义政治经济学的产生和发展是与改革开放的实践紧密相连的，具有鲜明的实践特色，因此，立足于改革开放和社会主义现代化建设的实践经验是中国特色社会主义政治经济学的来源之二③。另一方面，对西方经济学要摈弃其意识形态的错误因素，对有益成分进行批判性的借鉴④。关键是紧密结合中国实际，具有敏锐的中国问题意识，聚焦中国改革和发展的重大理论和现实问题，着力提出能够体现中国立场、中国智慧、中国价值的理念、主张、方案。只有在比较、对照、批判、吸收、升华的基础上，才能真正构建起科学的中国特色社会主义政治经济学理论体系⑤。

中国特色社会主义政治经济学不仅包含着一系列重大原则和新思想、新观点、新论断，也贯穿了科学的研究方法，具有重要的方法论意义，围绕构建中国特色社会主义政治经济学体系的方法论原则以及具体的分析方法，学术界也展开了系列讨论。构建中国特色社会主义政治经济学应以马克思主义的方法论为本，要坚持辩证唯物主义和历史唯物主义的基本方

---

① 王立胜，郭冠清．论中国特色社会主义政治经济学理论来源［J］．经济学动态，2016（5）；杨承训．中国特色社会主义政治经济学的理论渊源和生成背景［J］．毛泽东邓小平理论研究，2016（2）．

② 顾海良．中国特色社会主义政治经济学的始创及理论结晶——毛泽东《论十大关系》和《关于正确处理人民内部矛盾问题》研究［J］．毛泽东研究，2016（5）；张宇．毛泽东对中国特色社会主义政治经济学的探索［J］．高校马克思主义理论研究，2016（2）．

③ 顾海良．开拓当代中国马克思主义政治经济学的新境界［J］．经济研究，2016（1）；张宇．中国特色社会主义政治经济学［M］．北京：中国人民大学出版社，2016：52；逄锦聚．中国特色社会主义政治经济学论纲［J］．政治经济学评论，2016（5）．

④ 杨承训．中国特色社会主义政治经济学的理论溯源和生成背景［J］．毛泽东邓小平理论研究，2016（2）；张宇．中国特色社会主义政治经济学［M］．北京：中国人民大学出版社，2016：50．

⑤ 中央党校“中国特色社会主义政治经济学研究”课题组．西方经济学理论的借鉴与超越——学习习近平总书记关于中国特色社会主义政治经济学的论述［J］．管理世界，2017（7）．

法，坚持生产力和生产关系矛盾运动的唯物史观。此外，构建中国特色社会主义政治经济学不仅要有方法论基础，而且要具有充分的实践和理论基础。

习近平指出："要加强研究和探索，加强对规律性认识的总结，不断完善中国特色社会主义政治经济学理论体系，推进充分体现中国特色、中国风格、中国气派的经济学科建设。"① 中国特色社会主义发展的新实践，要求理论研究工作者从经济学理论上提炼和总结经济发展实践的规律性成果，把实践经验上升为系统化的经济学说。中国特色社会主义政治经济学是对中国特色社会主义经济制度、经济发展道路进行理论概括的系统性经济学说。关于如何构建中国特色社会主义政治经济学理论体系，有学者强调一定要以社会主义与市场经济相结合作为研究主线，因为社会主义市场经济体制就是在推动这种结合的不断完善和成熟，并贯穿于社会主义市场经济互动的方方面面②。也有学者认为，构建中国特色社会主义政治经济学的主线应该是邓小平所指出的社会主义初级阶段的本质是解放和发展生产力，消灭剥削，消除两极分化，逐步达到共同富裕，并解决好人民日益增长的美好生活需要和不平衡不充分的发展之间的矛盾。其话语体系包括三个方面：一是马克思主义政治经济学尤其是《资本论》提供的政治经济学话语体系；二是中国特色社会主义经济实践中创新的话语体系；三是批判地吸收世界成熟的经济学理论。中国特色社会主义政治经济学理论创新尤其要关注十八届三中全会通过的全面深化改革的决定体现的新进展，以及十九大报告指出的要更加自觉地增强道路自信、理论自信、制度自信、文化自信的新精神③。有学者指出，要用新发展理念引导新时代中国特色社会主义政治经济学理论体系的建立④。有学者从完整的理论体系方面进行了构想：需要构建中国特色社会主义政治经济学的理论依据、现实意义和指导思想；梳理中国特色社会主义政治经济学的演进过程；明确中国特色社会主义政治经济学的研究对象，构建中国特色社会主义政治经济学理论体系的框架结构；同时需解决方法论问题，明确其研究对象、研究方法

---

① 习近平．坚定信心增强定力坚定不移推进供给侧结构性改革［N］．人民日报，2016－07－09.

② 张卓元．实现社会主义与市场经济有机结合——建构中国特色社会主义政治经济学的主线［N］．人民日报，2016－11－21.

③ 洪银兴．关于中国特色社会主义政治经济学理论体系建设的几个问题［J］．人文杂志，2017（12）.

④ 洪远朋．新时代中国特色社会主义政治经济学的发展［J］．经济研究，2017（11）.

和研究手段等；确定中国特色社会主义政治经济学研究的核心内容，即基于二元辩证法所产生的中国经济改革、经济发展和经济运行中的一对对既相互对立又辩证统一的关系①。有学者从两个方面讨论了中国特色社会主义政治经济学的理论创新体系：一是从生产关系上确认社会主义初级阶段理论，在此基础上一系列经济制度创新理论，构成中国特色社会主义政治经济学的核心内容，包括社会主义初级阶段基本经济制度理论、社会主义市场经济理论、社会主义基本分配制度理论；二是从生产力上明确处于中等收入阶段出发创新经济发展理论，包括中国特色社会主义现代化道路理论、科学发展观、开放型经济理论、转变经济发展方式理论等，尤其是在经济进入新常态后产生的新发展理念、创新驱动理论、需求拉动理论、供给侧结构性改革理论等②。

---

① 沈开艳．建设中国特色社会主义政治经济学理论体系的构想［J］．毛泽东邓小平理论研究，2017（1）．

② 洪银兴．以创新的理论构建中国特色社会主义政治经济学的理论体系［J］．经济研究，2016（4）．

第五章　社会主义市场经济体制改革与经济思想研究方向分类

第一节　社会主义市场经济微观基础（厂商行为）研究

一、社会主义市场经济中国有企业改革政策演变研究

1992年10月12日，党的十四大报告《加快改革开放和现代化建设步伐夺取有中国特色社会主义事业的更大胜利》，正式确立了中国经济体制改革的目标是建立社会主义市场经济体制，以利于进一步解放和发展生产力。建立社会主义市场经济体制，第一个重要环节是转换国有企业特别是大中型企业的经营机制，把企业推向市场，增强它们的活力，提高它们的素质。这是建立社会主义市场经济体制的中心环节，是巩固社会主义制度和发挥社会主义优越性的关键所在。通过理顺产权关系，实行政企分开，落实企业自主权，使企业真正成为自主经营、自负盈亏、自我发展、自我约束的法人实体和市场竞争的主体，并承担国有资产保值增值的责任①。1993年11月14日，党的十四届三中全会通过的《中共中央关于建立社会主义市场经济体制若干问题的决定》提出了国有企业改革的模式是建立现代企业制度。以公有制为主体的现代企业制度是社会主义市场经济的基础。十几年来，采取扩大国有企业经营自主权、改革经营方式等措施，为企业进入市场奠定了初步基础。建立现代企业制度，是发展社会化大生产和市场经济的必然要求，是我国国有企业改革的方向。其基本特征，一是

---

① 江泽民．加快改革开放和现代化建设步伐夺取有中国特色社会主义事业的更大胜利［M］．北京：人民出版社，1992.

产权关系明晰，企业中的国有资产所有权属于国家，企业拥有包括国家在内的出资者投资形成的全部法人财产权，成为享有民事权利、承担民事责任的法人实体。二是企业以其全部法人财产，依法自主经营，自负盈亏，照章纳税，对出资者承担资产保值增值的责任。三是出资者按投入企业的资本额享有所有者的权益，即资产受益、重大决策和选择管理者等权利。企业破产时，出资者只以投入企业的资本额对企业债务负有限责任。四是企业按照市场需求组织生产经营，以提高劳动生产率和经济效益为目的，政府不直接干预企业的生产经营活动。企业在市场竞争中优胜劣汰，长期亏损、资不抵债的应依法破产。五是建立科学的企业领导体制和组织管理制度，调节所有者、经营者和职工之间的关系，形成激励和约束相结合的经营机制。所有企业都要向这个方向努力。现代企业按照财产构成可以有多种组织形式。国有企业实行公司制，是建立现代企业制度的有益探索。规范的公司，能够有效地实现出资者所有权与企业法人财产权的分离，有利于政企分开、转换经营机制，企业摆脱对行政机关的依赖，国家解除对企业承担的无限责任；也有利于筹集资金、分散风险①。

1997 年 9 月 12 日，党的十五大报告强调加快推进国有企业改革，进一步明确建立现代企业制度是国有企业改革的方向。要按照“产权清晰、权责明确、政企分开、管理科学”的要求，对国有大中型企业实行规范的公司制改革，使企业成为适应市场的法人实体和竞争主体。进一步明确国家和企业的权利和责任。国家按投入企业的资本额享有所有者权益，对企业的债务承担有限责任；企业依法自主经营，自负盈亏。政府不能直接干预企业经营活动，企业也不能不受所有者约束，损害所有者权益。为搞好整个国有经济，按照抓好大的，放活小的的原则，对国有企业实施战略性改组。力争到 20 世纪末，大多数国有大中型骨干企业初步建立现代企业制度②。

2002 年 11 月，党的十六大报告提出全面建设小康社会的奋斗目标和完善社会主义市场经济体制。要深化国有企业改革，进一步探索公有制特别是国有制的多种有效实现形式，大力推进企业的体制、技术和管理创新。除极少数必须由国家独资经营的企业外，积极推行股份制，发展混合

---

① 中共中央关于建立社会主义市场经济体制若干问题的决定［M］．北京：人民出版社，1993.

② 江泽民．高举邓小平理论伟大旗帜把建设有中国特色社会主义事业全面推向二十一世纪［M］．北京：人民出版社，1997.

所有制经济。实行投资主体多元化，重要的企业由国家控股。按照现代企业制度的要求，国有大中型企业继续实行规范的公司制改革，完善法人治理结构。推进垄断行业改革，积极引入竞争机制。通过市场和政策引导，发展具有国际竞争力的大公司大企业集团，进一步放开搞活中小企业[①]。

2003年10月14日，党的十六届三中全会通过了《中共中央关于完善社会主义市场经济体制若干问题的决定》。《决定》将政府公共管理职能和国有资产出资人职能分离，国有资产管理机构对授权监管的国有资本依法履行出资人职责，维护所有者权益，维护企业作为市场主体依法享有的各项权利，督促企业实现国有资产保值增值，防止国有资产流失[②]。将政府的国有资产出资人职能剥离到专门成立的国有资产管理机构（国有资产管理委员会），由法律授权国有资产管理机构对国有资本进行监管、履行出资人职责，由国有资产管理机构向国有企业进行授权经营。这一体制是对资产所有权、法人财产权“两权分离”的改进，进一步理顺了国有资产的产权关系。对于国有企业改革，还是要完善法人治理结构。按照现代企业制度要求，规范公司股东会、董事会、监事会和经营管理者的权责，完善企业领导人员的聘任制度。加快推进和完善垄断行业改革，对垄断行业要放宽市场准入，引入竞争机制。有条件的企业要积极推行投资主体多元化[③]。

2007年10月，党的十七大报告从完善基本经济制度，健全现代市场体系出发，提出深化国有企业股份制改革，健全现代企业制度，优化国有经济布局和结构，增强国有经济活力、控制力、影响力。深化垄断行业改革，引入竞争机制，加强政府监管和社会监督。加快建设国有资本经营预算制度，完善各类国有资产管理体制和制度[④]。

2013年11月12日，党的十八届三中全会通过《中共中央关于全面深化改革若干重大问题的决定》。全面深化改革的总目标是完善和发展中国特色社会主义制度，推进国家治理体系和治理能力现代化。坚持和完善基

---

① 胡锦涛．全面建设小康社会开创中国特色社会主义事业新局面［M］．北京：人民出版社，2002.

② 中共中央关于完善社会主义市场经济体制若干问题的决定［M］．北京：人民出版社，2003.

③ 中共中央关于完善社会主义市场经济体制若干问题的决定［M］．北京：人民出版社，2003.

④ 胡锦涛．高举中国特色社会主义伟大旗帜为夺取全面建设小康社会新胜利而奋斗［M］．北京：人民出版社，2007.

本经济制度，发挥国有经济主导作用，推动国有企业完善现代企业制度。国有企业属于全民所有，是推进国家现代化，保障人民共同利益的重要力量。国有企业总体上已经同市场经济相融合，必须适应市场化、国际化新形势，以规范经营决策、资产保值增值、公平参与竞争、提高企业效率、增强企业活力、承担社会责任为重点，进一步深化国有企业改革。准确界定不同国有企业功能。国有资本加大对公益性企业的投入，在提供公共服务方面做出更大贡献。健全协调运转、有效制衡的公司法人治理结构①。

2017 年 10 月，党的十九大报告从贯彻新发展理念，建设现代化经济体系角度提出加快完善社会主义市场经济体系。要完善各类国有资产管理体制，改革国有资本授权经营体制，加快国有经济布局优化、结构调整、战略重组，促进国有资产保值增值，推动国有资本做强做优做大，有效防止国有资产流失。深化国有企业改革，发展混合所有制经济，培育具有全球竞争力的世界一流企业②。

到 21 世纪 10 年代，国有企业经过长期改革，总体上已经同市场经济相融合，深化国有企业改革仍是重要任务，主要包括：规范企业经营决策，国有资产保值增值，提高国有企业的活力、效率和市场竞争力，但更加强调国有企业承担社会责任的功能，在提供公共服务方面做出更大贡献。同时与发展混合所有制经济相联系，在开放经济环境中培育具有全球资源配置能力和竞争力的世界一流企业。

二、国有企业改革中的“企业法人财产权”分析

中国国有企业改革在相当长时期内是循着建立现代企业制度的思路演进的。建立现代企业制度的企业组织形态基本上是公司制，企业资本形态基本上是股份制，与此相联系的一个产权改革思路是所有权与经营权“两权分离”，并创造出一个“法人财产权”概念作为两权分离的法理依据。根据学术观点和政策含义，企业的资产所有权和“法人财产权”是可以分离的两种权利。资产所有权体现为资产收益权；法人财产权体现为资产经营权。企业中的国有资产所有权属于国家，企业拥有包括国有资产在内的出资人投资形成的全部法人财产权，成为享有民事权利、承担民事责任的法人实体。企业以其全部法人财产自主经营、自负盈亏。

---

① 中共中央关于全面深化改革若干重大问题的决定［M］. 北京：人民出版社，2013.

② 习近平. 决胜全面建成小康社会夺取新时代中国特色社会主义伟大胜利［M］. 北京：人民出版社，2017.

根据国际民法、商法，一般只有股份有限公司和有限责任公司才具有企业法人资格。因为股份公司或有限公司出资人较多，所以才需要确立公司的法律人格，使其成为脱离出资者（自然人）的法律主体。但是，公司法人概念并不衍生出“法人财产权”，遍览世界各国法律，找不到“法人财产权”或“法人所有权”的提法。在英美法系中，财产权可分为法定财产权益和衡平权益。凡有法定产权者，不管什么种类的财产，就是所有权人，有权处分财产。而享有衡平权益的人，是一个受益者，对财产的使用有权利要求。这两类权益的划分是英美法系特有的信托财产制度的基础，动产和不动产都可以建立信托。在信托财产制中，信托人可以为了他人（受益人）的利益将财产转让给受信托人，由后者经营管理，并按照协约将部分或全部信托财产或其收入支付给受益人。在信托财产制中，受信托人成为信托财产的法定所有人。受益人则享有对这一财产的衡平权益。在受信托人不履行其义务时，受益人有权提起诉讼。但受信托人并不是法人，法定财产权益也不是“法人财产权”，这种财产信托制度与国家拥有资产所有权、企业拥有法人财产权的做法显然不是一回事。各国公司法明文规定，股份公司的法人代表是董事会。因为董事会是股东大会的替代机构或常设机构（按照美国公司法的规定，股东大会有两个组织机构，一个是股东大会，一个是董事会），具体代表股权并实施经营权，有承担法律责任的义务和能力，所以才成为公司法人代表。也就是说，资本所有权和法人代表应是同一产权主体，法人代表资格以资本所有权为依据，这才是产权规范化。如果资本所有权和法人代表分离为两个产权主体，那么法人代表的权利和责任就没有财产依据，产权就是不规范的（中国许多企业的法人代表是经理、厂长或董事长，这是与国际通例相悖的做法，而且在逻辑上也讲不通。如果法人代表可以是自然人，那为何还要确立企业的法人地位？在股份公司中，董事长只是法定代表人，而不是法人代表。如果更进一步，将公司财产权分为资产所有权和法人财产权，产权就愈加不规范了）。

为了进一步说明这个问题，还需要对股份制经济中股东与公司法人的产权关系做理论上的澄清。“企业法人财产权”观点的一个主要分析是，股份公司的出资人对其投入资本拥有所有权，所有出资人的投入资本形成公司法人财产。法人财产形成后就与出资人分离，成为一个独立的“法人财产权”，归企业法人所有。诚然，出资人一旦投资于股份公司，其股权只能转让，不能退股。相对于股东的变动，公司是独立存在的。对于股东与公司法人的产权关系需做进一步的分析。法人是一个法律概念，是具有独立法律人格的民事主体。从公司法人的角度看，公司财产在法律上应被确认为是一个统一的整体，以构成独立法律人格的财产依据。然而，公司财产在法律上的独立性并不是说这一财产所有权与出资者分离，另外形成一个法人财产权。公司财产所有权只有一个归属，即毫无疑问地属于出资者。当发生民事诉讼时，公司法人作为独立民事主体，以其所有财产负责任。但公司法人的这种责任是以股东的有限责任为基础的，即股东的有限责任是公司法人责任的来源；正如股东的资本所有权是公司财产权利的来源和归属，而不能使财产权利任意与股东分离。另外，“法人财产权”归企业法人所有也是一种含混不清的说法。这里的“企业法人”到底指什么？如果是指企业本身，那就是说作为各种生产要素投入集合的企业拥有这些投入要素的所有权，这是不符合逻辑的。如果是指企业的经营者和生产者，也说不通。经营者和生产者因被资本所有者聘用而获得相应的报酬，他们又凭什么依据拥有“企业法人财产权”？如果是指公司董事会，也不合理。董事会代表资本所有权行使经营权，董事会的权力是由股东委托的，而不是由法律赋予的。根据规范产权，公司权力来源只能是一个，即经营权来源于所有权。倘若有两个并列的权力来源，经营权不是来源于资本所有权，而是来源于“法人财产权”，则产权就不规范。

三、利润最大化、帕累托最优及市场经济微观基础产权范式

建立和完善社会主义市场经济的目的，就是要提高资源配置效率和经济活动效率，更好地发展生产力，满足社会对福利增长的需要。在“凯恩斯革命”之前，西方主流经济学基本就是微观经济学，主要任务就是研究效率问题。根据经济学的效率标准，在既定的产权范式条件下，市场主体的利润（收益）最大化目标与资源配置最优化目标（帕累托最优）应该是统一的。这是社会主义市场经济体制改革需要确立的理论准则，也是与社会主义市场经济改革相联系的经济思想理论研究的一个基本论题。

在一个新古典框架中，利润最大化是经济学在分析厂商行为时所设定的一个基本假设，意指厂商的行为准则是获取最大的利润。利润最大化是一个定义精密且合乎理性的假设，在此假设下，经济学得以构建起一个简单的模型用以预测厂商的产出量及其相应的价格。当然，利润最大化假设并不能百分之百地解释厂商行为。例如，在一般竞争均衡中，规模收益递增的厂商所追求的是边际成本定价原则（效率要求价格等于边际成本），

而不是利润最大化。但从长期看，厂商的决策行为更接近于利润最大化。因此，利润最大化似乎是分析厂商行为的最合理起点，只是在某些场合才需对此假设有所放松。

将利润最大化作为厂商生产的目的，其意义并不仅止于工具理性层面，而且还涉及更深层次的社会生产目的、国民财富增长等问题。在现代经济中，企业生产是社会财富增长的源泉，企业生产效率的高低决定了一国国民经济增长的质量和速度。只有每一个企业都追求利润最大化，经济资源才能有效地被利用，社会需求才能更好地被满足。所以，在正常的市场条件下，企业越是追求利润最大化，就越有利于国民经济的发展和社会福利的提高。

如果说利润最大化是生产的效率标准，那么资源配置的效率标准是帕累托最优。事实上，新古典经济学的效率标准或效率定义就是帕累托最优或者是帕累托效率。帕累托最优并不仅仅是一个抽象的效率标准，这个概念阐明了竞争性均衡是有效的，这是对自亚当·斯密以来古典经济学所信奉的自由竞争理念的证明。阿罗和德布鲁证明了新福利经济学的两个定理：第一，在新古典假设条件下，竞争性均衡是帕累托有效率的；第二，再假设规模收益非递增，则任何一个帕累托有效率的资源配置可以分散化为一个竞争性均衡[①]。经济学家、统计学家埃奇沃斯利用“埃奇沃斯盒状图”（Edgeworth’s box）对交换的帕累托最优进行证明。在埃奇沃斯盒状图中，将交易双方各条无差异曲线的切点连接起来即形成所谓的埃奇沃斯“契约线”（Cantract curve）。双方交易的成交点必须在契约线上，而只有在契约线上的成交点才能满足帕累托最优条件。运用埃奇沃斯盒状图证明帕累托最优是在古典的完全竞争市场假设下展开的（当然，达到帕累托最优可能还有其他途径）。在不存在外部性、不存在报酬递增、完全竞争等经典假设下，自由交易将使交易成交点移至契约线上的某一点，达到帕累托交换最优。

通过自由交易而达到“帕累托最优”的分析基本上是市场经济引致财富增长的解释。市场经济之所以效率较高，因为它是一种自由财产权利基础上自由交易的经济关系。它通过个人自由选择而实现交易，并在产权明确界定的前提下，保证了交易的受益效应和受损效应都由交易当事人直接

---

① 参阅 Arrow K J. Uncertainty and the welfare economics of medical care［J］. American Economic Review，1963（53）；Debreu G. The Theory of Value［M］. New York：Wiley，1959.

承担。交易当事人根据成本与收益的比较及效用（利润）最大化准则，判断一项交易对他是有利的或者是有损的，进而做出是否达成交易的选择。当大量的交易都在这种情况下完成时，整个社会的资源配置就会趋于优化，并引致社会福利的增长。以上分析表明，在古典完全竞争市场假设下，利润最大化与帕累托最优是相联系的，帕累托最优是通过交易当事人的最大化行为而达到的。完全竞争市场中个人利益最大化和社会利益最大化（帕累托最优）的一致性正是古典经济学所宣扬的信念。

在古典的完全竞争市场假设中，以及在科斯的"零交易成本"世界中，对于交易各方行为的约束来自交易对方的量大化追求。换言之，基于自利动机的自由交换本身就是一种有效的激励—约束机制。除非交易双方都受益，不然交易不会达成。而在交易各方的利益均达于最大的交易点上（不损害对方的利益就不能再增加自己的利益），也就实现了帕累托最优。

从方法论角度看，古典经济学是在制度既定的前提下，讨论资源配置效率问题。如果放松古典制度假设，那么制度就不是讨论效率的前提，而是讨论效率的内容。现代产权经济学正是从"交易成本为正"（放松"零交易成本"假设）这一命题出发，研究什么样的制度安排（激励—约束机制）能在最大程度上消除外部性，使个人利益追求与社会福利增长相统一。产权作为一种经济关系，是与交易相联系的，如无交易，也无产权，"在鲁滨孙的世界里，产权不起作用"。产权的发展与交易的发展相联系；而交易的发展又与分工的发展及资源稀缺的发展相联系，正是在此意义上，产权才作为一个分析要素纳入经济学框架。古典经济学虽未明确给出"产权"的概念，但这一学说关于私人财产权利互相制衡的机制已揭示了产权在市场经济中的客观法则。在现代社会中，产权是对人们财产行为权利的规范，亦即对个人追求私利行为的制约。产权的本质是一种排他性的权利。在一个排他性权利的制度中，每个人的权利既受到他人权利的有效制约，也有效地阻止了他人权利的侵害。

产权的排他性决定了它的相对性。在交易中，交易各方的排他性产权互相限制了对方对自己权利的损害，因而对于交易各方而言，产权就是相对性的而非绝对性的，值得指出的是，法学意义上的对财物的绝对所有（所有权）与经济学意义上的产权的相对性并不是同一层面的问题。所有权强调的是从人与财物的关系角度考察的比较静态、单向支配的权利界定；产权则强调从交易契约的角度考察的相对动态、双向制约的权利界定。所有权的绝对性决定了产权的排他性；排他性产权进入交易，权利就成为相对性。产权的排他性及相对性正是产权的制度价值之所在。如果产权不具有相对性，即产权是不受约束，不受规范的，那么也就无权利可言了。由产权的性质所决定，产权主体具有两方面的行为特征：一是具有追求自身利益最大化的激励和权利；二是要受到其他产权主体权力制约。在这种对自己利益的最大化追求和受他人权力制约的规则下，微观个体利益最大化与社会利益最大化趋于一致。

所以，在社会主义市场经济体制改革中，必须健全归属清晰、权责明确、保护严格、流转顺畅的现代产权制度①。这是市场经济趋近效率目标的微观基础。

四、国有企业改革思路：市场环境和治理结构

国有企业改革一直是中国经济体制改革的主要内容之一，事实上，城市经济体制改革就是从国有企业改革开始的。在建立完善的社会主义市场经济体制改革中，国有企业改革一直贯穿于改革过程。经过多年改革，国有企业的市场化性格逐渐形成，总体上已经同市场经济相契合。但由产权性质所决定，国有企业在灵活适应市场变化、规范经营决策、资产保值增值、公平参与竞争、提高企业效率、增强企业活力等方面仍需深化改革。在如何推进国有企业市场化改革的研究中，基本上可归纳出两种思路：一种思路认为，国有企业改革的关键环节是构建一个公平竞争的市场环境，在这种市场环境中，国有企业要生存发展，必须自觉进行市场化改革；另一种思路认为，国有企业改革的核心问题是企业内部治理结构的变革以及激励—约束机制的形成。其实，市场环境培育和治理结构调整本来是改革过程两个互相联系的方面，这两个方面的改革应该是同步推进的。

国有企业改革的一个操作性方案是建立现代企业制度，健全现代企业（公司）法人治理结构，建立长效激励—约束机制。但无论是激励效应还是约束效应，都要有完善的市场体系和市场环境作为条件，包括产品市场、要素市场和经营者市场。因为只有在完善的竞争性市场上，产品和要素的价格才能趋于合理，评价指标才能趋于客观，激励和约束效应才会加强。例如，从约束角度看，对经理人员的约束主要来自两个方面：一是代理人之间的竞争，二是市场定价。在存在代理人竞争的条件下，委托人才可以通过选择对代理人进行约束，进而降低控制代理人行为的费用。市场

---

① 中共中央关于全面深化改革若干重大问题的决定［M］. 北京：人民出版社，2013：8.

定价是指产品的市场定价和股票的市场定价。一般情况下，股票市场价格和产品的价格、质量及市场占有率是反映企业经营绩效的客观标准，因而也是对经营者才能的评价指标。特别是对股份公司而言，股票市场价格基本上反映了股东通过“用脚投票”来选择经营者的行为，对经营者形成较强的约束，所以如果没有一个完善的市场体系，即使企业制度和治理结构设计得很现代、很规范，也无济于事。

另一方面，公平竞争的市场环境的生成又取决于市场参与者的行为是否符合市场经济微观主体的特性。在市场经济中，交易实际上是各交易当事人自由选择的结果，而要实现自由交易，经济活动中必须要有众多的交易者，且交易必须是在产权界定明确的交易主体之间平等进行，交易主体根据成本与收益的比较以及效用最大化原则，判断一个实现资源配置的交易对他是否有利并决定是否交易。所以，所谓资源优化配置，就是市场进入者通过自由交易行为而受益的过程，在这一过程中，产权应当是明确界定的。产权明确界定保证了交易当事人的理性激励和有效约束，因而交易费用较低、外部性较小、效率较高。

从中国的情况看，市场化改革一方面是新制度的创建；另一方面是旧制度的变革，这两方面是不可分割的。在创建一个竞争性市场环境的同时，如果不对原有的产权关系、企业制度做相应的变革，那么价格、利率等市场信息就不能对企业行为产生效应；同样，在按照现代企业制度的要求改造国有企业的同时，如果没有相应的市场体系创建，那么现代企业内部治理结构也难以构建。所以，以上两方面的意见应当是共存互补的。

从理论上考察，在新古典经济学与新制度经济学相整合的理论框架中，上述两种思路是可以沟通的。要提高效率，必须进行自由市场交易；要进行自由市场交易，又必须要有现代产权制度和公平交易的经济关系及制度保障，两者可以整合在一个理论框架中。在改革实践中，市场的深化与经济组织及经济制度的变革是一个互相联系的自然发展过程。西方国家的企业制度或治理结构是随着市场经济的发展逐渐演化而来的，如果没有相应的经济市场化基础，单靠政府指令将成千上万家国有企业改造成“现代企业”，是一种“人造经济”行为，不会有大的实际效果。另一方面，随着中国经济市场化的发展，如果在制度供给上缺乏弹性，没有相应的企业变革和创新，也将扰乱市场经济的正常成长。因此，中国企业改革应是一个动态过程，即在大力促进市场建设的基础上，在法律上、政策上给出制度变革的保障，使所有制结构、产权结构、企业制度能够进行适时的调整和变革，使之与经济市场化的发展程度和发展特性相契合。

五、委托—代理理论与深化国有企业改革的路径

国有企业属于全民所有，是推进国家现代化、保障人民共同利益的重要力量。但在加快完善社会主义市场经济体制的改革中，国有企业必须适应市场化、国际化新形势，健全协调运转、有效制衡的公司法人治理结构[①]。国有企业的全民所有性质决定了其治理结构的理论依据是委托—代理理论。在一个委托—代理框架中，所谓“代理问题”，是指委托人必须设计一种契约或机制，能给代理人提供某种激励和制约，使代理人在自身效用最大化的条件约束下，让委托人的效用趋于最大。代理问题会引致“代理成本”，即对委托—代理契约或机制的实施和监督成本。代理成本是伴随着“所有权和经营权分离”而产生的。代理成本的实质是所有权与经营权分离的情况下，所有者（委托方）力图控制经营权所发生的费用。值得指出的是，所谓“所有权与经营权分离”并不是一个法律程序，而是一个经营程序，是一个治理结构的成本比较和选择问题。在发生委托—代理关系的情况下，所有者自己经营的成本一定是大于代理成本，因此所有者将经营权转移出去，自己成为外部所有者，特别是在国有企业属于全民所有的制度中。

若将影响委托—代理契约选择的其他变量假设为既定，则契约选择只受代理成本的约束。代理成本的大小和所有权与经营权分离的程度相关，而所有权与经营权分离的程度又与产权的分散程度相关。产权越是分散，所有权与经营权的分离程度就越大，委托人的监督费用和可能的剩余损失也就越大。另外，委托—代理层级越多、范围越大，则谈判和监督的费用也就越高。如果代理成本超过了一定限度，委托人就会弱化监督，从而导致“内部人控制”问题。由中国特色社会主义基本经济制度所决定，国有企业属于全民所有。在国有产权制度中，只有全体公民是国有产权的主体。但是，由全体公民一起来实施产权主体职责的费用是相当大的，在操作上也是不可能的，因此必须由政府来代表全体公民行使产权主体职责。如此，在国有产权制度中，在全体公民与政府这一层级上就存在委托—代理关系。而政府和国有资产单位及国有企业的经营管理者又要发生委托—代理关系。所以，对全社会的国有资产进行管理和营运，其委托—代理关

① 中共中央关于全面深化改革若干重大问题的决定［M］．北京：人民出版社，2013：9，10.

系是大范围和多层次的，博弈和契约是大量的和动态的。这种全社会的委托—代理关系导致了极高的代理成本。更为重要的，大范围、多层次的委托—代理关系导致了产权约束弱化。在一层层的委托—代理关系中，国有产权越来越难以形成对各级委托方行为的激励—约束机制，委托方越来越不具有产权主体（代表）的行为特征。公民作为国有资产、国有企业的最终所有者，对代理人进行充分有效监督的成本极高。从理论考察，代理人的机会主义行为很难约束。所以，全面深化改革、加快完善社会主义市场经济体制的一个重要任务是要完善各类国有资产管理体制，改革国有资本授权经营体制，加快国有经济布局优化、结构调整、战略性重组，促进国有资产保值增值，推动国有资本做强做优做大，有效防止国有资产流失①。

国有资产、国有企业制度深化改革的路径主要有三方面。

第一，发展国有资本、集体资本、非公有资本等交叉持股、相互融合的混合所有制经济。允许更多国有经济和其他所有制经济发展成为混合所有制经济，混合所有制经济是基本经济制度的重要实现形式。国有资本投资项目允许非国有资本参加。这样既有利于国有资本放大功能、保值增值、提高竞争力，也有利于各种所有制资本权利互相制约、相互促进、共同发展。混合所有制所形成的产权分立、利益协调、合作共赢机制是适应市场经济特性的，也有利于国有资产运营效益提升。

第二，完善国有资产管理体制，以管资本为主加强国有资产监管，改革国有资本授权经营体制。在操作上组建若干国有资本运营公司，支持有条件的国有企业改组为国有资本控股公司。

第三，国有企业完善现代企业制度。国有企业总体上已经同市场经济融合，必须适应市场化、国际化新形势，进一步深化国有企业改革。准确界定不同国有企业功能。国有资本继续控股经营的自然垄断行业，实行以政企分开、政资分开、特许经营、政府监管为主要内容的改革。健全协调运转、有效制衡的公司法人治理结构。建立职业经理人制度，推进经理层任期制和契约化管理，更好发挥企业家作用。

以上三个方面，第一是从产权关系着手，形成归属清晰、权责明确、激励相容、利益平衡的企业产权结构；第二是加强监管，有效防止国有资产流失；第三是形成现代公司法人治理结构和灵活高效的市场化经营机

① 习近平．决胜全面建成小康社会夺取新时代中国特色社会主义伟大胜利［M］．北京：人民出版社，2017.

制。据资料显示，截至2016年年底，全国国有企业（不含金融、文化类国有企业）资产总额达到154.9万亿元，比2012年年底增长了73.1%，进入《财富》世界500强的国有企业达到82家①。但经过40年改革，国有企业仍存在体制机制不健全、布局结构不合理、经营管理的活力效率不平衡等问题，必须进一步深化国有企业改革。

根据委托—代理理论分析及深化国有企业改革路径研究，国有企业委托—代理模式可以有几种选择。

第一，国有国营模式。这一模式适用于因国家安全及国民经济安全有必要保有的非自然垄断（行政性垄断）大型基础性产业。国资委直接授权经营，但对企业经营权实施有效控制：一是人事权，国有资产管理部门直接任命企业领导层，企业领导层直接向所属的国有资产管理部门负责；二是经营决策权，政府对企业的投资决策、融资方式及数量、主要经营方向、中长期发展战略及企业变更等进行指令性控制；三是主要财务指标，政府向企业下达主要财务指标，包括产值、销售额、利润率、折旧率及利润分配原则，这些指标应成为企业的经营目标。国有国营企业因具有行政性垄断性质，政府必须对其进行直接控制，所以其经营自主权比较有限。由于政府与企业直接构成委托—代理关系，层级简单、监控直接，所以代理成本较低。但是，这类企业的数量应很少，不然将扰乱经济秩序，并且引致代理成本大幅上升，最终造成效率低下。

第二，混合所有制性质的企业集团模式。企业集团一词是20世纪中叶在日本首先使用的，它是指以一个实力雄厚的大型企业为核心，以资本联系为主要纽带，以产品、技术、供销、加工等关系为辅助纽带，通过控股、持股、资产购买、契约等形式把多个企业、事业单位紧密联结，协调行动的企业集群。适宜于组建企业集团的应是那些竞争性以及具有规模经济的产业，如冶金业、采矿业、化工业、制造业、建筑业等。在这些产业中发展企业集团，适应了中国经济成长阶段和产业结构调整的需要。中国现在在产业结构上需要发展资本—技术密集的、具有规模经济的产业，这些产业的规模很大、产业链较长，对国民经济有很强的带动效应。因此，如能在企业组织形式上适应经济成长及产业发展的要求，将会对国民经济起到有力的推进作用。在委托—代理关系上，政府对企业集团中的核心企业实施直接授权经营，政府（国有资产管理部门）将企业集团中国有资产

① 肖亚庆．深化国有企业改革［N］．人民日报，2017－12－13.

的管理权和经营权直接授予核心企业，核心企业作为代理方，对企业集团中（包括核心企业本身）的国有资产进行经营管理，并负责所经营国有资产的保值增值。政府对企业集团则分别行使社会经济管理和国有资产所有权管理两种职能。一方面通过有关法律法规、产业政策、宏观经济政策的制定和实施，引导和规范企业集团的发展；另一方面则行使所有者职能，对委托—代理契约的执行情况进行监督，对企业集团的财务进行外部审计。政府行使所有者职能的实质是建立有效的所有权对经营权的约束机制，以保障国有资产所有者权益不受侵害和有效增长。

第三，国有资本运营公司模式，也可称之为控股公司模式。这类模式的公司主要从事资产经营活动，政府与其的委托—代理关系也是授权经营性质的，即政府支持有条件的国有企业改组为国有资本投资公司，将国有资产的管理权和经营权授予作为经济实体的投资公司；投资公司以资产经营的方式对所授予其经营管理的国有资产进行运作，通过多种资产重组形式，对关系国家安全、国民经济命脉的重要行业和关键领域，以及重要前瞻性战略性产业进行投资，实现国有资产价值增值和质量提升。国有资本投资公司是一种层次较高的国有资产经营管理模式，它通过对优势企业授予资产经营权，使其能够根据自身发展及产业结构转换的需要，按照市场经济规则开展资产经营，在实现自身规模扩张、追求规模经济效益的同时，带动国有资产的存量重组和优化配置，进而为经济发展、生态保护、科技进步、国家安全提供公共服务。

第二节　社会主义市场经济与宏观调控（政府作用）研究

一、建立和完善社会主义市场经济体制与政府作用的政策演变研究

1992 年 10 月，党的十四大报告对市场和国家宏观调控的关系表述为：我们要建立的社会主义市场经济体制，就是要使市场在社会主义国家宏观调控下对资源配置起基础性作用，使经济活动遵循价值规律的要求，适应供求关系的变化；同时也要看到市场有其自身的弱点和消极方面，必须加强和改善国家对经济的宏观调控。建立社会主义市场经济体制的一个重要环节之一是加快政府职能转变。转变的根本途径是政企分开。政府的职能，主要是统筹规划，掌握政策，信息引导，组织协调，提供服务和检查

监督。进一步改革计划、投资、财政、金融和一些专业部门的管理体制，同时强化审计和经济监督，健全科学的宏观管理体制与方法①。在宏观调控上，更好地发挥计划和市场两种手段的长处。国家计划是宏观调控的重要手段之一。计划仍是宏观层面资源配置的主要手段，更新计划观念、改进计划方法的重点是合理确定国民经济和社会发展的战略目标，搞好经济发展预测、总量调控、重大结构与生产力布局规划，集中必要的财力物力进行重点建设，综合运用经济杠杆，促进经济更好更快地发展。

1993年11月14日，党的十四届三中全会通过《中共中央关于建立社会主义市场经济体制若干问题的决定》，明确了建立社会主义市场经济体制，就是要使市场在国家宏观调控下对资源配置起基础性作用。《决定》提出了转变政府职能，建立健全宏观调控体系的体制改革要求。转变政府职能，主要是政府运用经济手段、法律手段和必要的行政手段管理国民经济，不直接干预企业的生产经营活动。政府管理经济的职能，主要是制定和执行宏观调控政策，搞好基础设施建设，创造良好的经济发展环境。同时，要培育市场体系、监督市场运行和维护平等竞争，调节社会分配和组织社会保障，控制人口增长，保护自然资源和生态环境，管理国有资产和监督国有资产经营，实现国家的经济和社会发展目标②。这里所称的政府职能转变，基本上还是指政府不直接干预企业的生产经营活动，而是从宏观层面管理国民经济，并界定了政府管理经济的主要职能是制定和执行宏观调控政策，搞好基础设施建设，创造良好的经济发展环境。宏观调控的主要任务是：保持经济总量的基本平衡，促进经济结构的优化，引导国民经济持续、快速、健康发展，推动社会全面进步。宏观调控主要采取经济办法，建立计划、金融、财政之间相互配合和制约的机制，加强对经济运行的综合协调③。根据这一政策思路，宏观调控覆盖了总量平衡、结构优化、经济增长、社会进步，仍有一定的“计划经济与市场调节相结合”的痕迹。1990年12月，党的十三届七中全会通过的《中共中央关于制定国民经济和社会发展十年规划和“八五”计划的建议》提出，属于总量控制、经济结构和经济布局的调整以及关系全局的重大经济活动，主要发挥

① 江泽民．加快改革开放和现代化建设步伐夺取有中国特色社会主义事业的更大胜利［M］．北京：人民出版社，1992.

② 中共中央关于建立社会主义市场经济体制若干问题的决定［M］．北京：人民出版社，1993.

③ 中共中央关于建立社会主义市场经济体制若干问题的决定［M］．北京：人民出版社，1993.

计划的作用；企业日常的生产经营、一般性技术改造和小型建设等经济活动，主要由市场调节。国民经济管理的主要任务是合理确定国民经济发展的计划、规划和宏观调控目标，制定正确的产业政策，做好综合平衡，协调重大比例关系，综合配套地运用经济、法律和行政手段引导和调整经济运行①。这里所规定的计划对国民经济管理的主要任务，与党的十四届三中全会决定所界定的政府管理经济的主要职责及宏观调控所覆盖的经济领域差别不大，只是在1990年没有使用“宏观调控”的概念。

党的十四届三中全会决定提出的宏观调控概念，在中国社会主义市场经济体制改革中具有重要意义，这是在国家政策层面明确采用了现代经济学的宏观经济概念，而且明确了宏观调控的办法或工具是计划、金融、财政，要建立计划、金融、财政之间相互配合和制约的机制，加强对经济运行的综合协调。计划提出国民经济和社会发展的目标、任务，以及需要配套的经济政策；中央银行以稳定币值为首要目标，调节货币供应总量，并保持国际收支平衡；财政运用预算和税收手段，着重调节社会总需求与总供给的基本平衡，并与产业政策相配合，促进国民经济和社会协调发展②。这里所称的货币政策、财政政策、货币供应总量、社会总需求、总供给等，都是宏观经济学的基本要素。

1997年9月，党的十五大提出了社会主义初级阶段的基本路线和纲领。基于对社会主义初级阶段的基本国情的统一认识和准确把握，建设有中国特色社会主义的经济，就是在社会主义条件下发展市场经济，不断解放和发展生产力。要按照社会主义市场经济的要求，转变政府职能，实现政企分开。宏观调控的主要任务，是保持经济总量平衡，抑制通货膨胀，促进重大经济结构优化，实现经济稳定增长。宏观调控主要运用经济手段和法律手段。要深化金融、财政、计划体制改革，完善宏观调控手段和协调机制③。

2002年11月，党的十六大报告提出不断完善社会主义市场经济体制，坚持社会主义市场经济的改革方向，在更大程度上发挥市场在国家宏观调控下对资源配置起基础性作用，健全统一、开放、竞争、有序的现代市场

---

① 中共中央关于制定国民经济和社会发展十年规划和“八五”计划的建议［M］. 北京：人民出版社，1990.

② 中共中央关于建立社会主义市场经济体制若干问题的决定［M］. 北京：人民出版社，1993.

③ 江泽民：高举邓小平理论伟大旗帜把建设有中国特色社会主义事业全面推向二十一世纪［M］. 北京：人民出版社，1997.

体系。完善政府的经济调节、市场监管、社会管理和公共服务的职能，减少和规范行政审批。要把促进经济增长、增加就业、稳定物价、保持国际收支平衡作为宏观调控的主要目标①。为了完善社会主义市场经济体制，党的十六大报告强调在更大程度上发挥市场在资源配置中的基础性作用。并且将政府职能界定为经济调节、市场监管、社会管理、公共服务；将宏观调控的主要目标界定为促进经济增长、增加就业、稳定物价、保持国际收支平衡。这一政策演变显示了在开放型市场经济条件下对政府职能和宏观调控的准确把握，特别是把社会管理、公共服务界定为政府职能，也显示了行政管理体制及治理体系现代化发展要求。

2003 年 10 月 14 日，党的十六届三中全会通过了《中共中央关于完善社会主义市场经济体制若干问题的决定》。完善社会主义市场经济体制的目标是：按照统筹城乡发展、统筹区域发展、统筹经济社会发展、统筹人与自然和谐发展、统筹国内发展和对外开放的要求，更大程度地发挥市场在资源配置中的基础性作用，增强企业活力和竞争力，健全国家宏观调控，完善政府社会管理和公共服务职能，为全面建设小康社会提供强有力的体制保障。主要任务是：完善公有制为主体、多种所有制经济共同发展的基本经济制度；建立有利于逐步改变城乡二元经济结构的体制；形成促进区域协调发展的机制；建设统一开放竞争有序的现代市场体系；完善宏观调控体系、行政管理体制和经济法律制度；健全就业、收入分配和社会保障制度；建立促进经济社会可持续发展的机制。为此，要完善国家宏观调控体系，加快转变政府职能。进一步健全国家计划和财政政策、货币政策等相互配合的宏观调控体系。国家计划明确的宏观调控目标和总体要求，是制定财政政策和货币政策的主要依据。财政政策要在促进经济增长、优化结构和调节收入方面发挥重要功能，完善财政政策的有效实施方式。货币政策要在保持币值稳定和总量平衡方面发挥重要作用，健全货币政策的传导机制。转变政府经济管理职能。深化行政审批制度改革，切实把政府经济管理职能转到主要为市场主体服务和创造良好发展环境上来。完善政府重大经济社会问题的科学化、民主化、规范化决策程序，充分利用社会智力资源和现代信息技术，增强透明度和公众参与度②。党的十四届三中全会提出了转变政府职能的改革要求。党的十五大报告提出转变政

---

① 胡锦涛．全面建设小康社会开创中国特色社会主义事业新局面［M］．北京：人民出版社，2002.

② 中共中央关于完善社会主义市场经济若干问题的决定［M］．北京：人民出版社，2005.

府职能，实行政企分开。党的十六大报告把“减少和规范行政审批”作为转变政府职能的重要内容，将转变政府职能与行政审批即用行政手段配置资源相联系。党的十六届三中全会要求深化行政审批制度改革。此后，行政审批制度改革与现代商事制度改革，事中事后监管制度改革，“放、管、服”行政管理体制改革相衔接，成为政府职能转变的主要改革路径。这也是更大程度地发挥市场在资源配置中的基础性作用和使市场在资源配置中起决定性作用为主线的完善社会主义市场经济体制的必由之路。

2007 年 10 月，党的十七大报告提出，为促进国民经济又好又快发展，要深化财税、金融等体制改革，完善宏观调控体系，完善国家规划体系。发挥国家发展规划、计划、产业政策在宏观调控中的导向作用，综合运用财政、货币政策，提高宏观调控水平①。

二、全面深化改革与政府作用的政策演变研究

2012 年 11 月，党的十八大报告提出全面深化经济体制改革，明确经济体制改革的核心问题是处理好政府和市场的关系，必须更加尊重市场规律，更好发挥政府作用。深化行政审批制度改革，继续简政放权，推动政府职能向创造良好发展环境，提供优质公共服务，维护社会公平正义转变②。党的十八大报告明确将处理好政府和市场的关系定为经济体制改革的核心问题，明确将深化行政审批制度改革定为推进政治体制改革的主要任务之一，明确政府职能向社会管理和公共服务转变，体现了加快完善社会主义市场经济体制，更大程度更广范围发挥市场在资源配置中的基础性作用的改革要求。

2013 年 11 月 12 日，党的十八届三中全会通过《中共中央关于全面深化改革若干重大问题的决定》，首次将市场在资源配置中起基础性作用表述为市场在资源配置中起决定性作用，要紧紧围绕使市场在资源配置中起决定性作用深化经济体制改革。强调经济体制改革是全面深化改革的重点，核心问题是处理好政府和市场的关系，使市场在资源配置中起决定性作用和更好发挥政府作用，着力解决市场体系不完善、政府干预过多和监管不到位问题。必须积极稳妥地从广度和深度上推进市场化改革，大幅度

---

① 胡锦涛．高举中国特色社会主义伟大旗帜为夺取全面建设小康社会新胜利而奋斗［M］．北京：人民出版社，2007.

② 胡锦涛．坚定不移沿着中国特色社会主义道路前进为全面建成小康社会而奋斗［M］．北京：人民出版社，2012.

减少政府对资源的直接配置，推动资源配置依据市场规则、市场价格、市场竞争实现效益最大化和效率最优化。政府的职能和作用主要是保持宏观经济稳定，加强和优化公共服务，保障公平竞争，加强市场监管，维护市场秩序，推动可持续发展，促进共同富裕，弥补市场失灵。党的十八届三中全会《决定》把发挥社会主义市场经济体制优势的内在要求设定为科学的宏观调控，有效的政府治理。宏观调控的主要任务是保持经济总量平衡，促进重大经济结构协调和生产力布局优化，减缓经济周期波动影响，防范区域性、系统性风险，稳定市场预期，实现经济持续健康发展。宏观调控体系是以国家发展战略和规则为导向，以财政政策和货币政策为主要手段。全面正确履行政府职能，进一步简政放权，深化行政审批制度改革，最大限度地减少中央政府对微观事务的管理，市场机制能有效调节的经济活动，一律取消审批，对保留的行政审批事项要规范管理、提高效率。政府要加强发展战略、规划、政策、标准等制定和实施，加强市场活动监管，加强各类公共服务提供①。党的十八届三中全会《决定》将宏观调控扩展到总量、结构、区域、经济周期、风险防范、经济发展六个方面。将政府职能界定为经济和社会两个层面。经济层面主要是宏观调控和市场监管；社会层面主要是公共服务、推动可持续发展、环境保护、促进共同富裕。这是经济社会发展的要求以及全面深化改革所面临的新问题。

2017年10月，党的十九大报告宣布，经过长期努力，中国特色社会主义进入了新时代，这是我国发展新的历史方位。为贯彻新发展理念，建设现代化经济体系，必须加快完善社会主义市场经济体制。经济体制改革必须以完善产权制度和要素市场化配置为重点。要深化商事制度改革，完善市场监管体制。创新和完善宏观调控，发挥国家发展规划的战略导向作用，健全财政、货币、产业、区域等经济政策协调机制②。党的十九大报告明确，全面深化改革的总目标是完善和发展中国特色社会主义制度，推进国家治理体系和治理能力现代化。为建设现代化经济体系，必须着力构建市场机制有效、微观主体有活力、宏观调控有度的经济体制。在政府职能和宏观调控改革方面，要深化行政体制改革，创新行政管理方式，增强政府公信力和执行力，建设法治政府和服务型政府，推进治理体系和治理能力现代化。

---

① 中共中央关于全面深化改革若干重大问题的决定［M］．北京：人民出版社，2013.

② 习近平．决胜全面建成小康社会夺取新时代中国特色社会主义伟大胜利［M］．北京：人民出版社，2017.

2018 年 2 月 28 日，党的十九届三中全会通过《中共中央关于深化党和国家机构改革的决定》。关于优化政府机构设置和职能配置，《决定》强调，转变政府职能是深化党和国家机构改革的重要任务。要坚决破除制约使市场在资源配置中起决定性作用、更好发挥政府作用的体制机制弊端，围绕推动高质量发展，建设现代化经济体系，加强和完善政府经济调节、市场监管、社会管理、公共服务、生态环境保护职能，调整优化政府职能，全面提高政府效能，建设人民满意的服务型政府。在操作上，要合理配置宏观管理部门职能。科学设定宏观管理部门职责和权限，强化制定国家发展战略、统一规划体系的职能，更好发挥国家战略、规划的导向作用。完善宏观调控体系，创新调控方式，构建发展规划、财政、金融等政策协调和工作协同机制。深入推进简政放权。减少微观管理事务和具体审批事项，最大限度地减少政府对市场活动的直接干预，提高资源配置效率和公平性，激发各类市场主体活力。完善市场监管和执法体制。改革自然资源和生态环境管理体制。完善公共服务管理体制。强化事中事后监管，把更多行政资源从事前审批转到加强事中事后监管上来，提高行政效率，形成自上而下的高效率组织体系。党的十九届三中全会《决定》从国家机构改革层面对政府职能做了明确界定，并对宏观管理部门职能、职责和权限做了明确界定，使得“更好发挥政府作用”的改革更具操作性。

三、社会主义市场经济改革进程中政府作用及宏观调控的研讨

一般以为，发展中国家的市场存在缺陷，如市场发育程度低，缺乏有效竞争，信息成本高，公共产品供给障碍，价格扭曲，等等，这些市场缺陷需要政府干预去弥补。中国经济学界一般认为，中国从计划经济向社会主义市场经济转轨过程中，市场体系的发育需要一个较长历史阶段，价格机制配置资源的微观基础和制度条件有待逐步健全。在这种情况下，为了避免经济社会转型过程中大的震荡，为了保持经济平稳较快增长，为了对经济社会发展实行有利导向，需要政府加强和完善宏观调控，更好发挥政府作用。

党的十八大报告提出经济体制改革的核心问题是处理好政府和市场的关系，必须更加尊重市场规律，更好发挥政府作用。经济理论界对政府职能、政府作用等展开了讨论。一些人认为，要限制政府干预经济的职能。应强化市场型政府，政府必须从全能政府转向有限政府，从管制型政府转

向调控型政府，从发展型政府转向服务型政府，从人治政府转向法治政府①。有观点认为，中国政府规模对经济增长并无显著性影响，在中国进入中等收入国家行列后，政府规模持续扩大对增长造成显著负面影响，而且越是经济不发达，政府规模对增长损害就越大。政府应缩小规模，降低对经济的控制，增加经济自由度。只有加快市场化改革才是推动中国经济长期发展的关键②。有学者分析，用市场在资源配置中的“决定性作用”替代“基础性作用”，是为了进一步强调市场在资源配置中的作用，进一步从广度和深度上推进市场化改革，着力解决政府对资源直接配置过多，对微观经济活动干预过多和审批过多；政府对市场监管不到位，影响公平竞争环境的形成和健全；政府公共服务和社会管理也不到位或缺位，远不能满足社会需求；政府没有很好地依法打破各种形式的行政垄断甚至采取一些歧视性政策，妨碍非公有制经济的发展等问题。这就要求政府转型，从越位领域退出，填补和做好原来缺位和不到位的工作，实现政府职能转换③。关于如何正确理解政府的作用，有论点认为，政府在市场经济中的作用主要表现在保护产权、保障公平竞争、提供公共服务、加强社会治理、促进可持续发展和宏观调控等方面。政府发挥这些作用的目的，是为市场更好地发挥作用创造环境、提供服务，而不是替代市场的作用。政府要从越位、错位的地方退回来，在缺位的地方补上去。这正是政府职能转换所要解决的问题④。有观点指出，更好发挥政府作用的一个重要标志是政府行为本身也要遵守市场秩序。政府作用机制同市场机制衔接，政府配置公共资源同市场配置市场资源结合进行⑤。有学者指出，中国从计划经济向市场经济过渡还没有完全实现，政府和国有经济对整个经济和社会的强力干预和管控妨碍市场在资源配置中发挥基础性作用。国家权力对经济活动干预和控制的加强，使寻租活动的制度基础得以强化，贫富差距拉大⑥。

在关于政府职能、政府作用的讨论中，有学者不同意把改革开放的成

---

① 胡家勇，等．从政治经济学的角度探讨如何进一步推进改革——中国政治经济学论坛第十五届年会会议综述［J］．经济学动态，2013（10）．

② 赖小琼，李飞龙．全面深化改革推动中国经济理论新发展——第七届中国政治经济学年会综述［J］．经济学动态，2014（2）．

③ 张卓元．《决定》提出了哪些需要认真研究的问题［J］．经济研究，2014（1）．

④ 刘世锦．把市场在资源配置中的决定性作用落到实处［J］．经济研究，2014（1）．

⑤ 洪银兴．论市场对资源配置起决定性作用后的政府作用［J］．经济研究，2014（1）．

⑥ 吴敬琏．制定全面改革的行动规划［J］．中国改革，2013（8）．

就完全归功于市场化的进展。认为将所出现的问题主要归之于政府干预过度、市场化不够，两极分化等社会矛盾的根源主要是由于政府权力过大、贪腐过于严重，下一步改革是要削弱政府对经济的管理和干预，市场化是解决问题的灵丹妙药的观点是新自由主义、市场原教旨主义[①]。也有观点主张“有效的市场”与“有为的政府”相结合。对于转型中的国家，有为的政府尤其重要。20 世纪 70—80 年代，新自由主义盛行，强调市场，忽视了政府的作用，推行私有化、自由化、市场化。结果是推行新自由主义所倡导的华盛顿共识的国家经济普遍崩溃停滞，危机不断。在同一时期，有少数经济体取得了成功。它们有一个共同的特点，即在经济发展和转型中既有“有效的市场”，也有“有为的政府”。应该消除对市场的干预和扭曲，让资源由市场配置，又要在这个过程中强调政府在保护产权、维持宏观稳定、克服市场失灵上发挥作用，推动技术、产业、制度等结构的变迁[②]。有论者从批判“泛市场化思潮”角度提出，泛市场化理论将国家对经济事务的管理和调控贬斥为走计划经济的思路。泛市场化思潮的根源主要来自西方新自由主义经济学派。中国特色社会主义经济理论，就是既尊重市场规律，又充分发挥政府的调控作用和功能，是马克思主义经济理论的发展[③]。

有文献用实证研究方法分析政府干预对制造业企业市场退出的影响。结论表明，劳动力流动性管制越严格，企业市场退出概率越大；地区金融抑制程度越高，企业退出市场的风险越大；政府补贴强度较高会显著增加企业市场退出风险；企业负责人与政府打交道时间占比越长，企业市场退出风险越大[④]。有观点在互联网、大数据的技术背景下讨论计划经济与市场经济的区别，认为两者区别的本质是由行政权力配置资源，还是在价值规律的支配下由市场主体自主选择判断来配置资源。互联网、大数据可以使计划制订得更科学，但无法解决这个时代最重要的人的创造性、积极性问题。互联网、大数据只有与市场相结合才能迸发出最大的效用[⑤]。

经济思想界的研讨在方法上大体可分为三类：一类基本上是政策诠释，一类基本上是规范研究，还有一类是就某一论题进行实证研究。研讨

---

① 刘国光．再论我国经济体制改革的方向［N］．经济学家周报，2013 - 09 - 19.

② 林毅夫．有效市场也需有为政府［N］．经济学家周报，2013 - 12 - 07.

③ 周新军．泛市场化批判的先行者［N］．经济学家周报，2013 - 11 - 23.

④ 王明益，石丽静．政府干预影响中国制造业企业市场退出的路径分析［J］．经济学动态，2018（6）.

⑤ 高尚全．中国改革开放 40 年的回顾与思考［J］．新华文摘，2018（9）.

的观点有不同甚至有冲突，但都是基于对中国社会主义市场经济体制改革的认识和愿景，具有较强的本土化色彩。如果从经济学理论框架考察，政府对经济活动进行调控或干预的理论依据是存在着市场失灵。按照标准的经济学理解，市场失灵是指实际经济环境不能满足福利经济学第一定理的条件（即微观经济学的完全竞争市场模型）时，市场在资源配置方面是低效率的。市场失灵的典型表现是存在外部性。现实中导致市场失灵的原因有垄断，信息不完全，以及公共物品领域。新古典经济学试图通过诸如征税、补贴、产权安排降低交易费用等经济性工具和方法以弥补市场失灵。也有一些理论探讨了一些非市场性的可供选择的办法，比如机制设计理论。如果引入政府要素，必须确立一个观念，即政府干预的宗旨是弥补市场缺陷（如限制垄断、降低信息成本、提高制度供给弹性以降低交易费用等），使市场机制更加完善，而非取代市场。政府干预经济的制度被认为是后发工业化国家的一般制度特征，具有启动工业化、推进工业化进程的功效。但经验事实表明，这一制度开始时是报酬递增的，但随着经济的发展，其成本不断上升，效率不断下降，出现报酬递减，最终会阻碍经济发展。政府与市场的最优边界是基于交易成本的比较。市场机制的交易成本若低于政府干预，则市场就是相对有效的；若市场机制的交易成本高于政府干预，则政府干预就是相对有效的。政府与市场的关系也不是排斥性的，而是可以兼容的，政府干预采用市场性的调控方式、工具和手段，有时候会成本更低、效率更高。例如，为了解决环境污染这一外部性问题，20世纪70年代，美国环保局首次采用排污权交易政策，将政府干预与市场交易相结合，降低了交易成本，提高了干预效率。

在现实经济环境中，政府与市场的最优边界是动态的，并没有一个统一的均衡解。各国的国情及发展现状、发展阶段、发展要求、发展特点不同，政府与市场的边际均衡点也就不同。因此，政府职能转变要与经济和市场的发展相适应。中国正处在一个特殊时期，一方面仍处于工业化进程中；另一方面又面临着并主动融入经济全球化变动格局。中国既要遵循工业化发展规律培育市场、发展产业，又要遵循全球化、国际化的行为准则和通行规则以获取开放红利。这种双重坐标的摩擦和碰撞使得政府与市场合理边界的确定更加复杂和特殊，对政府职能转变提出了更高的改革要求。在操作上，政府职能转变有三个维度。一是理念维度，关键词是提高行政管理的服务性和透明度，这对中国现行的行政管理理念而言是比较大的转变。二是技术路径维度，即弱化经济管理职能，强化公共管理职能。

减少对经济活动的管制和干预，为经济活动和社会生活提供可靠的制度保障、有效的法治保护、有利的营商环境。三是执行力维度，关键词是事先审批转为事中、事后的过程监管。这既涉及行政能力问题，也涉及行政作风问题，根本是要建立精简、高效的行政管理服务体制，实现治理体系、治理能力现代化。

四、社会主义市场经济发展与宏观调控工具演变

在宏观经济学框架中，财政政策和货币政策是政府干预的两个主要宏观政策工具。政府运用财政政策和货币政策来调控通货膨胀、就业、经济增长之间的关系，并且也用于应对经济周期变化。在中国社会主义市场经济体制建立和完善过程中，随着市场经济发展特别是资本形成条件的变化，宏观调控工具也有一个演变过程。资本形成是指储蓄转为实际投资。从统计角度考察，资本形成可以视作总投资；但从宏观经济分析角度考察，资本形成更指储蓄转换为投资的流程，或者是将储蓄和投资联系起来的机制。资本形成条件的变化，将使资本形成模式发生相应变化，进而使货币政策的调节机制和调节效应发生变化。在中国计划经济时期及改革开放初期（20 世纪 50—80 年代），资本形成的特征是，政府既是储蓄主体，又是投资主体，主要通过财政拨款的形式实现投资。银行的功能基本上是货币投放和回笼的管道，是财政透支的工具。与这种“财政主导型”投资体制相联系的经济具有“短缺经济”特征。在这种经济体制中，投资是货币增量的函数，政府的宏观调控手段是根据经济计划控制新增货币投放量和信贷规模，投资需求对货币投放量具有稳定而充分的弹性。90 年代中期以后，随着经济体制改革深化和经济的发展，中国的资本形成条件也发生了变化。国民收入分配格局的变化使储蓄主体多元化，企业和居民储蓄成为国民储蓄的主要部分。投资体制及所有制的改革使投资主体多元化，政府不再是唯一的投资主体，而且政府投资在全社会总投资中的份额趋于下降。在全社会固定资产投资的资金来源构成中，国家预算资金从 1981 年的 28.1% 下降到 2000 年的 6.4%，国内贷款的份额从 12.7% 上升到 20.3%，利用外资的份额从 3.8% 增加到 5.1%，自筹和其他资金的份额从 55.4% 增加到 68.2%[①]。到 2016 年，按全社会固定资产投资实际到位资金 616 933.5亿元计算，国家预算资金的份额为 5.87%，国内贷款的份额为

① 国家统计局. 中国统计年鉴（2001）[M]. 北京：中国统计出版社，2001：159.

10.89%，利用外资的份额为0.37%，自筹资金的份额为67.08%，其他资金的份额为15.79%①。同时，财政、金融体制改革使财政逐步向公共财政转型，国有专业银行向商业银行转型，中央银行的独立性逐渐增强。尤其是国民经济由供给短缺的“卖方市场”转型为供给过剩的“买方市场”，市场需求成为影响经济运行的主要因素。

经济体制的变化引致了中国的资本形成模式由财政型向金融型转化。为适应资本形成条件的变化，中国人民银行的货币政策调节机制也发生了变化。1998年1月1日起，中国人民银行取消对国有商业银行的贷款限额控制，逐步执行资产负债比例管理的风险管理基础上的间接调控体系；1998年3月21日，中国人民银行开始对存款准备金制度实行改革。这两项改革使中国的货币政策开始具有市场经济的意义，说明中国人民银行将货币政策中介变量从信贷规模限额转为货币供给量，其实质就是从直接控制商业银行创造信用货币的数量转而控制基础货币的供给。中央银行运用货币政策工具向经济中投放基础货币，转换成商业银行的准备金。商业银行系统通过货币乘数效应，确定一定时期的货币供给总量。货币供给与货币需求相对应，因而中央银行对基础货币供给的控制必定会影响货币需求现金流的运动，这种货币政策调节机制是与资本形成条件的变化相适应的。

在全面深化改革阶段，中国要健全以国家发展战略和规划为导向，以财政政策和货币政策为主要手段的宏观调控体系，加强财政政策、货币政策与产业、价格等政策手段协调配合，提高相机抉择水平。为健全宏观调控体系，必须完善金融市场体系，特别是加快推进利率市场化。一个有效的、流动的金融市场促进了资产的交易和新资产的创造。有效的金融市场将储蓄配置到效率更高的行业上，可以引致更大的资本强度、更高的产出水平和消费水平。有效的资本市场和市场化利率也使得货币政策更为有效。在金融市场中，利率是信贷的价格。在信用风险既定假设下，市场均衡利率反映了所有经济单位根据生产机会组合和效用偏好而产生的借贷行为。如放松信用风险既定假设，假定净财富和收入既定，经济单位根据总效用最大化的原则决定货币、金融资产和实物资产的持有量、负债发行量和消费量，达到资产、负债和消费的合理组合。在均衡状态下，持有各项资产带来的边际效用相同，均衡利率得以确定，金融市场出清，经济中的

① 国家统计局．中国统计年鉴（2017）［M］．北京：中国统计出版社，2017：294.

储蓄得到有效配置。

财政政策是指通过政府支出和税收等变量调控经济的政策工具。政府在购买物品和劳务上的支出变动可以影响总需求，进而影响短期国民产出水平。税收的变动会改变居民的可支配收入和消费水平以及企业的税后收入和投资需求，进而影响总需求和国民产出水平。财政政策被认为更具有结构性调控效应。在市场经济中，财政政策和货币政策要有效配合、相机抉择，以求更好地调控效果。比如，为保持一定的市场紧缩压力以促进资源配置优化和产业结构调整，应该实施适度从紧的货币政策。但为了减少失业压力和经济下行风险，同时可以实施适度扩张或积极的财政政策。如果适度增加政府支出，用于基础设施、公共服务方面的建设，既可以解决基础设施、公共产品供给不足对经济发展和社会生活的不利影响，又可以有效创造就业机会，提高国民产出水平和收入水平。

第三节　社会主义市场经济与增长转型（发展战略）研究

一、以提高经济效益为中心追求国民经济持续稳定增长的发展战略研究

从 1978 年 12 月党的十一届三中全会，到 1982 年 9 月党的十二大报告提出新的经济发展战略，再到 1992 年 10 月党的十四大报告对 20 世纪 90 年代经济发展战略的阐述，这一期间是中国经济发展战略的一个转变时期，即改变了计划经济时期片面追求经济高速增长为特征的发展思路，制定了以提高经济效益为中心、符合国情国力、符合经济成长阶段的更科学的发展战略。

1982 年 9 月，党的十二大召开。邓小平在开幕词中提出，我们的现代化建设，必须从中国的实际出发，这是我们制定经济发展战略和各项政策措施的基本出发点。要克服经济建设战略上“左”的错误，真正从中国国情和客观经济规律出发制定经济发展战略，使中国的经济逐步达到协调发展，稳定增长，实现良性循环，走出一条投资较少、积累适宜、经济效益比较好、人民可以得到更多实惠，社会主义制度的优越性能够比较充分发

挥的新的经济发展路子①。党的十二大报告提出了到20世纪末中国经济建设的战略目标、战略要点、战略步骤和重要原则。从1981年到20世纪末，中国经济建设总的奋斗目标是，在不断提高经济效益的前提下，力争使全国工农业的年总产值翻两番（两个倍增），即由1980年的7 100亿元增加到2000年的28 000亿元左右。实现了这个目标，中国国民收入总额和主要工农业产品的产量将居于世界前列，整个国民经济的现代化过程将取得更大进展，城乡人民的收入将成倍增长，人民的物质文化生活可以达到小康水平。为了实现这一战略目标，最重要的是要解决好农业问题，能源、交通问题和教育、科学技术问题。在今后20年内，一定要牢牢抓住农业、能源和交通、教育和科学技术几个根本环节，把它们作为经济发展的战略重点。为了实现20年的奋斗目标，在战略部署上要分两步走：前10年主要是打好基础，积蓄力量，创造条件；后10年要进入一个新的经济振兴时期。报告强调，在1981—1985年的第六个五年计划期间，要继续坚定不移地贯彻执行调整、改革、整顿、提高的方针，厉行节约，反对浪费，把全部经济工作转到以提高经济效益为中心的轨道上来。在全部经济工作中，必须继续贯彻执行五届人大四次会议批准的10条经济建设方针，特别要注意解决几个重要原则问题。一是关于集中资金进行重点建设和继续改善人民生活的问题；二是关于坚持国营经济的主导地位和发展多种经济形式的问题；三是关于正确贯彻计划经济为主、市场调节为辅原则的问题；四是坚持自力更生和扩大对外经济技术交流的问题②。

党的十二大提出的到20世纪末中国经济建设的战略目标、战略重点和战略步骤，是中国社会主义建设进入新的历史时期的全面、系统的中长期发展战略，也是第一次明确使用“经济发展战略”这一名词。这一发展战略与之前计划经济时期的经济发展政策相比，在经济发展目标、发展重点及再生产方式上都发生了很大变化。在发展目标上，不再是以产值的数量增长为目标，而是以提高经济效益作为产值增长的前提条件，并在客观认识国情国力的基础上制定适宜的经济增长速度。在发展重点上，不再片面强调发展重工业，而是注重经济结构的协调均衡发展，将农业、能源和交通等基础产业以及科学技术作为战略重点。在再生产方式上，不再主要依靠投入大量财力、物力搞建设，进行外延扩大再生产，而是主要依靠技术

① 邓小平．邓小平文选：第2卷［M］．北京：人民出版社，1983.

② 胡耀邦．全面开创社会主义现代化建设的新局面［M］．北京：人民出版社，1982.

进步、提高劳动生产率进行内涵扩大再生产。综而论之，党的十二大提出的经济发展战略是将提高经济效益作为经济增长及扩大再生产的前提，强调把全部经济工作转到以提高经济效益为中心的轨道上来，这是关于现代经济增长、经济发展战略的重要转型。

1987 年 10 月，党的十三大报告比较系统地阐述了社会主义初级阶段理论。在社会主义初级阶段，发展社会生产力所要解决的历史课题，是实现工业化和生产的商品化、社会化、现代化。党的十三大报告的第三部分专题阐述了注重效益、提高质量、协调发展、稳定增长的经济发展战略。党的十一届三中全会以后，中国经济建设的战略部署大体分三步走。第一步，到 1990 年实现国民生产总值比 1980 年翻一番，解决人民的温饱问题。这个任务已经基本实现。第二步，到 20 世纪末，使国民生产总值再增长一倍，人民生活达到小康水平。第三步，到 21 世纪中叶，人均国民生产总值达到中等发达国家水平，人民生活比较富裕，基本实现现代化。然后，在这个基础上继续前进。现在，最重要的是走好第二步。实现了第二步任务，中国现代化建设将取得新的巨大进展。实现第二步奋斗目标，有很多有利条件，也存在不少困难和矛盾。矛盾的焦点是经济活动的效益太低。因此，必须坚定不移地贯彻执行注重效益、提高质量、协调发展、稳定增长的战略。这个战略的基本要求是，努力提高产品质量，讲求产品适销对路，降低物质消耗和劳动消耗，实现生产要素合理配置，提高资金使用效益和资源利用效率，归根到底，就是要从粗放经营为主逐步转上集约经营为主的轨道。根据发展战略的基本要求，必须着重解决好三个重要问题：一是把发展科学技术和教育事业放在首要位置，使经济建设转到依靠科技进步和提高劳动者素质的轨道上来。二是保持社会总需求和总供给基本平衡，合理调整和改造产业结构。三是进一步扩大开放的广度和深度，不断发展对外经济技术交流与合作①。

从 1982 年党的十二大到 1987 年党的十三大，基本上是国民经济和社会发展第六个五年计划（1981—1985 年）时期。“六五”计划是继“一五”计划之后的一个比较完备、执行比较好的经济计划。其基本任务是继续贯彻执行调整、改革、整顿、提高方针，进一步解决过去遗留下来的阻碍经济发展的各种问题，取得实现财政经济状况根本好转的决定性胜利，并且为“七五”期间国民经济和社会发展奠定更好的基础，创造更好的条

① 赵紫阳．沿着有中国特色的社会主义道路前进［M］．北京：人民出版社，1987.

件。但在“六五”计划期间，也出现了银行信贷失控，基本建设规模过度扩张，消费需求大幅上升，社会总需求膨胀，导致了严重的通货膨胀。1986年4月，第六届全国人大第四次会议通过了《中华人民共和国国民经济和社会发展第七个五年计划（1986—1990）》。“七五”计划是党的十二大经济发展战略在实践中的体现，突出了社会总需求与总供给基本平衡，国民经济稳定增长，正确处理质量和数量、效益和速度的关系。“七五”计划中经济增长速度的综合指标，除了继续采用工农业总产值指标外，还首次采用了国民生产总值指标①。这是中国经济计划、经济统计工作的一项重要改革。

在这样一种经济发展背景下，党的十三大提出的经济发展战略延续了注重效益、提高质量、协调发展、稳定增长的核心思想，并提出了降低物质消耗和劳动消耗，实现生产要素合理配置的新观点，即从降低生产成本、优化资源配置角度考量注重效益和提高质量。党的十三大提出的经济发展战略还首次将发展科学技术和教育事业放在首要位置，强调现代科学技术和现代化管理是提高经济效益的决定性因素，是使中国经济走向新的成长阶段的主要支柱，要使经济建设转到依靠科技进步和提高劳动者素质的轨道上来，使经济发展战略从提高社会经济效益层面，提升到将经济增长转到技术进步及生产要素质量提高为基础的层面，符合现代经济增长一般规律。党的十三大确定的经济发展战略具有开放型特征，将进一步扩大对外开放的广度和深度，不断发展对外经济技术交流与合作列为经济发展战略必须着重解决好的三个重要问题之一。提出进一步扩展同世界各国包括发达国家和发展中国家的经济技术合作与贸易交流，为加快中国科技进步和提高经济效益创造更好的条件。

二、在提高质量、优化结构、增进效益基础上推动经济快速增长的发展战略研究

1992年10月，党的十四大报告系统阐述了建设有中国特色社会主义理论，包括社会主义的发展道路、发展阶段、根本任务、发展动力，社会主义建设的外部条件、政治保证、战略步骤。并明确提出中国经济体制改革的目标是建立社会主义市场经济体制，以利于进一步解放和发展生产

---

① 中华人民共和国国民经济和社会发展第七个五年计划（1986—1990）［M］. 北京：人民出版社，1986.

力。在经济发展战略上，党的十四大报告提出了快速增长的战略思想。报告指出，当前国际竞争的实质是以经济和科技实力为基础的综合国力的较量。世界上许多国家特别是中国周边的一些国家和地区都在加快发展。如果中国经济发展慢了，社会主义制度的巩固和国家的长治久安都会遇到极大困难。所以，中国经济能不能加快发展，不仅是重大的经济问题，而且是重大的政治问题。20 世纪 90 年代，中国经济的发展速度原定为国民生产总值平均每年增长 6%，现在从国际国内形势的发展情况看，可以更快一些。根据初步测算，增长 8% ~9% 是可能的，我们应该向这个目标前进。在提高质量、优化结构、增进效益的基础上努力实现这样的发展速度，到 20 世纪末，中国国民经济整体素质和综合国力将迈上一个新的台阶。国民生产总值将超过原定比 1980 年翻两番的要求，人民生活由温饱进入小康。要紧紧抓住有利时机，加快发展，有条件搞快一些的就快一些，只要是质量高、效益好、适应国内外市场需求变化的，就应当鼓励发展。报告强调，要坚持从实际出发，注意量力而行，搞好综合平衡，不要一讲加快发展，就一哄而起，走到过去那种忽视效益，片面追求产值，争相攀比，盲目上新项目、一味扩大基建规模的思路上去。要走出一条既有较高速度又有较好效益的国民经济发展路子①。

1997 年 9 月，党的十五大报告阐述了邓小平理论的历史地位和指导意义。系统阐述了社会主义初级阶段的基本路线和纲领。社会主义初级阶段社会的主要矛盾是人民日益增长的物质文化需要同落后的社会生产之间的矛盾，这个主要矛盾贯穿中国社会主义初级阶段的整个过程和社会生活的各个方面。报告提出了到 21 世纪中叶的经济社会发展目标，第一个 10 年实现国民生产总值比 2000 年翻一番，使人民的小康生活更加宽裕，形成比较完善的社会主义市场经济体制；再经过 10 年的努力，使国民经济更加发展，各项制度更加完善；到 21 世纪中叶中华人民共和国建立 100 年时，基本实现现代化，建成富强民主文明的社会主义国家。我们要积极推进经济体制和经济增长方式的根本转变，为 21 世纪中叶基本实现现代化打下坚实基础。在这个时期，建立比较完善的社会主义市场经济体制，保持国民经济持续快速健康发展，是必须解决好的两大课题，真正走出一条速度较

---

① 江泽民．加快改革开放和现代化建设步伐夺取有中国特色社会主义事业的更大胜利［M］．北京：人民出版社，1992.

快、效益较好、整体素质不断提高的经济协调发展的路子①。

2002年11月，党的十六大报告提出全面建设小康社会的奋斗目标。在实现现代化建设“三步走”战略的第一步和第二步目标后，人民生活总体上达到小康水平。但巩固和提高目前达到的小康水平，还需要进行长时期的艰苦奋斗。人民日益增长的物质文化需要同落后的社会生产之间的矛盾仍然是中国社会的主要矛盾。要在21世纪头20年，集中力量，全面建设惠及十几亿人口的更高水平的小康社会，这是实现现代化建设第三步战略目标必经的承上启下的发展阶段。全面建设小康社会的目标是，在优化结构和提高效益的基础上，国内生产总值到2020年力争比2000年翻两番，综合国力和国际竞争力明显增强。为实现这个奋斗目标，21世纪头20年经济建设和改革的主要任务是，完善社会主义市场经济体制，推动经济结构战略性调整，基本实现工业化，大力推进信息化，加快建设现代化，保持国民经济持续快速健康发展，不断提高人民生活水平。21世纪前10年要全面完成“十五”计划和2010年的奋斗目标，使经济总量、综合国力和人民生活水平再上一个大台阶，为后10年的更大发展打好基础②。

从20世纪90年代到21世纪初，在经济快速增长为指导的发展战略引导下，中国经济实现了高速增长。特别是从2003年到2007年，中国经济连续5年达到2位数增长；2000年到2010年我国GDP平均增速为10.36%③。当然，从发展战略框架考察，快速增长是要求在提高质量、优化结构、增进效益的基础上争取更快发展，走一条既有较高速度又有较好效益的国民经济发展路子。党的十五大报告还明确提出，要根本转变经济增长方式，走速度较快、效益较好、整体素质不断提高的经济协调发展的路子。党的十六大报告将工业化、信息化、现代化相联系，指出信息化是我国加快实现工业化和现代化的必然选择。坚持以信息化带动工业化，以工业化促进信息化，走出一条科技含量高、经济效益好、资源消耗低、环境污染少、人力资源优势得到充分发挥的新型工业化路子。走新型工业化道路，必须发挥科学技术作为第一生产力的重要作用，注重依靠科技进步和提高劳动者素质，改善经济增长质量和效益。同时要推进产业结构优化

---

① 江泽民．高举邓小平理论伟大旗帜把建设有中国特色社会主义事业全面推向二十一世纪［M］．北京：人民出版社，1997.

② 胡锦涛．全面建设小康社会，开创中国特色社会主义事业新局面［M］．北京：人民出版社，2002.

③ 数据来源：国家统计局官网 www. stats. gov. cn。

升级，形成以高新技术产业为先导、基础产业和制造业为支撑、服务业全面发展的产业格局①。这些战略思想和产业政策为科技发展、高质量发展的新发展战略提供了理论要素。

三、坚持科学发展，快速增长转为高质量发展的新发展战略研究

2007年10月，党的十七大报告指出，新时期最显著的成就是快速发展。实施现代化建设"三步走"战略，推动我国以世界上少有的速度持续快速发展起来。同时分析了发展中的困难和问题，包括经济增长的资源环境代价过大，城乡、区域、经济社会发展仍然不平衡等。为解决发展进程中的突出困难和问题，必须深入贯彻落实科学发展观。进入新世纪新阶段，我国呈现一系列新的阶段性特征，特别是长期形成的结构性矛盾和粗放型增长方式尚未根本改变。这些情况表明，我国仍处于并将长期处于社会主义初级阶段的基本国情没有变，人民日益增长的物质文化需要同落后的社会生产之间的矛盾没有变。必须立足社会主义初级阶段的实际，科学分析我国全面参与经济全球化的新机遇、新挑战，全面认识工业化、信息化、城镇化、市场化、国际化深入发展的新形势、新任务，深刻把握我国发展面临的新课题、新矛盾，更加自觉地走科学发展道路。科学发展观，第一要义是发展，核心是以人为本，基本要求是全面协调可持续，根本方法是统筹兼顾。根据科学发展观的要求，对到2020年实现全面建成小康社会的发展目标做了优化表述，要在优化结构、提高效益、降低消耗、保护环境的基础上，实现人均国内生产总值到2020年比2000年翻两番。发展路径是加快转变经济发展方式，推动产业结构优化升级。坚持扩大国内需求特别是消费需求的方针，促进经济增长由主要依靠投资、出口拉动向依靠消费、投资、出口协调拉动转变，由主要依靠第二产业带动向依靠第一、第二、第三产业协同带动转变，由主要依靠增加物质资源消耗向主要依靠科技进步、劳动者素质提高、管理创新转变②。

2012年11月，党的十八大报告提出，必须更加自觉地把全面协调可持续作为深入贯彻落实科学发展观的基本要求，全面落实经济建设、政治建设、文化建设、社会建设、生态文明建设五位一体总体布局，促进现代

① 胡锦涛．全面建设小康社会，开创中国特色社会主义事业新局面［M］．北京：人民出版社，2002.

② 胡锦涛．高举中国特色社会主义伟大旗帜为夺取全面建设小康社会新胜利而奋斗［M］．北京：人民出版社，2007.

化建设各方面相协调，促进生产关系与生产力、上层建筑与经济基础相协调，不断开拓生产发展、生活富裕、生态良好的文明发展道路。党的十八大报告将全面建成小康社会和全面深化改革开放相联系。为确保到2020年实现全面建成小康社会宏伟目标，必须以科学发展为主题，以加快转变经济发展方式为主线，把推动发展的立足点转到提高质量和效益上来。加快转变经济发展方式的主攻方向是推进经济结构战略性调整。必须以改善需求结构、优化产业结构、促进区域协调发展、推进城镇化为重点，着力解决制约经济持续健康发展的重大结构性问题。要牢牢把握扩大内需的战略基点，加快建立扩大消费需求长效机制，释放居民消费潜力，保持投资合理增长，扩大国内市场规模。牢牢把握发展实体经济的坚实基础，实行更加有利于实体经济发展的政策措施，强化需求导向，推动战略性新兴产业、先进制造业健康发展，加快传统产业转型升级，推动服务业特别是现代服务业发展壮大，合理布局建设基础设施和基础产业。同时要将科技创新摆在国家发展全局的核心位置，实施创新驱动发展战略①。党的十八大报告延续了党的十七大提出的科学发展观，并将科学发展观与建设中国特色社会主义"五位一体"总体布局相结合，使发展更为全面，现代化建设的各个方面更加协调，力求发展的全面协调可持续。在操作上，将扩大内需作为经济结构战略性调整的战略基点，将发展实体经济作为经济结构战略性调整的坚实基础，将科技创新作为提高社会生产力和综合国力的战略支撑，实现经济发展方式的转变。

为贯彻落实党的十八大关于全面深化改革的战略部署，2013年11月12日，党的十八届三中全会通过《中共中央关于全面深化改革若干重大问题的决定》。《决定》将加快转变经济发展方式作为深化经济体制改革的主要内容之一。为此在加快转变政府职能方面，完善发展成果考核评估体系，纠正单纯以经济增长速度评定政绩的偏向，加大资源消耗、环境损害、生态效益、产能过剩、科技创新、安全生产、新增债权等指标的权重，更加重视劳动就业、居民收入、社会保障、人民健康状况②。从政绩评定角度完善发展成果考核评价体系，将有效加快经济发展方式的转变。

2017年10月，党的十九大报告宣告，中国特色社会主义进入了新时代，形成了新时代中国特色社会主义思想。新时代中国特色社会主义思

---

① 胡锦涛．坚定不移沿着中国特色社会主义道路前进为全面建成小康社会而奋斗［M］．北京：人民出版社，2012.

② 中共中央关于全面深化改革若干重大问题的决定［M］．北京：人民出版社，2013.

想，明确坚持和发展中国特色社会主义，总任务是实现社会主义现代化和中华民族伟大复兴，在全面建成小康社会的基础上，分两步走，在21世纪中叶建成富强民主文明和谐美丽的社会主义现代化强国；明确新时代中国社会主要矛盾是人民日益增长的美好生活需要与不平衡不充分的发展之间的矛盾，必须坚持以人民为中心的发展思想，不断促进人的全面发展，全体人民共同富裕；明确中国特色社会主义事业总体布局是“五位一体”、战略布局是“四个全面”（全面建成小康社会，全面深化改革，全面推进依法治国，全面从严治党），强调坚定道路自信、理论自信、制度自信、文化自信；明确全面深化改革总目标是完善和发展中国特色社会主义制度。推进国家治理体系和治理能力现代化。在经济社会发展中，贯彻执行新时代中国特色社会主义思想，就要坚持新发展理念。发展是解决我国一切问题的基础和关键，发展必须是科学发展，必须坚定不移贯彻创新、协调、绿色、开放、共享的发展理念。在发展战略目标上，党的十九大报告再次强调了“两个一百年”的发展目标。在人民生活总体上达到小康水平基础上，到建党100年时建成经济更加发展、民主更加健全、科教更加进步、文化更加繁荣、社会更加和谐、人民生活更加殷实的小康社会，然后再奋斗30年，到新中国成立100年时，基本实现现代化，把我国建成社会主义现代化国家①。

为贯彻新发展理念，需要建设现代化经济体系。党的十九大报告做出判断，我国经济已由高速增长阶段转向高质量发展阶段，正处在转变发展方式、优化经济结构、转换增长动力的攻关期，建设现代化经济体系是跨越关口的迫切要求和我国发展的战略目标。必须坚持质量第一、效益优先，以供给侧结构性改革为主线，推动经济发展质量变革、效率变革、动力变革，提高全要素生产率，着力加快建设实体经济、科技创新、现代金融、人力资源协同发展的产业体系，着力构建市场机制有效、微观主体有活力、宏观调控有度的经济体制，不断增强我国经济创新力和竞争力。建设现代化经济体系包括六个方面：一是深化供给侧结构性改革。必须把发展经济的着力点放在实体经济上，把提高供给体系质量作为主攻方向，显著增强我国经济质量优势。二是加快建设创新型国家。创新是引领发展的第一动力，是建设现代化经济体系的战略支撑。三是实施乡村振兴战略。四是实施区域协调发展战略。五是加快完善社会主义市场经济体制。六是

---

① 习近平．决胜全面建成小康社会夺取新时代中国特色社会主义伟大胜利［M］．北京：人民出版社，2017.

推动形成全面开放新格局，加快培育国际经济合作和竞争新优势①。

新时代中国特色社会主义思想对新时代中国社会主要矛盾做了新的定位。党的十一届六中全会对社会主要矛盾的提法是“我国社会的主要矛盾是人民日益增长的物质文化需要同落后的社会生产之间的矛盾”。这一社会主要矛盾的定位指引了中国改革开放近40年。40年来，中国社会主义现代化建设取得了巨大进展。根据中国特色社会主义进入新时代的历史方位，党的十九大提出了我国社会主要矛盾已经转化为人民日益增长的美好生活需要和不平衡不充分的发展之间的矛盾的定位。人民日益增长的美好生活需要对发展提出了新的要求，发展应该是平衡的、充分的。发展必须是科学发展，贯彻创新、协调、绿色、开放、共享的发展理念。新发展理念使科学发展的内涵更丰富，更注重全面、协调、可持续，包括经济社会现代化的各个重要方面。贯彻新发展理念的载体是现代化经济体系。建设现代化经济体系，使中国从高速增长阶段转型为高质量发展阶段，实现优化经济结构、转换增长动力的发展方式转变。建设现代化经济体系包括六个方面，主线是供给则结构性改革。深化供给侧结构性改革的重要举措是坚持去产能、去库存、去杠杆、降成本、补短板，优化存量资源配置，扩大优质增量供给，实现供需动态平衡。改革开放以后，中国的经济发展战略一直注重经济结构、产业结构的协调均衡发展。但党的十九大报告将结构调整和改革精准定义为供给侧结构性改革，并作为贯彻新发展理念、建设现代化经济体系的主线，适应了中国的发展现状和转型发展要求。有研究表明，经过改革开放近40年的发展，中国社会生产力水平总体显著提高，供给体系产能十分强大，220多种主要工农业产品生产能力稳居世界第一位。但中国生产能力大多数只能满足中低端、低质量、低价格的需求，生产能力中有大量过剩产能；供给结构不适应需求新变化，有效供给严重不足。关键核心技术长期受制于人，一些重要原材料、关键零部件、高端设备、优质农产品依赖进口，服务贸易各类产业的供给也不能满足居民需要。这些是中国经济面临的最为突出的结构失衡矛盾②。解决这样的发展矛盾，只有推进供给侧结构性改革，把发展经济的着力点放在实体经济上，把提高供给体系质量作为主攻方向，显著增强中国经济质量优势。

---

① 习近平．决胜全面建成小康社会夺取新时代中国特色社会主义伟大胜利［M］．北京：人民出版社，2017.

② 编写组．党的十九大报告辅导读本［M］．北京：人民出版社，2017：189.

四、产业空心化与经济去杠杆分析

党的十九大报告指出，建设现代化经济体系，必须把发展经济的着力点放在实体经济上，加快建设制造强国，加快发展先进制造业，加快发展现代服务业。这是一个重要的战略思想。21 世纪 10 年代以来，中国实体经济中的传统产业市场需求饱和，利润率低下，投资风险较大，而产业结构升级和发展转型进展不快。在这种经济态势下，金融杠杆“脱实向虚”导致经济空心化风险增大。

产业空心化是指一个国家或地区的现有产业或产品生命周期进入衰退期，或因生产成本上升而向外转移，同时新的产业则未能充分成长，造成经济支柱和经济增长点的萎缩，进而导致经济增长率下降的经济现象。如果缺乏有效的创新机制和有利的投资条件，新的产业不能较快发展，产业结构不能顺利转换升级，将隐含着经济衰退的风险。

产业空心化经常与经济虚拟化相联系。当投资条件恶化和产业结构转型不畅，实业投资需求就会下降，这时，储蓄率高于投资率，大量的资金滞留在金融系统成为“生息资本”，并为了追逐利润而投入金融资产交易。这种情况导致实体经济萎缩和虚拟经济膨胀，投机需求旺盛诱发泡沫经济，使得金融系统乃至整个经济体系风险增大。从中国情况看，经济态势的变化使投资模式发生变化，一般加工工业及能源原材料工业的产能过剩，工业行业产能利用率为 70% 以下。一些重点行业如电子信息产品制造业、汽车制造业、石油化工及精细化工制造业、精品钢材制造业等的产业增加值和投资收益率也趋于下降，制造业年平均净资产收益率基本在 6% 上下。产业转型升级不畅，由多种原因所导致的企业自主创新能力不足成为产业转型升级的主要障碍，新的产业不能充分发展，形成产业规模。工业行业的这种状况使得投资风险较大，投资收益率较低，获得资本投资的条件较差。这里既有产业转型的原因，也有金融市场效率（风险投资和股权融资的工具和产品缺失）的原因。

根据中国经济现状，经济去杠杆的路径有二：一是金融端，二是产业端。金融端的“债转股”、高风险负债移至表外、不良资产剥离、地方融资平台债务展期或债务减记等手段是短期的权宜之计，不会根本改善资产负债表的质量。为实现经济去杠杆，需要提高金融市场效率，同时强化金融监管，防范系统性金融风险。产业端经济去杠杆路径是深化供给侧结构性改革，健全市场退出机制，优化资源配置，支持产业转型升级。经济高杠杆只是表象，根本的解决之道是通过深化改革调整经济结构，提高资源配置效率，实现经济“再平衡”①。

就经济整体而言，有效率的金融市场将储蓄配置到效率更高的产业，可以引致更大的资本形成、更高的产出水平。中国金融市场特别是资本市场仍欠发达，体系不健全，致使融资渠道狭窄，资本流动和配置不畅，间接融资和直接融资的相对比例失衡，风险高度集中在银行系统。从操作层面设计，需要构造多层次资本市场体系，发展多种场外交易市场，如产权交易市场、柜台交易（OTC）系统、股权投资（PE）市场等，为股权资本提供交易平台，加强资本流动性，拓宽直接融资渠道。

有效的金融监管是金融领域开放创新的重要保证，也是经济去杠杆的基本条件。2007—2009 年全球金融危机之后，世界各国在金融监管方面出现两个变化：一是更加重视宏观审慎政策和宏观审慎管理；二是从单一的审慎监管向审慎监管和行为监管“双峰构架”转型。

首先，各国把宏观审慎管理置于与微观审慎管理同等重要甚至更加重要的地位。不同于宏观政策（财政—货币政策）对应于总量经济，微观审慎管理对应于企业个体行为，宏观审慎政策及管理对应的是整个金融体系，是宏观政策与微观审慎的中间环节。宏观审慎政策的主要目标是反周期，即运用反周期策略（例如限制最大杠杆倍率，限制杠杆累积的速率等）防止金融泡沫扩大，维护金融稳定。从 2009 年开始，中国人民银行研究并逐渐操作宏观审慎管理，2016 年起将差别准备金动态调整与合意贷款管理机制升级为“宏观审慎评估体系”（MPA）。上海自贸试验区也于 2015 年推出 FT 账户分账核算业务境外融资与跨境资金流动宏观审慎管理实施细则。

其次，各国重视并发展了金融行为监管，以严格的预防性监管标准，对金融行为实施全过程监管，对违规或者可能对金融消费者产生风险的金融行为进行早期干预。现在，国际高标准金融监管制度框架都包括审慎管理（宏观、微观）、行为监管以及针对资本跨境流动的资本流动管理（CFM）。中国的行为监管还处于研究阶段，应该尽快建立独立于审慎管理体系的行为监管体系，并实施相机抉择的资本流动管理。有效的金融监管制度是金融深化的基础设施条件，使金融体系更健康，金融市场更有效。

产能过剩是市场经济的常态。发生产能（生产）过剩，市场的调控手

---

① 根据上海、深圳两市上市公司数据，上市公司资产负债率，2017 年中为 59.38%，2017 年末小幅下降至 59.08%，2018 年上半年再度上升为 59.82%。参阅《21 世纪经济报道》，2018 年 8 月 31 日。

段是破产、兼并、重组，并根据市场需求的变化调整投资预期和投资结构。在这种机制下，迫于市场竞争力，企业会发生技术创新，盈利模式和产业结构也会发生调整。但这一过程有个制度条件，即投资决策、投资行为、投资效果之间的权利和责任是平衡的，而且市场出清不存在非经济的障碍。如果投资行为基本不受市场机制调控，投资的权利和责任又不平衡，这种扭曲阻碍了市场机制的调控，使结构调整、发展转型难以实现。所以，要通过深化改革，真正使市场在资源配置中发挥决定性作用，用市场机制倒逼产业结构调整和发展方式转型；真正实施政府职能转变，政府要在提供公共产品和管理服务、维护市场秩序方面更好发挥作用，为市场经济的正常运作提供良好的营商环境。

在开放型经济框架中，解决产能过剩的另一个市场化途径是产业转移。国际产业转移的原因既是消化过剩生产力，也是消化成本上升压力，寻求更有效的生产要素组合。当今世界的产业转移特别是制造业转移有两个趋势：一是某些劳动密集、占用大量土地资源的加工制造产业向低成本国家和地区转移；二是发达国家和一些中等发达国家凭借其完备的市场体系、产业体系和供应链体系以及更高的劳动生产率，吸引高端制造业回流和转移。制造业是中国国民经济的主干。制造业不能实现转型升级，整个经济的发展转型也不能实现。制造业增加值趋于下降，会使国民经济缺少骨架。在考核指标上将第三产业或服务业的比重上升视作产业结构调整的绩效是不全面的，极端的结果会使国民经济空心化。制造业产业转移要借鉴美、欧、日等发达经济体的经验，并不是整个产业链的转移，而是产业链的某些环节的转移，自己仍然占据产业链高端。中国制造业要在标准、技术、质量、品牌等方面向高端发展，并发展智能制造技术提高劳动生产率、降低生产成本。同时，我们也要凭借相对完备的工业体系和配套能力较强的中小企业群，继续吸引全球中高端制造业转移，通过全球化要素配置和产业链构造推动制造业向高端发展。这也是供给侧结构性改革的重要方面。

第六章　扩大开放深化改革与新时代中国特色社会主义经济理论

第一节　新时代中国特色社会主义经济思想的理论特征

一、新时代中国特色社会主义经济思想的提出

2017 年中央经济工作会议首次提出“习近平新时代中国特色社会主义经济思想”，并对习近平新时代中国特色社会主义经济思想进行了理论概括。此次会议指出：5 年来，在实践中形成了以新发展理念为主要内容的习近平新时代中国特色社会主义经济思想。具体包括：坚持加强党对经济工作的集中统一领导；坚持以人民为中心的发展思想；坚持适应把握引领经济发展新常态，立足大局，把握规律；坚持使市场在资源配置中起决定性作用，更好发挥政府作用；坚持适应我国经济发展主要矛盾变化完善宏观调控，相机抉择，开准药方，把推进供给侧结构性改革作为经济工作的主线；坚持问题导向部署经济发展新战略，对我国经济社会发展变革产生深远影响；坚持正确工作策略和方法，稳中求进，保持战略定力、坚持底线思维，一步一个脚印向前迈进。习近平新时代中国特色社会主义经济思想是“5 年来推动我国经济发展实践的理论结晶，是中国特色社会主义政治经济学的最新成果，是党和国家十分宝贵的精神财富，必须长期坚持、不断丰富发展”①。

① 2017 年中央经济工作会议在北京举行［N］. 光明日报，2017-12-21.

二、新时代中国特色社会主义经济思想的理论特征

从整体看，新时代中国特色社会主义经济思想包含以下基本理论特质和基本原理。

（一）坚持党对经济工作的领导

坚持加强党对经济工作的集中领导是中国经济始终沿着科学社会主义的正确方向发展的重要保障。习近平在党的十九大报告中提出了新时代中国特色社会主义“十四条基本方略”，第一条方略就是“坚持党对一切工作的领导”，并强调党政军民学，东西南北中，党是领导一切的[①]。事实上，党领导了新中国的经济建设，特别是领导了40年改革开放，取得了震惊世界的“中国奇迹”。当前，在“四个全面”的战略布局下，坚持和完善党的领导，是我们加快发展的关键。习近平强调，全党同志维护中央权威，要把思想和行动统一到中央重大经济决策部署上来，“正确处理中央和地方、全局和局部、当前和长远的关系，正确对待利益格局调整，充分发扬党内民主，坚决维护中央权威，保证政令畅通，坚定不移实现中央改革决策部署。”同时，他还强调，必须“提高党的领导水平和执政能力”[②]。习近平指出，经济发展进入新常态，党领导经济工作的观念、体制、方式方法也要与时俱进[③]。要加强党领导经济工作制度化建设，提高党领导经济工作法治化水平，增强党领导经济工作专业化能力，强化舆论引导工作。

（二）以新发展理念统领中国特色社会主义经济发展

理念是行动的先导，一定的发展实践都是由一定的发展理念来引领的[④]。为了实现“十三五”时期的发展目标，为攻克发展的坚石，厚植发展的优势，习近平果断提出了“创新、协调、绿色、开放、共享”的新发展理念。新发展理念集中反映了党对中国经济社会发展规律认识的深化，是中国发展理论的又一次重大创新。中国经济发展经历了新中国成立后的建设发展观、改革开放后的改革发展观、新世纪的科学发展观以及当前的新发展理念，每个发展观念的形成和每次发展理念的演进都是将马克思主

① 习近平．决胜全面建成小康社会夺取新时代中国特色社会主义伟大胜利——在中国共产党第十九次全国代表大会上的报告［M］．北京：人民出版社，2017：20.

② 中共中央关于全面深化改革若干重大问题的决定［M］．北京：人民出版社，2013.

③ 2014年中央经济工作会议在北京举行［OL］．新华网，2014－12－11.

④ 中共中央宣传部．习近平总书记系列重要讲话读本［M］．北京：学习出版社，人民出版社，2016：127.

义发展观与中国实践和时代特征相结合，与时俱进，不懈探索中国特色的经济发展道路，不断解决经济发展中的各种问题和矛盾。新发展理念更是以中国特色社会主义的根本任务和发展目的为主导方向，凝练出发展的新内涵，以创新激发活力，以协调引导平衡，以绿色促进永续发展，以开放拓宽空间，以共享实现目标，这是对中国特色社会主义建设实践的理论总结，是进一步推进中国特色社会主义实践的理论指导，将中国特色社会主义发展理论体系推向了新的高度。

（三）坚持以人民为中心的发展思想

坚持以人民为中心的发展思想是中国特色社会主义经济发展的最终目的和归宿。马克思主义历史唯物主义原理告诉我们：人民才是创造历史的真正动力。人民主体性是马克思主义政治经济学的根本立场。习近平新时代中国特色社会主义经济思想是坚持马克思主义根本立场的典范。党的十八大以来，以习近平同志为核心的党中央始终站在人民的立场上谋发展，旗帜鲜明地提出：要坚持人民主体地位，顺应人民对美好生活的向往，不断实现好、维护好、发展好最广大人民的根本利益，做到发展为了人民、发展依靠人民、发展成果由人民共享。人民满不满意是评价发展好坏的最终标杆。以人民为中心的发展思想是中国特色社会主义经济发展的基本遵循和基本规律，只有坚持这一基本立场和基本规律，才能确保中国特色社会主义经济发展的科学社会主义性质，才能确保中国特色社会主义经济发展始终沿着社会主义方向前进，中国特色社会主义的优越性才能充分体现出来。

（四）坚持科学的方法论原则

坚持科学的方法论原则是经济全面改革和科学发展的科学指导和行动指南。习近平的科学方法论原则包括三个方面的内容。

（1）坚持稳中求进工作的总基调。习近平多次强调指出，稳中求进工作总基调是治国理政的重要原则，也是做好经济工作的方法论。他提出，抓经济工作要坚持稳中求进、改革创新。要稳扎稳打，步步为营，统筹稳增长、调结构、促改革，巩固稳中向好的发展态势，促进经济社会稳定，为全面深化改革创造条件。稳的重点要放在稳住经济运行上，进的重点是深化改革开放和调整结构。稳和进有机统一，相互促进。经济社会平稳才能为深化改革开放和经济结构调整创造稳定的宏观环境[①]。当然，“稳”和

---

① 2016年中央经济工作会议在北京举行［OL］．新华网，2016－12－17.

"进"是辩证统一的，要作为一个整体来把握，把握好工作节奏和力度。坚持稳中求进总基调，要求统筹各项政策，加强政策协同，要求积极的财政政策取向不变，稳健的货币政策要保持中性，结构性政策要发挥更大作用，社会政策要注重解决突出的民生问题，改革开放要加大力度，要求在经济体制改革上步子再快一些。要求进一步扩大对外开放，大幅放宽市场准入，加快形成全面开放的新格局①。

（2）坚持战略定力。在道路、方向、立场等重大原则问题上，"旗帜要鲜明，态度要明确，不能有丝毫含糊"，要坚持独立自主，坚定不移走中国特色社会主义道路。在制定政策时，要冷静观察、谨慎从事、谋定后动，"决不能在根本性问题上出现颠覆性错误"，要确保改革沿着正确方向前进，牢牢把握改革的领导权和主动权。面对复杂多变的国际局势，要平心静气、静观其变；要集中精力做好自己的事，坚定不移走和平发展道路，推动构建新型国际关系，推动构建人类命运共同体；要善于审时度势、内外兼顾、趋利避害，从国际形势和国际条件的发展变化中把握方向、用好机遇、创造条件、驾驭全局。

（3）坚持底线思维。党的十八大以来，习近平反复强调，要提高底线思维能力，居安思危，未雨绸缪，对一些重要领域要坚守底线做过系统阐述。比如，在道路方向问题上，强调不能犯颠覆性错误，既不走封闭僵化的老路，也不走改旗易帜的邪路；在经济建设方面，强调要把防控金融风险放到更加重要的位置，坚决守住不发生系统性风险的底线；在依法治国方面，强调牢固树立法律红线不能触碰、法律底线不能逾越的观念，自觉维护法律尊严和权威；在生态环境保护方面，强调实行最严格的生态环境保护制度，严守生态保护红线；在外交战略方面，强调坚持走和平发展道路，但决不能放弃我们的正当权益，决不能牺牲国家核心利益，等等。要准确把握这些重要论述的丰富内涵和精神实质，树立明确的底线意识，决不能触碰、践踏和逾越那些事关党和国家事业兴衰成败、中国特色社会主义前途命运、中华民族伟大复兴和中国人民根本利益的原则界限，不断增强坚守底线的坚定性和自觉性②。

---

① 周跃辉．习近平新时代中国特色社会主义经济思想的理论特征与逻辑框架研究［J］．经济社会体制比较，2018（3）．

② 中共中央宣传部．习近平新时代中国特色社会主义思想三十讲［M］．北京：学习出版社，2018：334－335．

第二节 新时代中国特色社会主义经济改革理论

一、社会主要矛盾转换与经济改革

党的十九大报告明确提出："我国社会主要矛盾已经转化为人民日益增长的美好生活需要和不平衡不充分的发展之间的矛盾。"正确认识和把握这一新论断，对于深刻理解中国发展的新的历史方位，把握当前中国更深层次的改革，特别是经济改革具有重要意义。

（一）社会主要矛盾变化及其现实必然性

习近平在党的十九大报告中明确指出："中国特色社会主义进入新时代，我国社会主要矛盾已经转化为人民日益增长的美好生活需要和不平衡不充分的发展之间的矛盾。"这一崭新概括是根据中国特色社会主义进入新时代，中国发展新的历史方位做出的，有充分的现实依据。

党的十九大报告指出："我国稳定解决了十几亿人的温饱问题，总体上实现小康，不久将全面建成小康社会，人民美好生活需要日益广泛，不仅对物质文化生活提出了更高要求，而且在民主、法治、公平、正义、安全、环境等方面的要求日益增长。同时，我国社会生产力水平总体上显著提高，社会生产能力在很多方面进入世界前列，更加突出的问题是发展不平衡不充分，这已经成为满足人民日益增长的美好生活需要的主要制约因素。"这段精辟论述，深刻反映了中国社会生产和社会需求发生了新变化。

从社会生产看。经过改革开放40年的发展，中国社会生产力总体水平显著提升，国内生产总值已稳居世界第二位，制造业增加值连续7年居世界第一位，有220多种产品产量位居世界第一。尤其是党的十八大以来，中国经济发展成绩斐然，国内生产总值从54万亿元增加到82.7万亿元，年均增长7.2%，远高于同期世界和发展中经济体的平均增长水平，对世界经济增长贡献超过30%，超过美国、欧元区和日本贡献率的总和。2017年，中国国内生产总值接近13万亿美元，占世界经济总量的14.8%，占比相当于改革开放之初的3倍。基础设施建设部分领域遥遥领先，高铁运营总里程、高速公路总里程和港口吞吐量均居世界第一位。中国社会生产力水平总体上显著提高，社会生产能力在很多方面进入世界前列。这说明，中国长期所处的短缺经济和供给不足状况已经发生根本性转变，原有的主要矛盾中“落后的社会生产”已经不符合实际[①]。

从社会需求看。随着人民生活水平显著提高，对美好生活的向往更加强烈，不仅对物质文化生活提出了更高要求，而且在民主、法治、公平、正义、安全、环境等方面的要求日益增长。改革开放以来，中国人民生活水平不断迈上新台阶，人均国内生产总值从1978年的385元增长到2017年的59 660元，年均增长约9.5%，已经达到中等偏上收入国家水平；城镇居民人均可支配收入和农村居民人均可支配收入分别从1978年的343.4元、133.6元提高到2017年的36 396元、13 432元；农村贫困发生率从1978年的97.5%大幅下降到2017年的3.1%以下，远低于世界平均水平；居民受教育程度不断提高，九年义务教育全面普及，高等教育毛入学率2017年达到45.7%，高出世界平均水平近10个百分点；城乡居民健康状况显著改善，居民平均预期寿命2017年达到76.7岁，高于世界平均水平；社会保障水平极大提高，覆盖城乡的社会保障体系基本建立，其他很多方面的民生保障也有显著改善[②]。随着人民生活水平不断提高，人民群众的需要呈现多样化、多层次、多方面的特点，在需要的领域和重心上已经超出原先物质文化的层次和范畴，只讲“日益增长的物质文化需要”已经不能反映当前人民群众多样化的实际需求。

以上两方面都表明，中国社会主义初级阶段呈现不断变化的特征，需要我们从中国社会发展的历史方位上进行思考，认清和把握现阶段影响满足人民对美好生活向往、期盼和需要的主要因素。综合分析各方面情况，党的十九大报告指出，发展不平衡不充分的问题已经成为满足人民日益增长的美好生活需要的主要制约因素。发展不平衡，主要指各区域各方面发展不够平衡，制约了全国发展水平提升；发展不充分，主要指一些地方、一些领域、一些方面还有发展不足的问题，发展的任务仍然很重。现阶段中国发展不平衡不充分表现在很多方面：地区经济发展不平衡，东中西部地区差距较大；城乡经济发展不均衡，农村整体还比较落后；发展的质量和效益还不高，企业的创新能力还不够强；居民收入差距较大，仍然有3 000万贫困人口；民生问题依然突出，群众在就业、教育、医疗、住房、养老等方面还面临不少难题；生态环境污染严重，治理保护工作还任重道

---

① 中共中央宣传部．习近平新时代中国特色社会主义思想三十讲［M］．北京：学习出版社，2018：68.

② 中共中央宣传部．习近平新时代中国特色社会主义思想三十讲［M］．北京：学习出版社，2018：68－69.

远。这些发展不平衡不充分问题相互交织，带来很多社会矛盾和问题，是现阶段各种社会矛盾的主要根源，已经成为社会主要矛盾的主要方面，必须下功夫去认识它、解决它①。

中国社会主要矛盾的转换是关系全局的历史性变化，对党和国家工作特别是经济工作提出了许多新要求。我们要在继续推动发展的基础上，着力解决好发展不平衡不充分问题，大力提升发展质量和效益，更好满足人民日益增长的美好生活需要，更好推动人的全面发展、社会的全面进步。

（二）解决不平衡不充分发展问题与经济改革

既然不平衡不充分发展是社会主要矛盾的主要方面，那么当今解决主要矛盾就要从这个主要方面入手，着力解决发展中的不平衡不充分问题。由于长期累积，并已形成结构性问题，因此不平衡不充分发展问题的根本解决必将对发展导向以及一些重大政策的调整完善产生重大影响。

（1）转变经济发展方式、实现经济高质量发展是重要战略导向。发展是解决中国一切问题的基础和关键。党的十九大提出，中国经济已由高速增长阶段转向高质量发展阶段。经济发展阶段转换意味着，增长速度已经不是首要追求目标，需要重点攻克的是转变发展方式、优化经济结构、转换增长动力。党的十九大报告没有再设定GDP“翻一番”的目标，这意味着未来经济发展的目标是推动经济发展实现“三大变革”，即质量变革、效率变革、动力变革，以保证经济更高质量、更有效率地发展。在2017年中央经济工作会议上，习近平再一次强调：“推动高质量发展是当前和今后一个时期确定发展思路、制定经济政策、实施宏观调控的根本要求，必须深刻认识、全面领会、真正落实。”②

（2）破解城乡、区域不平衡发展问题成为关键发展导向。当前中国最大的发展不平衡是城乡发展不平衡，最大的发展不充分是农村发展不充分③。农业发展质量效益和竞争力不高，农民增收后劲不足，农村自我发展能力较弱，城乡差距依然较大。今后要采取超常规振兴措施，在城乡统筹、融合发展的制度设计和政策创新上想办法、求突破。党的十九大报告从全局和战略高度，明确提出坚持农业农村优先发展。这是一个重大战略

---

① 冷溶．正确把握我国社会主要矛盾的变化［A］．//编写组．党的十九大报告辅导读本［M］．人民出版社，2017：128.

② 推动高质量发展——从中央政治局会议看2018年中国经济走向［OL］．新华社，2017－12－08.

③ 韩长赋．大力实施乡村振兴战略［A］．//编写组．党的十九大报告辅导读本［M］．北京：人民出版社，2017：209－210.

思想，是党中央着眼“两个一百年”奋斗目标导向和农业农村短腿短板问题导向做出的战略安排，表明在全面建设社会主义现代化国家新征程中，要始终坚持把解决好“三农”问题作为全党工作重中之重，真正摆在优先位置。贯彻农业农村优先发展指导思想，要进一步调整理顺工农城乡关系，在要素配置上优先满足，在资源条件上优先保障，在公共服务上优先安排，加快农业农村经济发展，加快补齐农村公共服务、基础设施和信息流通等方面的短板，显著缩小城乡差距，实现城乡融合发展。与此同时，党的十九大报告根据中国社会主要矛盾的变化，立足于解决发展不平衡不充分问题，以全方位、系统化的视角，提出今后一个时期实施区域协调发展的战略任务，着力提升各层面区域战略的联动性和全局性，增强区域发展的协同性和整体性。党的十九大报告指出：“加大力度支持革命老区、民族地区、边疆地区、贫困地区加快发展，强化举措推进西部大开发形成新格局，深化改革加快东北等老工业基地振兴，发挥优势推动中部地区崛起，创新引领率先实现东部地区优化发展，建立更加有效的区域协调发展新机制。”

（3）生态文明建设被提到前所未有的战略高度。党的十八大以来，我们大力推进生态文明建设，重塑生态文明制度体系，忽视生态环境保护状况明显改变。但必须看到，生态环境保护任重道远，人民群众对美好环境的期望和要求很高。党的十九大报告提出，我们要建设的现代化是人与自然和谐共生的现代化。带领人民不断创造美好生活，我们既要创造更多的物质财富和精神财富，也要提供更多优质生态产品。必须推进绿色发展，着力解决突出环境问题，加大生态系统保护力度，改革生态环境监管制度，坚定走生产发展、生活富裕、生态良好的文明发展道路，加快建设美丽中国。下一步，生态文明建设方面还要出台一系列制度安排，从制度上机制上把生态保护绿色发展的要求真正落到实处。

（4）建设体现效率、促进公平的收入分配体系成为迫切需要。习近平指出：“要建设体现效率、促进公平的收入分配体系，实现收入分配合理、社会公平正义、全体人民共同富裕，推进基本公共服务均等化，逐步缩小收入分配差距。”① 党的十九大报告给出了建立收入分配体系的重要原则，即“坚持按劳分配原则，完善按要素分配的体制机制，促进收入分配更合理、更有序。鼓励勤劳守法致富，扩大中等收入群体，增加低收入者收

① 2018年中央政治局第三次集体学习［OL］．新华社，2018-01-31.

入，调节过高收入，取缔非法收入”①。

（5）保障和补齐民生短板成为更加重要的目标取向。党的十八大以来，我们在保障和改善民生方面有了显著进步，覆盖城乡的社会保障体系基本建立，人民健康和医疗卫生水平大幅提高。但从总体看，民生保障领域“短板”依然比较突出。因此，必须多谋民生之利、多解民生之忧，“在发展中补齐民生短板”“促进社会公平正义”，要在幼有所育、学有所教、劳有所得、病有所医、老有所养、住有所居、弱有所扶上不断取得新成就。为此，党的十九大报告在教育、社会保障、扶贫等方面提出了一系列目标和要求。在教育方面提出，要优先发展教育事业，办好人民满意的教育，推进教育公平，努力让每个孩子都能享有公平而有质量的教育。社会保障方面提出，按照兜底线、织密网、建机制的要求，全面建成覆盖全民、城乡统筹、权责清晰、保障适度、可持续的多层次社会保障体系。在扶贫方面提出，要动员全党全国全社会力量，坚持精准扶贫、精准脱贫，根本解决贫困人口、贫困地区的精准脱贫问题，为决胜全面建成小康社会目标的如期实现提供坚强保障。

二、建设现代化经济体系与经济改革

（一）现代化经济体系的主要内容

党的十九大报告指出：“我国经济已由高速增长阶段转向高质量发展阶段，正处在转变发展方式、优化经济结构、转换增长动力的攻关期，建设现代化经济体系是跨越关口的迫切要求和我国发展的战略目标。”建设现代化经济体系，是以习近平同志为核心的党中央从党和国家事业全局出发，着眼于实现“两个一百年”奋斗目标，顺应中国特色社会主义进入新时代的新要求做出的重大战略决策。习近平强调，国家强，经济体系必须强。建设现代化经济体系是一篇大文章，既是一个重大理论命题，更是一个重大实践课题，集中体现了转变发展方式、优化经济结构、转换增长动力的迫切要求。要深刻认识建设现代化经济体系的重要性和艰巨性，科学把握建设现代化经济体系的目标和重点，推动中国经济发展焕发新活力、迈上新台阶。

现代化经济体系是由社会经济活动各环节、各层面、各领域的相互关

---

① 习近平．决胜全面建成小康社会 夺取新时代中国特色社会主义伟大胜利——在中国共产党第十九次全国代表大会上的报告［M］．北京：人民出版社，2017：46.

系和内在联系构成的有机整体。现代化经济体系主要包括七个方面的内容：一是建设创新引领、协同发展的产业体系，实现实体经济、科技创新、现代金融、人力资源协同发展，使科技创新在实体经济发展中的贡献份额不断提高，现代金融服务实体经济的能力不断增强，人力资源支撑实体经济发展的作用不断优化。二是建设统一开放、竞争有序的市场体系，实现市场准入畅通、市场开放有序、市场竞争充分、市场秩序规范，加快形成企业自主经营公平竞争、消费者自由选择自主消费、商品和要素自由流动平等交换的现代市场体系。三是建设体现效率、促进公平的收入分配体系，实现收入分配合理、社会公平正义、全体人民共同富裕，推进基本公共服务均等化，逐步缩小收入分配差距。四是建设彰显优势、协调联动的城乡区域发展体系，实现区域良性互动、城乡融合发展、陆海统筹整体优化，培育和发挥区域比较优势，加强区域优势互补，塑造区域协调发展新格局。五是建设资源节约、环境友好的绿色发展体系，实现绿色循环低碳发展、人与自然和谐共生，牢固树立和践行绿水青山就是金山银山理念，形成人与自然和谐发展现代化建设新格局。六是建设多元平衡、安全高效的全面开放体系，发展更高层次开放型经济，推动开放朝着优化结构、拓展深度、提高效益方向转变。七是建设充分发挥市场作用、更好发挥政府作用的经济体制①。

以上七个方面是统一的整体，要一体建设、一体推进，为中国经济的更高质量、更有效率、更加公平、更可持续发展指明了方向。建设创新引领、协同发展的产业体系体现了经济发展的更高质量目标；建设统一开放、竞争有序的市场体系，建设充分发挥市场作用，更好发挥政府作用的经济体制，以及收入分配体系和城乡区域发展体系，既体现了经济发展的更有效率，也体现了更加公平；建设资源节约、环境友好的绿色发展体系体现了经济更可持续发展的目标取向；建设多元平衡、安全高效的全面开放体系将视野扩展到国际空间，为实现中国经济更高质量、更有效率、更加公平发展提供良好的外部环境。习近平强调，我们建设的现代化经济体系，要借鉴发达国家有益做法，更要符合中国国情、具有中国特色。只有形成符合中国国情、具有中国特色的现代化经济体系，才能更好顺应现代化发展潮流，赢得国际竞争主动，为实现人民对美好生活的向往打下更为坚实而强大的物质基础。

---

① 2018 年中央政治局第三次集体学习［OL］. 新华社，2018－01－31.

现代化经济体系建设目标的确立为我国经济发展指明了方向，但要顺利实现这些目标，需要从经济发展实际出发，确实要对一些重点和关键领域进行系统而深入的经济改革，如供给侧结构性改革，经济体制改革的深化，基本经济制度的进一步完善，等等。

（二）以供给侧结构性改革为主线，建设现代化经济体系

党的十九大报告指出："建设现代化经济体系是跨越关口的迫切要求和我国发展的战略目标"，而要实现这一战略目标，必须坚持"以供给侧结构性改革为主线，推动经济发展质量变革、效率变革、动力变革，提高全要素生产效率"。这是以习近平同志为核心的党中央对供给侧结构性改革的新定位，以及推进供给侧结构性改革的坚定决心和历史担当。

1. 供给侧结构性改革的主要内容

习近平在主持召开中央财经领导小组第十三次会议时指出："各地区各部门要把思想和行动统一到党中央决策部署上来，重点推进'三去一降一补'，不能因为包袱重而等待、困难多而不作为、有风险而躲避、有阵痛而不前，要树立必胜信念，坚定不移把这项工作向前推进。"① 党的十九大报告再次明确要求："坚持去产能、去库存、去杠杆、降成本、补短板，优化存量资源配置，扩大优质增量供给，实现供需动态平衡。"

（1）持续扩大去产能。去产能是供给侧结构性改革的重要任务，也是优化存量资源配置的根本途径。要继续推动钢铁、煤炭行业化解过剩产能，适时将去产能范围扩大到更多产能过剩行业。要更加严格执行环保、能耗、技术、质量和安全等法规和标准，更多运用市场机制实现优胜劣汰。要紧紧抓住处置僵尸企业的"牛鼻子"，把去产能与深化国有企业改革、推进企业兼并重组和升级改造结合起来，妥善处置企业债务，做好人员安置工作。要尽快修订完善有关资产处置、债务清偿、破产清理等方面的法律法规，为处置僵尸企业提供法制保障。要加大中央财政对去产能中下岗职工生活保障等方面的支持，发挥好地方政府作用，保持社会大局稳定。

（2）因城施策去库存。去库存是改善房地产市场供求关系的重要举措。要坚持分类调控，因城因地施策，重点解决三四线城市房地产库存过多问题。要围绕促进1亿农业转移人口市民化的目标，加快落实户籍制度

---

① 中共中央文献研究室．习近平关于社会主义经济建设论述摘编［M］．北京：中央文献出版社，2017：105.

改革，把去库存和促进人口城镇化结合起来。加强特大城市和中小城市互联互通，加快大中小城市网络化进程，提高中小城市教育、医疗等基本公共服务均等化水平，增强中小城市对人口的吸引力。各地要根据当地实际，从改善市场供求关系出发，因地制宜采取各有侧重的去库存政策措施。要坚持房子是用来住的，不是用来炒的定位，大力发展住房租赁市场，鼓励长租公寓等租赁业务发展，加快建立健全房地产基础性制度和长效机制。

（3）积极稳妥去杠杆。推动经济去杠杆是供给侧结构性改革的重点任务之一，也是防范化解金融风险的重要内容。要坚决管住货币信贷总闸门，防止宏观杠杆率继续快速上升。要把国有企业降杠杆作为重中之重，落实好市场化法治化债转股，加大股权融资力度。要把企业去杠杆与推动国有企业混合所有制改革结合起来，盘活存量资产，优化增量资产。要发挥资本市场和各类金融机构的作用，促进企业兼并重组。建立国有企业资产负债约束机制，加强企业自身债务杠杆约束。同时，要规范地方政府举债行为，严控地方政府债务增量，稳妥处置现有隐性债务。

（4）综合施策降成本。降低企业成本是增强企业竞争力、扩大优质增量供给的重要举措。要强化放水养鱼意识，在减税、降费、降低要素成本等方面加大工作力度。降低各类交易成本特别是制度性交易成本，减少审批环节，降低各类中介评估费用，加大对垄断行业、垄断环节违法违规收费的监管力度。要深化能源、交通、就业等体制改革，降低企业用电和物流成本，提高劳动力市场灵活性。

（5）扎实有效补短板。补短板是扩大有效供给的重要手段。要从严重制约经济社会发展的重要领域和关键环节，从人民群众迫切需要解决的突出问题着手，既补硬短板也补软短板，既补发展短板也补制度短板。要通过改革，使市场价格机制真正引导资源配置，营造有国际竞争力的营商环境，增强微观主体内生动力。鼓励民间资本进入医疗、养老、教育等社会领域，解决好人民群众反映强烈的教育、卫生、食品质量安全、生态环境等问题。要加大提升人力资本、突破共性技术、改善基础设施薄弱环节等补短板力度，提高供给质量，增强发展后劲。要做好精准脱贫工作，在补短板中促进实现共同发展、公平发展。

2. 供给侧结构性改革的主攻方向

（1）着力发展实体经济特别是先进制造业。这是提高供给体系质量的主战场。要加快发展先进制造业，推动互联网、大数据、人工智能和实体经济深度融合，在中高端消费、创新引领、绿色低碳、共享经济、现代供应链、人力资本服务等领域培育新增长点，形成新动能。要支持传统产业优化升级，加快发展现代服务业，瞄准国际标准提高水平。加大投入支持传统产业技术改造，集中力量突破一批关键共性技术和基础零部件、工艺和材料。要促进我国产业迈向全球价值链的中高端，培育若干世界级先进制造业集群。主要是瞄准新一代信息通信技术、高档数控机床和机器人、先进轨道交通装备、节能与新能源汽车、新材料、生物医药等重点领域，形成世界级的先进制造业集群。

（2）切实提高供给体系质量。党的十九大报告要求，把提高供给体系质量作为主攻方向，显著增强中国经济质量优势。落实这一要求，就要树立质量第一的强烈意识，在农产品、工业制成品、装备制造、工程建设、服务业等领域提高标准，加强全面质量管理，强化知识产权保护和管理，提升竞争质量，提高劳动生产率，引导企业突出主业，发扬工匠精神，加强品牌建设，培育更多“百年老店”，增强核心竞争力。

（3）加强水利、铁路、公路、水运、航空、管道、电网、信息、物流等基础设施网络建设，强化基础体系支撑。基础设施网络具有公共物品和公共服务属性，是供给体系的重要组成部分，也是提高供给体系质量的基础条件。重点是要加快提高基础设施现代化水平，着力形成基础设施平衡发展格局，全面提升基础设施互联互通水平，进一步发挥基础设施对国民经济发展的重要支撑作用，更好地满足经济发展和人民群众的需要。

（4）激发和保护企业家和劳动者的积极性。人是生产力中最活跃的因素。提高供给体系质量，两类人最为关键：一类是富于创新和敢闯敢为的企业家，另一类是工匠和劳模。党的十九大报告，一方面强调，要激发和保护企业家精神，鼓励更多社会主体投身创新创业；另一方面也强调，要建设知识型、技能型、创新型劳动者大军，弘扬劳模精神和工匠精神，营造劳动光荣的社会风尚和精益求精的敬业风气。这两方面是提高供给体系中人力资本的重要保障①。

（三）正确处理政府与市场的关系，建设现代化经济体系

推进供给侧结构性改革，建设现代化经济体系，必须处理好政府和市场的关系。党的十八届三中全会通过的《中共中央关于全面深化改革若干

---

① 陈和．深化供给侧结构性改革［A］．//编写组．党的十九大报告辅导读本［M］．北京：人民出版社，2017：191.

重大问题的决定》（以下简称《决定》）第一次明确提出了“使市场在资源配置中起决定性作用和更好发挥政府作用”的命题，这是一次重大的理论突破和理论创新。党的十九大报告再次强调，要使市场在资源配置中起决定性作用，更好发挥政府作用。这个重大判断，有利于在全党全社会进一步树立关于政府和市场关系的正确观念，有利于转变经济发展方式，因而成为供给侧结构性改革能否深入推进的根本环节。

1. 使市场在资源配置中起决定性作用是市场经济的内在本质要求

市场经济是通过市场机制引导社会资源配置、实现社会生产和再生产的经济运行体制。市场经济的显著特征是市场交换规则普遍化，即市场在资源配置中起决定性作用，促进资源配置依据市场价格、市场竞争以及市场规则实现效益最大化和效率最优化。所谓“决定性作用”，就是让价值规律、竞争规律和供求规律在资源配置中起决定性作用，使市场在所有社会生产领域的资源配置中处于主体地位。市场决定资源配置的本质要求，就是市场主体在经济活动中遵循和贯彻价值规律、竞争规律和供求规律，也就是说通过市场机制发挥主体作用。其作用主要体现在：以利润为导向引导生产要素流向，以竞争为手段决定商品价格，以价格为杠杆调节供求关系，使生产要素的价格、生产要素的投向、产品消费、利润实现、利润分配主要依靠市场交换来完成。实践证明，迄今为止，在市场经济条件下，尚未发现任何力量比市场的作用更广泛、更有效率、更可持续。因此，只要实行市场经济体制，就必须尊重市场在资源配置中的主体地位和决定性作用，其他任何力量都不能代替市场的作用。同时中外市场经济的实践也充分证明：尽管市场在给定条件得到充分满足的情况下能够实现各种经济资源的最优配置，但是市场自身无法克服的固有的局限性也会不可避免地导致市场失灵，因此，市场在资源配置中的决定性作用是相对的、有条件的，并不是在任何条件、任何领域起全部作用。

2. 市场在资源配置中起决定性作用的条件

“理论和实践都证明，市场配置资源是最有效率的形式。市场决定资源配置是市场经济的一般规律，市场经济本质上就是市场决定资源配置的经济”。这是习近平在《关于〈中共中央关于全面深化改革若干重大问题的决定〉的说明》中做出的论述。他的论述确实抓住了市场经济的一般规律和本质内容，为中国市场经济的进一步发展和完善立下了总基调，但是，由于市场经济的固有属性及其运行机制的独特体现，尤其是在中国这样一个欠发达的市场经济条件下，要实现市场在资源配置中的决定性作用，使市场成为资源配置最有效率的形式，还必须要满足八大条件，即合格的市场主体，充分竞争的市场，健全的法律体系和完善的制度安排，法律和制度必须能够得到最有效率的执行，存在一套完备的可验证的社会信用体系，市场机制能够无障碍发挥作用，健全完善的市场体系，市场在资源配置中的决定性作用以短期有效和局部有效为条件。

3. 如何更好地发挥政府的作用

以上八个方面的条件是市场在资源配置中起决定性作用的内在要求，但市场本身并不能自身创造这一系列条件，只能依赖政府为其提供并不断完善，这是更好发挥政府作用的核心。政府与市场的关系说到底是分工与合作的关系。从分工的角度看，市场总是在给定条件下发挥作用，而这些条件总是处于动态变化过程中，而市场自身并不能自动完善借以发挥作用的条件，只能依靠政府来实现，这就为政府更好发挥作用预留了空间；市场一定会失灵，这是市场逻辑决定的，市场不能自动纠正失灵，这也是政府更好发挥作用的领域；市场不能提供公共产品，也为政府更好发挥作用预留了空间；关系国家经济安全、关系国计民生的基础性、战略性领域也是市场不能承载的，必须由政府来承担；市场不具备保证实现社会公平与正义、保证中国特色社会主义经济性质和基本经济制度的功能，市场同样为政府更好发挥作用预留了空间。从合作的角度看，市场从效率角度发展生产力，政府则从创造市场条件、社会公平和正义角度完善社会生产关系，两者在合作中共同推进中国特色社会主义向更高阶段、更高水平、更高质量演化。

总之，政府和市场的作用范围不可能完全独立，二者的边界存在交集，而且交集的大小是变动的，其面积的大小取决于以上八个条件的完备性，也就是政府在以上八个方面发挥作用的有效性。这八个条件的完备性越好，交集的面积越小，但不会等于零。因此，政府与市场的关系不是一个简单的谁多谁少、谁强谁弱、谁大谁小的问题，政府与市场之间的关系不是一个简单的此消彼长或者非此即彼的关系，而是一个分工与合作、共生互补的关系①。

（四）进一步完善基本经济制度，建设现代化经济体系

无论是使市场在资源配置中起决定性作用，还是更好发挥政府作用，

① 冒佩华，王朝科．“使市场在资源配置中起决定性作用和更好发挥政府作用”的内在逻辑［J］．毛泽东邓小平理论研究，2014（2）．

都必须毫不动摇地坚持我国基本经济制度。党的十八大以来，以习近平同志为核心的党中央在总结和坚持以往成功经验的基础上，提出了在新的历史条件下坚持和完善基本经济制度的新思想和新部署，鲜明地表达了我们党坚持和完善中国基本经济制度的坚定意志，必将对现代化经济体系的建设和中国特色社会主义经济的发展产生深远的积极影响。

1. 党的十八届三中全会对完善基本经济制度的新思想和新部署

（1）对基本经济制度的重要地位做了新的阐述。《决定》明确指出："公有制经济和非公有制经济都是社会主义市场经济的重要组成部分，都是我国经济社会发展的重要基础。"这是党的文件第一次将公有制经济与非公有制经济并列提出，是对基本经济制度内涵认识的丰富和发展，是社会主义市场经济发展实践的新概括，是对中国特色社会主义规律的认识不断深化的结果。

（2）对积极发展混合所有制经济提出了战略要求。《决定》明确提出，积极发展混合所有制经济；国有资本、集体资本、非公有资本等交叉持股、相互融合的混合所有制经济，是基本经济制度的重要实现形式，有利于国有资本放大功能、保值增值、提高竞争力，有利于各种所有制资本取长补短、相互促进、共同发展。允许更多国有经济和其他所有制经济发展成为混合所有制经济。国有资本投资项目允许非国有资本参股。允许混合所有制经济实行企业员工持股，形成资本所有者和劳动者利益共同体。

（3）对全面深化国有经济改革做出了一系列重要部署。《决定》强调，要推动国有企业完善现代企业制度。国有企业属于全民所有，是推进国家现代化、保障人民共同利益的重要力量。国有企业总体上已经同市场经济相融合，必须适应市场化、国际化新形势，以规范经营决策、资产保值增值、公平参与竞争、提高企业效率、增强企业活力、承担社会责任为重点，进一步深化国有企业改革。在具体的改革实践中，《决定》果断提出，要准确界定不同国有企业功能。国有资本加大对公益性企业的投入，在提供公共服务方面做出更大贡献。国有资本继续控股经营的自然垄断行业，实行以政企分开、政资分开、特许经营、政府监管为主要内容的改革，根据不同行业特点实行网运分开、放开竞争性业务，推进公共资源配置市场化。进一步破除各种形式的行政垄断。

（4）对促进非公有制经济健康发展提出了一系列新的举措。《决定》明确提出，要支持非公有制经济健康发展。非公有制经济在支撑增长、促进创新、扩大就业、增加税收等方面具有重要作用。坚持权利平等、机会平等、规则平等，废除对非公有制经济各种形式的不合理规定，消除各种隐性壁垒，制定非公有制企业进入特许经营领域的具体办法。要鼓励非公有制企业参与国有企业改革，鼓励发展非公有资本控股的混合所有制企业，鼓励有条件的私营企业建立现代企业制度。

2. 党的十九大是对基本经济制度认识的深化

党的十九大报告指出，要完善各类国有资产管理体制，改革国有资本授权经营体制，加快国有经济布局优化、结构调整、战略性重组，促进国有资产保值增值，推动国有资本做强、做优、做大，有效防止国有资产流失。深化国有企业改革，发展混合所有制经济，培育具有全球竞争力的世界一流企业。全面实施市场准入负面清单制度，清理废除妨碍统一市场和公平竞争的各种规定和做法，支持民营企业发展，激发各类市场主体活力。这是在新的历史起点上，以习近平同志为核心的党中央对基本经济制度进一步完善所做出的又一次重大部署。这次重大部署相比以往，有两点重大突破。

第一，从做强、做优、做大国有企业到做强、做优、做大国有资本。这一转变明确了政府实施作用的范围和目标，做强、做优、做大是对国有资本整体的要求，而不是对微观国有企业的要求；这一转变也展示了政府加快国有经济布局优化的政策意图，与新一轮国有企业改革由管企业为主向管资本为主转变一脉相承。这也意味着下一步以管资本为主深化国有资产监管机构自身的职能转变将成为改革的重要任务。

第二，第一次提出要支持民营企业发展。“要支持民营企业发展，激发各类市场主体活力，要努力实现更高质量、更有效率、更加公平、更可持续的发展”。过去，在党的历次重要会议和文件中，都用“非公有制经济”和“民营经济”表述，这次党的十九大报告第一次直接使用“民营企业”的概念，既表明党对民营企业认识的逐步深化，又对民营企业为改革开放和经济社会建设做出的贡献给予充分肯定。为把支持民营企业发展的部署落到实处，习近平在2016年第一次提出新型政商关系的基础上，在党的十九大报告中再次强调要构建“亲”“清”新型政商关系，这必将激励广大党政干部勇于担当、积极作为，既帮助民营企业解决发展中遇到的各种困难和问题，又守住底线不以权谋私；同时，也必将激励广大民营企业家做到洁身自好，遵纪守法办企业、光明正大搞经营。

第三节　新时代中国特色社会主义经济开放理论

党的十九大报告正式提出推动形成全面开放新格局，并明确提出以“一带一路”建设为重点加快构建开放型经济新体制，倡导发展开放型世界经济，积极参与全球经济治理，形成更高水平的开放格局等推动全面开放的一系列新思想。“一带一路”国际合作倡议不仅是新时代中国对外开放和经济外交的顶层设计，而且是探索全球经济治理新模式，构建人类命运共同体的重要路径。

一、“一带一路”倡议的主要内容、主要目标和基本原则

（一）“一带一路”倡议的主要内容

政策沟通、设施联通、贸易畅通、资金融通和民心相通，是“一带一路”建设的核心内容。习近平强调，要积极促进“一带一路”国际合作，努力实现政策沟通、设施联通、贸易畅通、资金融通、民心相通，打造国际合作新平台，增添共同发展新动力。这是在新的历史起点上谱写“一带一路”新篇章的政治宣言和行动纲领。促进“一带一路”国际合作，要以“五通”为抓手，广泛凝聚合作共识，全面提升合作水平①。

1. 政策沟通

加强政策沟通，形成政策协调、规划对接的合力，促进相关国家协同联动发展，不断夯实“一带一路”建设的政治基础。习近平多次说过，“一带一路”建设不是另起炉灶、推倒重来，而是实现战略对接、优势互补。我们与有关国家协调政策，包括俄罗斯提出的欧亚经济联盟，东盟提出的互联互通总体规划，哈萨克斯坦提出的“光明之路”，土耳其提出的“中间走廊”，蒙古提出的“发展之路”，越南提出的“两廊一圈”，英国提出的“英格兰北方经济中心”，波兰提出的“琥珀之路”，等等。中国与老挝、柬埔寨、缅甸、匈牙利等国的规划对接工作已全面展开。中国与40多个国家和国际组织签署了合作协议，与30多个国家开展机制化产能合作。“一带一路”国际合作高峰论坛期间，我们签署了一批对接合作协议和行动计划，同60多个国家和国际组织共同发出推进“一带一路”贸易畅通合作倡议。各方通过政策对接，实现了“一加

---

① 习近平．习近平谈治国理政：第二卷［M］．北京：外文出版社，2017：509－511.

一大于二”的效果。

2. 设施联通

加强设施联通，以重大项目和重点工程为引领，不断完善“一带一路”建设的基础设施网络。基础设施互联互通是“一带一路”建设的优先领域。我们与相关国家一道共同加速推进雅万高铁、中老铁路、亚吉铁路、匈塞铁路等项目，建设瓜达尔港、比雷埃夫斯港等港口，规划实施一大批互联互通项目。目前，以中巴、中蒙俄、新亚欧大陆桥等经济走廊为引领，以陆海空通道和信息高速路为骨架，以铁路、港口、管网等重大工程为依托，一个复合型的基础设施网络正在形成。当前，“一带一路”建设进入深耕细作的新阶段，要继续把互联互通作为重点，打破沿线和有关国家发展瓶颈。一是完善基础设施联通网络。扎实推进国际经济合作走廊建设。以铁路、公路、航空、水运、通信、电力、油气管网为重点，聚焦关键通道、关键城市、关键项目，着力推动陆上、海上、天上、网上四位一体的联通。二是协调政策规则标准联通。加强与相关国家和地区基础设施建设规划、质量技术体系对接，开展海关、检验检疫、边境管理等合作，促进政策、规则、标准三位一体的联通，为互联互通提供机制保障。三是创新设施联通融资渠道。充分发挥亚洲基础设施投资银行、丝路基金等平台作用，深化金融机构与金融市场合作，创新投资和融资模式，加大完善服务“一带一路”建设金融支持保障体系。

3. 贸易畅通

加强贸易畅通，促进贸易和投资自由化、便利化，不断释放互利合作的活力。中国同“一带一路”参与国大力推动贸易和投资便利化，不断改善营商环境。比如，仅哈萨克斯坦等中亚国家农产品到达中国市场的通关时间就缩短了90%。2014—2016年，中国同“一带一路”沿线国家贸易总额超过3万亿美元。中国对“一带一路”沿线国家投资累计超过500亿美元。中国企业已经在20多个国家建设56个经贸合作区，为有关国家创造近11亿美元税收和18万个就业岗位。

4. 资金融通

加强资金融通，深化金融领域合作，不断健全“一带一路”建设的多元化投融资体系。融资瓶颈是实现互联互通的突出挑战。中国与“一带一路”建设参与国和组织开展了多种形式的金融合作。亚洲基础设施投资银行已经为“一带一路”建设参与国的9个项目提供17亿美元贷款，“丝路基金”投资达40亿美元，中国与中东欧“16+1”金融控股公司正式成立。这些新型金融机制与世界银行等传统多边金融机构各有侧重、互为补充，形成层次清晰、初具规模的“一带一路”金融合作网络。

5. 民心相通

加强民心相通，不断搭建沿线和世界各国的友好桥梁，让“一带一路”建设更好造福沿线和世界各国人民。“国之交在于民相亲，民相亲在于心相通”。“一带一路”建设参与国弘扬丝绸之路精神，开展智力丝绸之路、健康丝绸之路等建设，在科学、教育、文化、卫生、民间交往等各领域广泛开展合作，为“一带一路”建设夯实民意基础，筑牢社会根基。中国政府每年向相关国家提供1万个政府奖学金名额，地方政府也设立了丝绸之路专项奖学金，鼓励国际文教交流。各类丝绸之路文化年、旅游年、艺术节、影视桥、研讨会、智库对话等人文合作项目百花纷呈，人们往来频繁，在交流中拉近了心与心的距离。

（二）“一带一路”倡议的目标追求和广阔前景

2017年5月14日，习近平在“一带一路”国际合作高峰论坛开幕式的演讲中强调指出：“‘一带一路’倡议顺应时代潮流，适应发展规律，符合各国人民利益，具有广阔前景”“我们要乘势而上、顺势而为，推动‘一带一路’建设行稳致远，迈向更加美好的未来。”要把“一带一路”真正打造成一条和平之路、繁荣之路、开放之路、创新之路和文明之路①。

1. “一带一路”是和平之路

古丝绸之路，和时兴，战时衰。“一带一路”建设离不开和平安宁的环境。习近平指出，古丝绸之路沿线地区曾经是“流淌着牛奶与蜂蜜的地方”，如今很多地方却成了冲突动荡和危机挑战的代名词。这种状况不能再持续下去。沿线各国应该尊重彼此主权、尊严、领土完整，尊重彼此发展道路和社会制度，尊重彼此核心利益和重大关切。要树立共同、综合、合作、可持续的新安全观，营造共建共享的安全格局。要着力化解热点，坚持政治解决；要着力斡旋调解，坚持公道正义；要着力推进反恐，标本兼治，消除贫困落后和社会不公。

2. “一带一路”是繁荣之路

发展是解决一切问题的总钥匙。推进“一带一路”建设，应聚焦发展这个根本性问题，释放各国发展潜力，实现经济大融合、发展大联动、成

① 习近平．习近平谈治国理政：第二卷［M］．北京：外文出版社，2017：511－514.

果大共享。要深入开展产业合作，推动各国产业发展规划相互兼容、相互促进，抓好大项目建设，加强国际产能和装备制造合作，抓住新工业革命的发展新机遇，培育新业态，保持经济增长活力。要建立稳定、可持续、风险可控的金融保障体系，创新投资和融资模式，推广政府和社会资本合作，建设多元化融资体系和多层次资本市场，发展普惠金融，完善金融服务网络。要加强互联互通合作，大力推进基础设施“硬联通”和政策规则标准“软联通”。

3. “一带一路”是开放之路

对一个国家而言，开放如同破茧成蝶，虽会经历一时阵痛，但将换来新生。共建“一带一路”倡议源于中国，但机会和成果属于世界，中国不打地缘博弈小算盘，不搞封闭排他小圈子，不做凌驾于人的强买强卖。“一带一路”建设以开放为导向，解决经济增长和平衡问题。结合自身国情，积极发展开放型经济，参与全球治理和公共产品供给，携手构建广泛的利益共同体。要有“向外看”的胸怀，维护多边贸易体制，推动自由贸易区建设，促进贸易和投资自由化、便利化。着力解决发展失衡、治理困境、数字鸿沟、分配差距等问题，建设开放、包容、普惠、平衡、共赢的经济全球化。

4. “一带一路”是创新之路

创新是推动发展的重要力量。“一带一路”建设本身就是一个创举，搞好“一带一路”建设也要向创新要动力。坚持创新驱动发展，加强在数字经济、人工智能、纳米技术、量子计算机等前沿领域合作，推动大数据、云计算、智慧城市建设，连接成21世纪的数字丝绸之路。促进科技同产业、科技同金融深度融合，优化创新环境，集聚创新资源。我们要为互联网时代的各国青年打造创业空间、创业工场，成就未来一代的青春梦想。践行绿色发展的新理念，倡导绿色、低碳、循环、可持续的生产生活方式，加强生态环保合作，建设生态文明，共同实现联合国2030年可持续发展目标。

5. “一带一路”是文明之路

“国之交在于民相亲，民相亲在于心相通”。“一带一路”建设以文明交流超越文明隔阂、文明互鉴超越文明冲突、文明共存超越文明优越，推动各国相互理解、相互尊重、相互信任。建立多层次人文合作机制，搭建更多合作平台，开辟更多合作渠道。在文化、体育、卫生领域，要创新合作模式，推动务实项目。加强各国议会、政党、智库、民间组织往来和国际反腐合作，密切妇女、青年、残疾人等群体的交流，促进包容发展。

（三）“一带一路”国际合作倡议所遵循的基本原则

共商共建共享是“一带一路”建设的基本原则①。因此，“一带一路”重大合作倡议提出以后，备受国际社会关注，沿线国家广泛响应。“一带一路”建设，从倡议走向实践、从愿景变为行动，进展和成果超出预期，合作伙伴越来越多，影响力和号召力日益增强，“朋友圈”不断扩大。

1. 共商原则

共商原则，就是沟通协商，充分尊重各国发展水平、经济结构、法律制度、营商环境和文化传统的差异。当今的世界格局已经发生了巨大变化，新兴国家正在群体性崛起，发展中国家的力量正在逐渐壮大，要求国际制度更加公平合理的声音也在逐渐变强，制定和推行新的国际制度时必须平衡地反映大多数国家意愿和利益。在此背景下，由中国提出的“一带一路”倡议，为新兴国家尤其是发展中国家搭建了一个“共商”的平台，尤其是旨在促进亚洲区域建设互联互通化和经济一体化的“亚投行”，吸引了众多工业化国家参与。亚投行组织结构、人力资源政策、财务政策、业务政策、环境与社会框架、采购政策等都是集思广益，由创始成员国一起商量和制定，体现了公平、合理的国际制度新理念。“一带一路”是倡议，不是“中国版马歇尔计划”。倡议的提法，确保了沿线国家与中国在“一带一路”合作中享有平等性及选择权。共商就是合作伊始时，就遵循你情我愿、不强加于人的原则。

2. 共建原则

共建原则的重要内容是坚持开放合作，即各国和国际、地区组织均可参与。共建就是发挥各自的积极性，使全体参与方各施所长、各尽所能，发挥各自优势和潜能并持续推进建设。这将引导各国积极主动参与国际制度的建立，参与国家基于本身利益的考虑，积极主动地参与到规则的制定和实施过程中，能够充分体现自己的“存在感”，如亚投行的创始成员国中，相当一部分发展中国家，都是顶住了某些大国的重重压力，主动参与其中，目的就是不愿错过这一难得的发展商机，为本国争取到更多的经济利益。“一带一路”沿线国家多为新兴经济体与发展中国家，经济发展普遍处于上升期，人口总数与经济总量分别占全球的63%和29%，现有发展

---

① 中共中央宣传部．习近平新时代中国特色社会主义思想三十讲［M］．北京：学习出版社，2018：303.

规模与未来潜力均相当大。随着“一带一路”合作深化，我国与沿线国家的经济往来将不仅体现在对外贸易、对外投资上，而且将在很多领域进行深入的合作与共建。

共建原则除了参与各方共同参与之外，还要考虑各参与国的国情，在此基础上深度对接各自的发展战略，寻求最大公约数。虽然“一带一路”沿线国家在国情特点、发展水平、面临问题等方面存在巨大差异，但在加快工业化、现代化进程，促进经济发展，改善人民生活方面，沿线国家具有高度的共识，为此，须通过加强与各国的沟通，深入了解各自诉求与核心关切，最大限度地凝聚沿线地区民意基础，求同存异，寻求为各国人民创造财富、振兴区域经济的最大公约数，汇聚区域共同发展主流声音，把沿线各国的发展与整个地区的发展紧密结合在一起，形成推进合作、增进发展机会的合力。要根据沿线各国不同的历史文化背景、现实挑战和核心关切，共同研究把各自资源优势、区位优势和人才、技术以及文化传统优势转化为促进发展的现实优势，共同商定合作重点、合作模式和工作机制，促进区域合作不断深化发展。

3. 共享原则

共享原则是实现互利共赢，不断增强各参与方的获得感，寻找与沿线和世界各国更多利益交汇点，以实在的合作成果，充分调动各方面积极性。在一个全球化的时代里，各国间的利益交织在一起，共同利益在增多，各国间已经形成了分不开的利益共同体。同时，各国间的共同挑战也在增多，没有一个国家可以不需要别国的帮助而自己独立解决面临的难题。正因为国家间是彼此分不开的利益共同体，所以在倡导追求本国利益的同时，也要兼顾别国的利益，共同分享世界的发展成果。正因为国家间是融合在一起的命运共同体，所以要认清在面对如此复杂的国际环境时，任何一个国家都不可能独善其身，只有通过合作才能解决共同面对的难题。

建设“一带一路”是中国将自身发展成果更多更好惠及沿线国家的重要探索。要重视发挥沿线国家各自的区位、资金、技术、人才、产业和市场优势，调动整合各方力量，共同打造区域发展新规则和新秩序。通过扩大双边投资，促进产业转移和技术扩散，形成紧密的产业上下游联系，通过利益互换、利益平衡和利益共享，不断扩大利益汇合点，强化促进发展、改善民生和增强国力的利益纽带；通过人文交流，促进相互理解和认同，加强区域合作，共享发展成果，强化兴衰与共意识；通过推进海上合作，增进互信，为有效管控分歧营造氛围，培育维护海上安全和航道畅通责任意识，共同打造政治互信、经济融合、文化包容的利益共同体、命运共同体和责任共同体，全面提升务实合作水平。

二、“一带一路”国际合作倡议统领下的全面开放新格局

党的十九大报告强调，要以“一带一路”建设为重点，坚持引进来和走出去并重，遵循共商、共建、共享原则，加强创新能力开放合作，形成陆海内外联动、东西双向互济的开放格局。这一重大工作部署，既包括开放范围扩大、领域拓宽、层次加深；也包括开放方式创新、布局优化、质量提升。在“一带一路”倡议基本原则基础上，全面开放新格局思想主要体现在六个方面①。

（一）坚持全面开放，推动形成陆海内外联动、东西双向互济的开放格局

全面开放是提高开放水平的重要内容。习近平指出，中国将继续全面对外开放，推进同世界各国的互利合作。

第一，全面开放体现在开放空间上，着眼于打通内陆开放、向西开放通道，打通海上开放通道，在提升向东开放水平的同时，加快向西开放步伐，推动内陆沿边地区成为开放前沿，实现开放空间逐步从沿海、沿江向内陆、沿边延伸。加强“一带一路”建设同京津冀协同发展、长江经济带发展、粤港澳大湾区建设等国家战略的对接，同西部开发、东北振兴、中部崛起、东部率先发展、沿边开发开放结合，优化区域开放布局，加大西部开放力度，打造西部及东北地区开放新前沿，发挥内陆地区开放腹地新优势，实现沿海地区引领开放新突破，形成陆海统筹、东西联动的全面开放新格局。

第二，对外开放体现在开放内容上，就是大幅度放宽市场准入，进一步放开一般制造业，有序扩大服务业对外开放，扩大金融业双向开放，促进基础设施互联互通。推进全面开放，还要求协同推进战略互信、经贸合作、人文交流。

第三，对外开放体现在开放举措上，就是推进“一带一路”建设，坚持自主开放与对等开放，统筹多双边和区域开放合作，加快实施自由贸易区战略等。具体表现在三个方面：一是加大西部开放力度，坚持以开放促

① 中共中央宣传部．习近平新时代中国特色社会主义思想三十讲［M］．北京：学习出版社，2018：152－155.

开发的思路，完善口岸、跨境运输等开放基础设施，实施更加灵活的政策，建设好自贸试验区、国家级开发区、边境经济合作区、跨境经济合作区等开放平台，打造一批贸易投资区域枢纽城市，扶持特色产业开放发展，在西部地区形成若干开放型经济新增长极。二是赋予自贸试验区更大改革自主权。2013 年以来，我国自贸试验区建设取得多方面重大进展，形成了一批改革创新重要成果。下一步要着眼于提高自贸试验区建设质量，对标国际先进规则，强化改革举措系统集成，鼓励地方大胆试、大胆闯、自主改，形成更多制度创新成果，进一步彰显全面深化改革和扩大开放的试验田作用。三是探索建设自由贸易港。自由港是设在一国（地区）境内关外、货物资金人员进出自由、绝大多数商品免征关税的特定区域，是目前全球开放水平最高的特殊经济功能区。香港、新加坡、鹿特丹、迪拜都是比较典型的自由港。我国海岸线长，离岛资源丰富。探索建设中国特色的自由贸易港，打造开放层次更高、营商环境更优、辐射作用更强的开放新高地，对于促进开放型经济创新发展具有重要意义。

（二）坚持主动开放，以开放促改革、促发展、促创新

习近平指出：“世界经济的大海，你要还是不要，都在那儿，是回避不了的。想人为切断各国经济的资金流、技术流、产品流、产业流、人员流，让世界经济的大海退回到一个一个孤立的小湖泊、小河流，是不可能的，也是不符合历史潮流的。”① 要准确把握经济全球化新趋势和我国对外开放新要求，努力在经济全球化中抢占先机。开放发展的核心是解决发展内外联动问题，目标是提高对外开放质量、发展更高层次的开放型经济。以开放促改革、促发展、促创新，以对外开放的主动赢得经济发展的主动、赢得国际竞争的主动。同时，坚持制造领域开放与服务领域开放更好结合，以高水平开放促进深层次结构调整。制造业是我国开放时间较早、程度较深的领域，也是发展较快、竞争力较强的领域。相比之下，服务业对外开放相对滞后，产业整体竞争力不强，仍是经济发展和结构升级的“短板”。党的十九大报告明确提出，大幅度放宽市场准入，扩大服务业对外开放，就是要在深化制造业开放的同时，重点推进金融、教育、文化、医疗等服务业领域有序开放，放开育幼养老、建筑设计、会计审计、商贸物流、电子商务等服务业领域外资准入限制。

---

① 习近平．习近平谈治国理政：第二卷［M］．北京：外文出版社，2017：478.

（三）坚持双向开放，拓展经济发展空间

对外开放坚持引进来和走出去并重，这是开放型经济发展到较高阶段的重要特征，也是更好统筹国际国内两个市场、两种资源、两类规则的有效途径。在引进来方面，利用外资不是简单引进资金，而是要适应我国加快转变经济发展方式的要求，着力提高引资质量，注重引进外资搭载的先进技术、经营理念、管理经验和市场机会以及高素质人才，带动中国企业嵌入全球产业链、价值链、创新链。要坚持引资和引技、引智并举，提升利用外资的技术溢出效应和产业升级效应。在走出去方面，适应中国对外开放从贸易大国、对外投资大国迈向贸易强国、对外投资强国，以及市场、资源能源、投资“三头”对外深度融合的新局面，支持中国企业扩大对外投资，推动装备、技术、标准、服务走出去，提升在全球价值链中的位置。同时，要把引进来和走出去更好地结合起来，在提高引进质量和水平的同时，支持企业积极稳妥走出去。这既有利于保障能源资源供应、带动商品和服务输出、获取创新资源和营销网络，助力国民经济提质增效升级，也有利于促进东道国经济和社会发展，实现互利共赢。

（四）坚持公平开放，构建公平竞争的内外资营商环境

目前，全球引资竞争日趋激烈，不少国家要素成本比中国更低，政策优惠力度比中国更大。公平开放，不是竞相攀比优惠政策，要改变过去依靠土地、税收等优惠政策招商引资的做法，而是要通过培育引资竞争新优势，营造稳定公平透明、法治化、可预期的营商环境。一是加强利用外资法治建设。加快统一内外资法律法规，制定新的外资基础性法律。清理涉及外资的法律法规和政策文件，与国家对外开放大方向和大原则不符的要限期废止或修订。二是完善外商投资管理体制。中国 11 个自贸试验区试行准入前国民待遇加负面清单管理制度取得显著成效，设立外资企业的时间由过去 1 个月减少到 3 天左右。党的十九大报告明确提出，全面实行准入前国民待遇加负面清单管理制度，这是外商投资管理体制的根本性变革。三是营造公平竞争的市场环境。党的十九大报告强调，凡是在中国境内注册的企业，都要一视同仁、平等对待。中国政府将在资质许可、标准制定、政府采购、享受“中国制造 2025”政策等方面，依法给予内外资企业同等待遇。四是保护外商投资合法权益。要认真落实《中共中央国务院关于完善产权保护制度依法保护产权的意见》，不以强制转让技术作为市场准入的前提条件，加强知识产权保护，严厉打击侵权假冒违法犯罪行为。

（五）坚持共赢开放，推动经济全球化朝着普惠共赢方向发展

习近平指出："中国对外开放，不是要一家唱独角戏，而是要欢迎各方共同参与；不是要谋求势力范围，而是要支持各国共同发展；不是要营造自己的后花园，而是要建设各国共享的百花园。"① 要坚定不移奉行互利共赢的开放战略，继续从世界汲取发展动力，也让中国发展更好惠及世界。共赢开放主张构建开放型世界经济，以开放发展为各国创造更广阔的市场和发展空间，在开放中分享机会和利益，形成各国增长相互促进、相得益彰的合作共赢新格局。不能一遇到风浪就退回到港湾中去，那是永远不能到达彼岸的。要坚定不移发展全球自由贸易和投资，在开放中推动贸易和投资自由化、便利化，旗帜鲜明地反对保护主义。搞保护主义如同把自己关进黑屋子，看似躲过了风吹雨打，但也隔绝了阳光和空气，打贸易战的结果只能是两败俱伤。

（六）坚持包容开放，探索求同存异、包容共生的国际发展合作新途径

当今世界，开放包容、多元互鉴是主基调。在21世纪人类文明的大家园中，各国虽然历史、文化、制度各异，但都应该彼此和谐相处、平等相待，都应该互尊互鉴、相互学习，摒弃一切傲慢和偏见。唯有如此，各国才能共同发展、共享繁荣。我们的开放，秉持的是共商、共建、共享原则，不是封闭的、排他的，而是开放的、包容的；不是中国一家独奏，而是世界各国的合唱。我们的开放主张要维护世界贸易规则，支持开放、透明、包容、非歧视性的多边贸易体制，鼓励各方积极参与和融入，不搞排他性安排，推动建设开放型世界经济。近年来，从"和平合作、开放包容、互学互鉴、互利共赢"的丝路精神，到"开放、包容、合作、共赢"的金砖精神，从推动构建新型国际关系到推动构建人类命运共同体，中国始终谋求开放创新、包容互惠的发展前景。

三、构建人类命运共同体

"一带一路"国际合作倡议不仅为中国的全方位开放和发展营造了有利的外部环境，也为构建人类命运共同体奠定了坚实基础。

党的十八大以来，习近平站在人类历史发展进程的高度，以大国领袖的责任担当，深入思考"建设一个什么样的世界、如何建设这个世界"等关乎人类前途命运的重大课题，并在不同场合对构建人类命运共同体进行

---

① 习近平．中国发展新起点　全球增长新蓝图［N］．人民日报，2016－09－03．

了重要阐述，形成了构建人类命运共同体的重要思想。党的十九大报告在阐述新时代中国特色社会主义思想时指出："明确中国特色大国外交要推动构建新型国际关系，推动构建人类命运共同体"，并将"坚持推动构建人类命运共同体"作为新时代坚持和发展中国特色社会主义的十四条基本方略之一。

（一）构建人类命运共同体思想的内涵

构建人类命运共同体思想的内涵极其丰富、深刻，其核心就是"建设持久和平、普遍安全、共同繁荣、开放包容、清洁美丽的世界"①。党的十九大报告提出，国际社会要从伙伴关系、安全格局、经济发展、文明交流、生态建设等方面做出努力②，推动构建人类命运共同体。

第一，"要相互尊重、平等协商，坚决摒弃冷战思维和强权政治，走对话而不对抗、结伴而不结盟的国与国交往新路"③。人类历史上战乱频仍，生灵涂炭，教训惨痛而深刻。要和平、不要战争是各国人民朴素而真实的愿望。建设一个持久和平的世界，根本要义在于国家之间要构建平等相待、互商互谅的伙伴关系。大国往往是决定战争与和平的关键因素，也对地区和世界和平与发展负有更大责任。大国要尊重彼此核心利益和重大关切，管控矛盾分歧，努力构建不冲突不对抗、相互尊重、合作共赢的新型关系。大国对小国要平等相待，不搞唯我独尊、恃强凌弱的霸道。国家间出现矛盾和分歧，要通过平等协商处理，以最大诚意和耐心，坚持对话解决分歧。只有各国都走和平发展道路，各国才能共同发展，国与国才能和平相处。

第二，"要坚持以对话解决争端、以协商化解分歧，统筹应对传统和非传统安全威胁，反对一切形式的恐怖主义"④。当前，国际安全形势动荡复杂，传统安全威胁和非传统安全威胁相互交织，安全问题的内涵和外延都在进一步拓展，同时人类越来越利益交融、安危与共。在这种新形势下，冷战思维、军事同盟、追求自身绝对安全那一套已经行不通了，各方应树立共同、综合、合作、可持续的新安全观。国家不论大小、强弱、贫

---

① 习近平．决胜全面建成小康社会　夺取新时代中国特色社会主义伟大胜利——在中国共产党第十九次全国代表大会上的报告［M］．北京：人民出版社，2017：58－59.

② 习近平．习近平谈治国理政：第二卷［M］．北京：外文出版社，2017：541.

③ 习近平．决胜全面建成小康社会　夺取新时代中国特色社会主义伟大胜利——在中国共产党第十九次全国代表大会上的报告［M］．北京：人民出版社，2017：59.

④ 习近平．决胜全面建成小康社会　夺取新时代中国特色社会主义伟大胜利——在中国共产党第十九次全国代表大会上的报告［M］．北京：人民出版社，2017：59.

富以及历史文化传统、社会制度存在多大差异，都要尊重和照顾其合理安全关切。要恪守尊重主权、独立和领土完整、互不干涉内政等国际关系基本准则，统筹维护传统和非传统安全。各国都有平等参与地区安全事务的权利，也都有维护地区安全的责任，要以对话协商、互利合作的方式解决安全难题。

第三，“要同舟共济，促进贸易和投资自由化、便利化，推动经济全球化朝着更加开放、包容、普惠、平衡、共赢的方向发展”①。发展是第一要务，适用于各国，而人类命运共同体追求的是共同发展。要增强各国发展能力，发展归根到底要靠本国自身努力，各国要根据自身禀赋特点，制定适合本国国情的发展战略。要改善国际发展环境，各国要共同维护国际和平，以和平促进发展，以发展巩固和平。要创造良好的外部制度环境，加强全球经济治理，健全发展协调机制，各国特别是主要经济体要加强宏观经济政策协调。要维护世界贸易组织规则，支持开放、透明、包容、非歧视性的多边贸易体制，推动建设开放型世界经济。要优化发展伙伴关系，最大限度地解决南北之间和地区内部发展失衡问题，让发展成果更多惠及全体人民，为世界经济全面可持续增长提供新动力。

第四，“要尊重世界文明多样性，以文明交流超越文明隔阂、文明互鉴超越文明冲突、文明共存超越文明优越”②。人类文明多样性是世界的基本特征，也是人类进步的源泉，多样带来交流，交流孕育融合，融合产生进步。不同文明凝聚着不同民族的智慧和贡献，没有高低之别，更无优劣之分。文明差异不应该成为世界冲突的根源，而应该成为人类文明进步的动力。要促进和而不同、兼收并蓄的文明交流对话，在竞争比较中取长补短，在交流互鉴中共同发展，使文明交流互鉴成为增进各国人民友谊的桥梁，推动人类社会进步的动力，维护世界和平的纽带③。

第五，“要坚持环境友好，合作应对气候变化，保护好人类赖以生存的地球家园”④。人类可以利用自然、改造自然，但归根结底是自然的一部

---

① 习近平．决胜全面建成小康社会　夺取新时代中国特色社会主义伟大胜利——在中国共产党第十九次全国代表大会上的报告［M］．北京：人民出版社，2017：59.

② 习近平．决胜全面建成小康社会　夺取新时代中国特色社会主义伟大胜利——在中国共产党第十九次全国代表大会上的报告［M］．北京：人民出版社，2017：59.

③ 中共中央宣传部．习近平新时代中国特色社会主义思想三十讲［M］．北京：学习出版社，2018：291.

④ 习近平．决胜全面建成小康社会　夺取新时代中国特色社会主义伟大胜利——在中国共产党第十九次全国代表大会上的报告［M］．北京：人民出版社，2017：59.

分，必须呵护自然，不能凌驾于自然之上。建设生态文明关乎人类未来。要解决好工业文明带来的矛盾，以人与自然和谐相处为目标，实现世界的可持续发展和人的全面发展。要牢固树立尊重自然、顺应自然、保护自然的意识，绿水青山就是金山银山。要坚持走绿色、低碳、循环、可持续发展之路，平衡推进2030年可持续发展议程，采取行动应对气候变化等新挑战，不断开拓生产发展、生活富裕、生态良好的文明发展道路，构筑尊崇自然、绿色发展的全球生态体系①。

（二）构建人类命运共同体的原则和目标

构建人类命运共同体是习近平在深刻总结国际政治经济关系的历史和把握人类发展本质，以及国际政治经济关系发展大势的基础上提出来的中国方案，它彻底抛弃了过往西方大国崛起过程中依靠扩张和掠夺，依靠"中心—外围"关系的不平等交换，甚至依靠帝国主义战争对战利品的瓜分等手段，构建"合作共赢为核心的新型国际关系和人类命运共同体"。深入贯彻落实构建人类命运共同体的思想，与世界各国携手合作，共同努力建设一个更加美好的世界，需要坚持五大原则和目标取向②。

1. 坚持对话协商，建设一个持久和平的世界

国家和，则世界安；国家斗，则世界乱。从公元前的伯罗奔尼撒战争到两次世界大战，再到延续40余年的冷战，教训惨痛而深刻。我们的先辈建立了联合国，为世界赢得70余年相对和平。我们要完善机制和手段，更好化解纷争和矛盾、消弭战乱和冲突。

国家之间要构建对话不对抗、结伴不结盟的伙伴关系。大国要尊重彼此核心利益和重大关切，管控矛盾分歧，努力构建不冲突不对抗、相互尊重、合作共赢的新型关系。只要坚持沟通、真诚相处，"修昔底德陷阱"就可以避免。大国对小国要平等相待，不搞唯我独尊、强买强卖的霸道。任何国家都不能随意发动战争，不能破坏国际法治，不能打开潘多拉的盒子。核武器是悬在人类头上的"达摩克利斯之剑"，应该全面禁止并最终彻底销毁，实现无核世界。要秉持和平、主权、普惠、共治原则，把深海、极地、外空、互联网等领域打造成各方合作的新疆域，而不是相互博弈的竞技场。

---

① 中共中央宣传部．习近平新时代中国特色社会主义思想三十讲［M］．北京：学习出版社，2018：291.

② 习近平．习近平谈治国理政：第二卷［M］．北京：外文出版社，2017：541－544.

2. 坚持共建共享，建设一个普遍安全的世界

世上没有绝对安全的世外桃源，一国的安全不能建立在别国的动荡之上，他国的威胁也可能成为本国的挑战。邻居出了问题，不能光想着扎好自家篱笆，而应该去帮一把。各方应该树立共同、综合、合作、可持续的安全观。

前些年，在欧洲、北非、中东发生的恐怖袭击事件再次表明，恐怖主义是人类公敌。反恐是各国的共同义务，既要治标，更要治本。要加强协调，建立全球反恐统一战线，为各国人民撑起安全伞。当前，难民数量已经创下第二次世界大战结束以来的历史纪录。危机需要应对，根源值得深思。如果不是有家难归，谁会颠沛流离？联合国难民署、国际移民组织等要发挥统筹协调作用，动员全球力量有效应对。中国决定提供 2 亿元人民币，用于帮助叙利亚难民和流离失所者。恐怖主义、难民危机等问题都与地缘冲突密切相关，化解冲突是根本之策。当事各方要通过协商谈判，其他各方应该积极劝和促谈，尊重联合国发挥斡旋主渠道作用。禽流感、埃博拉、寨卡等疫情不断给国际卫生安全敲响警钟。世界卫生组织要发挥引领作用，加强疫情监测、信息沟通、经验交流、技术分享。国际社会应该加大对非洲等发展中国家卫生事业的支持和援助。

3. 坚持合作共赢，建设一个共同繁荣的世界

发展是第一要务，适用于各国。各国要同舟共济，而不是以邻为壑。各国特别是主要经济体要加强宏观政策协调，兼顾当前和长远，着力解决深层次问题。要抓住新一轮科技革命和产业变革的历史性机遇，转变经济发展方式，坚持创新驱动，进一步发展社会生产力、释放社会创造力。

经济全球化是历史大势，促成了贸易大繁荣、投资大便利、人员大流动、技术大发展。21 世纪初以来，在联合国主导下，借助经济全球化，国际社会制定和实施了千年发展目标和 2030 年可持续发展议程，推动 11 亿人口脱贫，19 亿人口获得安全饮用水，35 亿人口用上互联网等，还将在 2030 年实现零贫困。这充分说明，经济全球化的大方向是正确的。当然，发展失衡、治理困境、数字鸿沟、公平赤字等问题也客观存在。这些是前进中的问题，我们要正视并设法解决，但不能因噎废食。

我们要从历史中汲取智慧。历史学家早就断言，经济快速发展使社会变革成为必需，经济发展易获支持，而社会变革常遭抵制。我们不能因此踟蹰不前，而要砥砺前行。我们也要从现实中寻找答案。2008 年爆发的国

际金融危机启示我们，引导经济全球化健康发展，需要加强协调、完善治理，推动建设一个开放、包容、普惠、平衡、共赢的经济全球化，既要做大“蛋糕”，更要分好“蛋糕”，着力解决公平公正问题。

4. 坚持交流互鉴，建设一个开放包容的世界

人类文明多样性是世界的基本特征，也是人类进步的源泉。世界上有200多个国家和地区，2 500多个民族，多种宗教。不同历史和国情，不同民族和习俗，孕育了不同文明，使世界更加丰富多彩。文明没有高下、优劣之分，只有特色、地域之别。文明差异不应该成为世界冲突的根源，而应该成为人类文明进步的动力。每种文明都有其独特魅力和深厚底蕴，都是人类的精神瑰宝。不同文明要取长补短、共同进步，让文明交流互鉴成为推动人类社会进步的动力、维护世界和平的纽带。

5. 坚持绿色低碳，建设一个清洁美丽的世界

人与自然共生共存，伤害自然最终将伤及人类。空气、水、土壤、蓝天等自然资源用之不觉、失之难续。工业化创造了前所未有的物质财富，也产生了难以弥补的生态创伤。我们不能吃祖宗饭、断子孙路，用破坏性方式搞发展。绿水青山就是金山银山。我们应该遵循天人合一、道法自然的理念，寻求永续发展之路。

我们要倡导绿色、低碳、循环、可持续的生产生活方式，平衡推进2030年可持续发展议程，不断开拓生产发展、生活富裕、生态良好的文明发展道路。《巴黎协定》的达成是全球气候治理史上的里程碑。我们不能让这一成果付诸东流。各方要共同推动协定实施。中国将继续采取行动应对气候变化，百分之百承担自己的义务。

第四节　新时代中国特色社会主义经济发展战略理论

正确的道路是实现目标的必要条件，正确的道路决定了通向目标彼岸的方向，这些都是科学的战略的具体化，因此科学制定发展战略是道路选择和目标实现的前提条件。党的十八大以来，习近平对中国特色社会主义经济发展提出了一系列重大战略理论。

一、创新驱动发展战略

党的十九大报告明确提出坚定实施创新驱动发展战略，并指出“创

新是引领发展的第一动力，是建设现代化经济体系的战略支撑”①。这表明以习近平同志为核心的党中央把实施这一战略作为一项重大而长期的任务，摆在国家发展全局的核心位置。习近平的创新驱动战略有几个显著特征，一是系统性，“创新是一个复杂的社会系统工程”；二是基础性，通过强化基础研究实现原创性重大突破；三是引领性，突破重点领域和关键领域，引领全面创新；四是自主性，习近平指出：“关键核心技术是国之重器，对推动我国经济高质量发展、保障国家安全都具有十分重要的意义，必须切实提高我国关键核心技术创新能力，把科技发展主动权牢牢掌握在自己手里，为我国发展提供有力科技保障”②；五是前瞻性，根据社会经济发展的规律和技术进步规律，超前谋划、超前部署。科技创新的赛场上，不跑是落后，跑得慢了也是落后，迎头赶上、奋起直追，努力成为世界主要科学中心和创新高地，是我们形成更强大的科技影响力的必然选择。

二、区域协调发展战略

党的十九大立足于解决发展不平衡不充分问题，以全方位、系统化视角，提出今后一个时期实施区域协调发展战略的主要任务，着力提升各层面区域战略的联动性和全局性，增强区域发展的协同性和整体性，必将进一步开创中国区域协调发展新局面。党的十八大以来，以习近平同志为核心的党中央着力推进区域协调发展，形成以“一带一路”建设、京津冀协同发展、长江经济带发展三大战略为引领，统筹推进西部大开发、东北振兴、中部崛起和东部率先四大板块联动发展的区域发展总体格局，中国区域发展协同性不断增强。区域协调发展就是生产力在空间上的合理布局。推动京津冀协同发展，面向未来打造新的首都经济圈；推动长江经济带发展，努力把长江经济带建成生态更优美、交通更顺畅、经济更协调、市场更统一、机制更科学的黄金经济带；实施西部大开发、推动东北地区等老工业基地振兴，促进中部地区崛起；支持革命老区、民族地区、边疆地区、贫困地区加快发展。

---

① 习近平．决胜全面建成小康社会　夺取新时代中国特色社会主义伟大胜利——在中国共产党第十九次全国代表大会上的报告［M］．北京：人民出版社，2017：31.

② 习近平主持召开中央财经委员会第二次会议［N］．人民日报，2018－17－14.

三、“四化”同步发展战略

习近平在党的十九大报告中指出，要“推动新型工业化、信息化、城镇化、农业现代化同步发展”。走“四化”同步发展道路，是全面建设中国特色社会主义现代化国家，实现中华民族伟大复兴的必然要求。推动“四化”同步发展，必须找准“四化”同步发展的着力点。新型工业化、信息化、城镇化、农业现代化不是孤立的，需要相互融合、相互促进。要推进信息化与新型工业化深度融合，着力培育战略性新兴产业，大力发展智能制造和现代服务业，积极培育新产业、新业态和新商业模式，构建现代产业发展新体系。其中，特别是要推进互联网和实体经济深度融合，加快传统产业数字化、智能化，做大做强数字经济，拓展经济发展新空间。要推进信息化与城镇化融合，实施“互联网 + 教育”“互联网 + 医疗”“互联网 + 文化”等，促进基本公共服务均等化。要推进信息化与农业现代化的融合，加快农村互联网建设步伐，扩大光纤网、宽带网在农村的有效覆盖，以信息化提高农业生产智能化、经营网络化水平。要促进新型工业化、城镇化与农业现代化融合，加快形成工农互促、城乡互补、全面融合、共同繁荣的新型工农城乡关系①。

四、乡村振兴战略

“乡村振兴战略”是党的十九大首次提出的重大战略部署，是中国特色社会主义进入新时代，以习近平同志为核心的党中央对“三农”发展新形势、新任务、新目标做出的重大判断，是推进城乡融合发展和全面建成小康社会做出的重大战略决策。乡村振兴是全面建成小康社会的关键领域，也是到 2035 年基本实现现代化和到本世纪中叶，将中国建设成富强民主文明和谐美丽的社会主义现代化强国的关键领域。把乡村振兴置于新时代社会主要矛盾的大逻辑中，置于“两个一百年”目标的大战略中去谋篇布局，是习近平新时代中国特色社会主义思想的重大实践和战略选择。实施乡村振兴战略，是解决人民日益增长的美好生活需要和不平衡不充分的发展之间矛盾的必然要求，是实现全体人民共同富裕的必然要求。乡村振兴战略的持续深入推进，必将为全面建成小康社会奠定坚实的基础，为夺取新时代中国特色社会主义伟大胜利迈出坚实步伐，为实现中华民族伟大复

① 洪银兴．推动新时代“四化”同步发展［J］．求是，2018（4）．

兴的中国梦注入强大动力。

五、实体经济与虚拟经济协调战略

习近平曾经深刻指出："一个国家一定要有正确的战略选择，我国是个大国，必须发展实体经济，不断推进工业现代化、提高制造业水平，不能脱实向虚。"① 然而，中国现实经济运行的矛盾和问题非常突出，主要表现为"三大失衡"，即实体经济结构性供需失衡、金融和实体经济失衡、房地产和实体经济失衡②。实体经济和虚拟经济是对立统一的关系，实体经济是虚拟经济发展的基础，没有实体经济的发展就没有虚拟经济；虚拟经济是实体经济发展到一定程度的必然产物，虚拟经济的适度发展会促进实体经济发展，但是虚拟经济的过度膨胀则会对实体经济产生消极甚至破坏作用。党的十九大报告指出："建设现代化经济体系，必须把发展经济的着力点放在实体经济上"；"不论经济发展到什么时候，实体经济都是我国经济发展、我们在国际经济竞争中赢得主动的根基。我国经济是靠实体经济起家的，也要靠实体经济走向未来。"③ 在谈到金融对实体经济的作用时，习近平明确指出："金融要把为实体经济服务作为出发点和落脚点"，"金融是实体经济的血脉，为实体经济服务是金融的天职，是金融的宗旨。"④

六、经济发展与生态环境协调发展战略

根据马克思关于自然力与生产力关系的理论，针对当下严重的生态环境问题，习近平创造性地提出了"保护环境就是保护生产力，改善环境就是发展生产力""绿水青山就是金山银山""像保护眼睛一样保护生态环境，像对待生命一样对待生态环境""实行最严格的生态环境保护制度"等一系列科学命题和科学思想。这些命题和思想深刻揭示了经济发展和保护生态环境的辩证关系。首先，经济发展离不开自然生态条件的支撑。自然资源是经济发展的物质前提，经济的发展决不能破坏和牺牲自然生态条件。其次，保护环境实质上就是发展经济，保护环境和经济发展不可偏

---

① 习近平．我国必须发展实体经济　不能脱实向虚［OL］．新华网，2017－04－22.

② 习近平．习近平关于社会主义经济建设论述摘编［M］．北京：中央文献出版社，2017：113－114.

③ 习近平．习近平关于社会主义经济建设论述摘编［M］．北京：中央文献出版社，2017：116.

④ 习近平．习近平谈治国理政：第二卷［M］．北京：外文出版社，2017：279.

废。蓝天白云、青山绿水是长远发展的最大本钱。良好的生态环境本身就是生产力。习近平指出："要正确处理好经济发展同生态环境保护的关系，牢固树立保护生态环境就是保护生产力、改善生态环境就是发展生产力的理念，更加自觉地推动绿色发展、循环发展、低碳发展，决不以牺牲环境为代价去换取一时的经济增长。"① 我们要坚持保护优先，在保护中发展，在发展中保护，实现经济发展和生态环境保护的互利共赢。

① 习近平．习近平谈治国理政：第一卷［M］．北京：外文出版社，2014：209.

参考文献

1. 中共中央党校党史教研室资料组. 中国共产党历次重要会议集［M］. 上海：上海人民出版社，1983.

2. 汤应武. 改革开放30年重大决策纪实［M］. 北京：中共中央党校出版社，2008.

3.《经济研究》编辑部. 中国经济理论问题争鸣（1985—1989）［M］. 北京：中国财政经济出版社，1991.

4.《经济研究》编辑部. 中国经济理论问题争鸣（1990—1999）［M］. 北京：中国财政经济出版社，2001.

5. 国家经济体制改革委员会. 中国经济体制改革十年［M］. 北京：经济管理出版社，改革出版社，1988.

6. 北京大学中国经济研究中心. 经济学与中国经济改革［M］. 上海：上海人民出版社，1995.

7. 郑韶，何晓星. 中国经济体制改革20年大事记［M］. 上海：上海辞书出版社，1998.

8. 晓亮. 中国经济科学年鉴（1985，1986）［M］. 北京：经济科学出版社，1986，1987.

9. 李京文，等. 中国经济科学年鉴（1990，1991，1992，1993）［M］. 北京：中国统计出版社，1991，1992，1993，1994.

10. 北京天则经济研究所. 中国经济学（1994，1995，1996）［M］. 上海：上海人民出版社，1995，1996，1997.

11. 张问敏，等. 中国经济大论战：第一辑、第二辑［M］. 北京：经济管理出版社，1997.

12. 薛暮桥. 中国经济年鉴（1981—1997）［M］. 北京：经济管理出版社，中国经济年鉴社，各年出版.

13. 刘鹏，等. 邓小平社会主义经济思想论［M］. 北京：中共中央党校出版社，1992.

14. 中共中央关于完善社会主义市场经济体制若干问题的决定[M]. 北京：人民出版社，2003.

15. 十八大文件起草组. 十八大报告辅导读本 [M]. 北京：人民出版社，2012.

16. 编写组. 党的十九大报告辅导读本 [M]. 北京：人民出版社，2017.

17. 中共中央宣传部理论局. 科学发展观学习读本 [M]. 北京：学习出版社，2006.

18. 中共中央宣传部. 习近平总书记系列重要讲话读本（2016）[M]. 北京：学习出版社，人民出版社，2016.

19.《中国社会科学》经济编辑室. 经济学文集（1981，1982，1983）[M]. 杭州：浙江人民出版社，1982，1983，1984.

20. 孙冶方. 社会主义经济问题研究 [M]. 北京：人民出版社，1985.

21. 薛暮桥. 薛暮桥选集 [M]. 太原：山西经济出版社，1985.

22. 吴敬琏. 当代中国经济改革 [M]. 上海：上海远东出版社，2004.

23. 刘诗白. 体制转型论 [M]. 北京：北京三联书店，2008.

24. 张卓元，等. 新中国经济学史纲（1949—2011）[M]. 北京：中国社会科学出版社，2012.

25. 顾海良，颜鹏飞. 新编经济思想史 [M]. 北京：经济科学出版社，2016.

26. 卫兴华，方咏梅. 2005 年理论经济学的若干热点问题 [J]. 经济学动态，2006（4）.

27. 沈越. 西方经济学的新进展与中国实践——中华外国经济学说研究会第 16 次年会综述 [J]. 经济学家，2009（5）.

28. 靳卫萍，熊柴. 全国第六届马克思主义经济学发展与创新论坛综述 [J]. 经济研究，2012（10）.

29. 赵学增，张风超，陈标宏. 中国《资本论》研究会第 16 次学术研讨会综述 [J]. 经济学动态，2012（10）.

30. 王璐. 科学发展与马克思主义经济学中国化——第四届中国政治经济学年会综述 [J]. 经济学动态，2011（1）.

31. 刘灿，吴垠，盖凯程. 全国第四届马克思主义经济学发展与创新论坛综述［J］. 经济研究，2012（2）.

32. 葛杨，沈坤荣. 马克思主义经济学时代发展与理论创新的探讨——全国第五届马克思主义经济学发展与创新论坛综述［J］. 经济研究，2012（1）.

33. 江永红，等. 创新马克思主义经济学推进经济全面深化改革——全国第八届马克思主义经济学发展与创新论坛综述［J］. 经济研究，2014（9）.

34.《经济学家》编辑部. 中国政治经济学创新笔谈［J］. 经济学家，2017（2）.

35. 陈清. 中国特色社会主义政治经济学研究进展［J］. 经济学动态，2017（8）.

36. 高培勇，等. 学习贯彻"5·17讲话"精神、构建中国特色经济学笔谈［J］. 经济研究，2017（5）.

37. 胡德龙，等. 中国特色社会主义政治经济学的理论探索与体系构建——全国第十届马克思主义经济学发展与创新论坛暨第六届《资本论》与当代经济问题学术研讨会综述［J］. 经济研究，2016（11）.

38. 张卓元，等. 中国特色社会主义政治经济学的发展和创新笔谈［J］. 经济研究. 2016（3）.

39. 中国人民大学书报资料中心经济编辑部课题组. 2017年中国经济学与管理学研究热点分析［J］. 经济学动态，2018（4）.

40. 罗润东，李超. 2017年中国经济学研究热点分析［J］. 经济学动态，2018（4）.

41. 胡家勇. 中国特色社会主义政治经济学论坛第十九届年会综述［J］. 经济学动态，2018（3）.

42. 刘伟. 习近平新时代中国特色社会主义经济思想的内在逻辑［J］. 经济研究，2018（5）.

43. 项久雨. 新发展理念与文化自信［J］. 中国社会科学，2018（6）.

44. 张卓元，樊纲，汪同三，等. 改革开放40年经济体制改革理论与实践［J］. 经济学动态，2018（7）.

45. 国家发展和改革委员会经济研究所课题组. 未来30年国内外发展环境变化及第二个百年奋斗目标展望［J］. 新华文摘，2018（16）.

46. 北京市邓小平理论和"三个代表"重要思想研究中心. 马克思主

义中国化研究文集［M］. 北京：红旗出版社，2006.

47. 陈昌兵. 马克思主义政治经济学中国化的“特色”研究［J］. 学习与探索，2016（11）.

48. 陈岱孙. 从古典经济学派到马克思——若干主要学说发展论略［M］. 北京：商务印书馆，2014.

49. 陈占安. 党的十六大以来马克思主义中国化的新进展［M］. 北京：北京大学出版社，2008.

50. 陈昕. 经济体制改革与社会主义宏观经济学的新探索［J］. 经济研究，1990（11）.

51. 董建才. 马克思主义经济学新论［M］. 北京：经济管理出版社，2006.

52. 樊纲，张曙光，杨仲伟. 公有制经济的两种运行机制［J］. 经济研究，1990（5）.

53. 顾海良.《资本论》与中国特色社会主义政治经济学［J］. 政治经济学评论，2017（3）.

54. 谷书堂，柳欣. 新劳动价值论一元论［J］. 中国社会科学，1993（6）.

55. 何元锋，李香菊.《资本论》在当代中国的现实意义和重要价值［J］. 甘肃社会科学，2014（1）.

56. 洪银兴. 马克思主义经济学的创新和马克思主义经济学中国化［J］. 经济学动态，2007（9）.

57. 胡钧. 社会主义市场经济理论是马克思主义的中国化［J］. 福建论坛（人文社会科学版），2008（11）.

58. 胡晓风，韩淑颖. 中国社会主义经济问题讨论纲要［M］. 长春：吉林人民出版社，1983.

59. 宋涛. 社会主义经济理论探索［M］. 北京：北京工业大学出版社，1994.

60. 逄锦聚. 马克思主义中国化进程中的经济学创新［M］. 北京：经济科学出版社，2011.

61. 蒋南平. 为什么要研究马克思主义经济学中国化的问题［J］. 成都理工大学学报，2011（1）.

62. 蒋学模. 社会主义政治经济学［M］. 上海：复旦大学出版社，1987.

63. 蒋学模. 社会主义宏观经济学的特点［J］. 人文杂志，1989（6）.

64.《经济研究》编辑部. 社会主义经济中价值规律问题讨论专辑［M］. 北京：中国经济出版社，1979.

65. 李君如. 马克思主义中国化若干问题研究［J］. 中共中央党校学报，2008（1）.

66. 李泽中. 当代中国社会主义经济理论［M］. 北京：中国社会科学出版社，1989.

67. 厉以宁. 中国宏观经济实证分析［M］. 北京：北京大学出版社，1992.

68. 林子力. 论新型等价交换［M］. 北京：经济科学出版社，1987.

69. 刘国光. 体制变革中的经济稳定增长［M］. 北京：中国计划经济出版社，1990.

70. 潘石. 论两种社会必要劳动时间的关系［J］. 经济研究，1990（8）.

71. 裴小革. 建设的经济学：马克思主义经济学中国化研究［M］. 北京：中国社会科学出版社，2011.

72. 钱路波. 马克思主义经济学中国化的四次转变及其启示［J］. 理论与改革，2016（1）.

73. 邱海平. 马克思主义经济学与中国特色社会主义经济［J］. 高校理论战线，2008（12）.

74. 荣敬本，等. 社会主义经济模式问题论著选辑［M］. 北京：人民出版社，1983.

75. 宋涛.《资本论》与我国社会主义经济建设［J］. 平原大学学报，1990（12）.

76. 谈敏. 回溯历史——马克思主义经济学在中国的传播前史［M］. 上海：上海财经大学出版社，2008.

77. 王朝科.《资本论》对构建中国特色社会主义政治经济学的启示［J］. 政治经济学评论，2017（3）.

78. 王立胜，裴长洪. 中国特色社会主义政治经济学探索［M］. 北京：中国社会科学出版社，2016.

79. 王文兵. 论马克思主义中国化的双重认同［J］. 武汉大学学报（哲社版），2012（1）.

80. 王文寅. 马克思主义经济学中国化研究 [M]. 太原：山西经济出版社，2009.

81. 吴树青，胡乃武. 国民经济宏观管理问题 [M]. 北京：北京大学出版社，1993.

82. 吴宣恭.《资本论》的所有制理论对社会主义事业的重要指导意义 [J]. 经济学家，2017 (11).

83. 辛鸣，杨海英. 马克思主义中国化的最新成果 [M]. 北京：中共中央党校出版社，2007.

84. 杨坚白. 社会主义宏观经济论 [M]. 大连：东北财经大学出版社，1990.

85. 杨文汉. 社会主义经济理论史纲 [M]. 西安：陕西人民出版社，1988.

86. 杨志民. 论马克思主义经济学的中国化与中国传统文化 [J]. 求实，2000 (11).

87. 于金富. 马克思主义经济学的经典理论与现代观点 [M]. 北京：中国社会科学出版社，2008.

88. 赵晓雷. 中国现代经济思想的发展 [M]. 北京：经济科学出版社，2016.

89.《中国社会科学》经济编辑室. 经济学文集（1980 年）[M]. 杭州：浙江人民出版社，1981.

90.《中国社会科学》经济编辑室. 经济学文集（1981 年）[M]. 杭州：浙江人民出版社，1982.

91.《中国社会科学》经济编辑室，经济学文集（1982 年）[M]. 杭州：浙江人民出版社，1983.

92. 编委会. 中国体制改革与对外开放大辞典 · 经济体制改革卷 [M]. 北京：四川科技出版社，1992.

93. 中南财经大学. 经济科学学科辞典 [M]. 北京：经济科学出版社，1987.

94. 钟朋荣，吴同虎. 宏观经济论 [M]. 北京：经济科学出版社，1990。

95. 白永秀，马小勇. 建国 60 年我国市场经济（商品经济）理论研究综述 [J]. 贵州社会科学，2009 (7).

96. 邓力群. 商品经济的规律和计划 [M]. 北京：人民出版

社，1979.

97. 邓小平. 邓小平文选：第3卷［M］. 北京：人民出版社，1993.

98. 邓小平. 邓小平文选：第2卷［M］. 北京：人民出版社，1994.

99. 方松华，陈祥勤. 2003年以来社会主义初级阶段理论研究述评［J］. 毛泽东邓小平理论研究，2014（7）.

100. 谷书堂，常修泽. 社会主义商品经济论纲［J］. 经济研究，1990（6）.

101. 韩志国. 商品经济：新的起点上的探索与选择［J］. 中国社会科学，1986（6）.

102. 何炼成. 再论社会主义商品经济［J］. 经济研究，1985（5）.

103. 刘诗白. 论计划与市场相结合［J］. 经济纵横，1991（5）.

104. 柳随年. 再论计划经济与市场调节相结合的问题［J］. 计划经济研究，1991（7）.

105. 李义平，张文多. 社会主义公有制与商品经济结合理论研讨会综述［J］. 经济学动态，1991（7）.

106. 骆耕漠. 关于计划经济、市场经济及其他［J］. 经济研究，1979（12）.

107. 马洪. 关于计划与市场关系［J］. 改革，1991（1）.

108. 全国干部培训教材编审指导委员会. 邓小平理论基本问题［M］. 北京：人民出版社，2002.

109. 申善清. 当前经济理论界提出的若干争论性观点概述［J］. 社会科学述评，1991（4）.

110. 吴敬琏. 计划与市场关系的讨论和我国经济体制改革的取向［J］. 改革，1991（1）.

111. 肖欣. 对计划与市场相结合模式的解剖［J］. 经济研究，1987（3）.

112. 于光远. 社会主义商品经济体制是新经济体制的基础和中心［J］. 经济研究，1988（1）.

113. 于祖尧. 近年来关于计划与市场关系问题讨论述评［J］. 经济学动态，1991（3）.

114. 中共中央文献研究室. 三中全会以来重要文献选编：上［M］. 北京：人民出版社，1982.

115. 中国经济年鉴编委会. 中国经济年鉴（1981）［M］. 北京：经

济管理出版社，1981.

116. 中国经济年鉴编委会. 中国经济年鉴（1986）[M]. 北京：经济管理出版社，1986.

117. 中国经济年鉴编委会. 中国经济年鉴（1988）[M]. 北京：经济管理出版社，1988.

118. 钟述. 全国社会主义公有制和商品经济结合理论研讨会综述 [J]. 党政论坛，1991（7）.

119. 雍文远，等. 社会主义政治经济学探索——社会必要产品论 [M]. 上海：上海人民出版社，1985.

120. 世界银行1984年经济考察团. 中国的长期发展问题和方案（主报告）[M]. 北京：中国财政经济出版社，1985.

121. 经济研究编辑部. 中国社会主义经济理论的回顾和展望 [M]. 北京：经济日报出版社，1986.

122. 李泽中. 当代中国社会主义经济理论 [M]. 北京：中国社会科学出版社，1989.

123. 张薰华. 社会争鸣大家：社会主义经济理论卷 [M]. 上海：上海人民出版，1991.

124. 杨承训. 中国特色社会主义经济学 [M]. 北京：人民出版社 2009.

125. 何炼成，李忠民. 中国特色社会主义经济问题研究 [M]. 北京：人民出版社，2010.

126. 张卓元. 新中国经济学史纲 [M]. 北京：中国社会科学出版社，2012.

127. 卫兴华. 中国特色社会主义经济理论体系研究 [M]. 北京：中国财政经济出版社，2015.

128. 张宇. 中国特色社会主义政治经济学 [M]. 北京：中国人民大学出版社，2016.

129. 刘永佶. 实践呼唤着政治经济学的中国化 [J]. 经济研究，1989（6）.

130. 卢阳春. 中国特色社会主义经济发展理论研究述评 [J]. 现代经济探讨，2008（11）.

131. 金伟，崔雪莲. 中国特色社会主义经济理论形成与发展的历史进程及基本规律 [J]. 学习论坛，2010（9）.

132. 蔡昉. 中国经济增长如何转向全要素生产率驱动型 [J]. 中国社会科学，2013 (1) .

133. 林毅夫. 中国经济稳定增长的路径 [N]. 人民日报，2014-07-11.

134. 洪银兴. 论中高速增长新常态及其支撑常态 [J]. 经济学动态，2014 (11).

135. 卫兴华. 中国特色社会主义经济理论的坚持、发展与创新 [J]. 马克思主义研究，2015 (10).

136. 蔡昉. 引领新常态才有中高速 [J]. 经济研究，2015 (12).

137. 洪银兴. 以创新的理论构建中国特色社会主义政治经济学的理论体系 [J]. 经济研究，2016 (4).

138. 张卓元：实现社会主义与市场经济有机结合——建构中国特色社会主义政治经济学的主线 [N]. 人民日报，2016-11-21.

139. 沈开艳. 建设中国特色社会主义政治经济学理论体系的构想 [J]. 毛泽东邓小平理论研究，2017 (1).

140. 张新宁. 中国特色社会主义政治经济学研究述评 [J]. 政治经济学评论，2017 (2).

141. 张雷声. 论中国特色社会主义政治经济学的发展与创新 [J]. 马克思主义研究，2017 (5).

142. 中央党校"中国特色社会主义政治经济学研究"课题组. 西方经济学理论的借鉴与超越——学习习近平总书记关于中国特色社会主义政治经济学的论述 [J]. 管理世界，2017 (7).

143. 洪远朋. 新时代中国特色社会主义政治经济学的发展 [J]. 经济研究，2017 (11).

144. 简新华. 中国特色社会主义经济理论的重大成果和新时代的创新和发展 [J]. 经济研究，2017 (12).